北京汉阅传播
Beijing Han-read Culture

西方传统 经典与解释

Classici et Commentarii

HERMES

智术师集

张文涛 ● 主编

普罗塔戈拉与逻各斯
——希腊哲学与修辞研究

Protagoras and Logos
A Study in Greek Philosophy and Rhetoric

[美] 爱德华·夏帕（Edward Schiappa）● 著

卓新贤 ● 译

吉林出版集团有限责任公司

出版说明

　　柏拉图对话没有一篇以诗人命名，却有好些篇以智术师命名，似乎智术师是柏拉图更大的敌手。柏拉图哲学堪称对公元前5世纪雅典启蒙运动最为深刻的批判，旨在收拾启蒙运动导致的礼崩乐坏残局——古希腊的智术师们是雅典启蒙和民主运动的思想引领者，要理解柏拉图甚至深入理解古希腊思想史，必须认识智术师。现代哲学可谓现代启蒙运动的结果，认识古希腊智术师的思想也为我们理解现代哲学提供了极好的参照，因为，从某种意义上说，现代启蒙不过是雅典启蒙的翻版，柏拉图的处境仍然是我们今天的处境……

　　本系列将提供古希腊智术师派全部今存文本(含残篇)的笺注体汉译，亦选译西方学界的相关解读及研究成果，以期为我国学人研究雅典启蒙打下基本的文献基础。

古典文明研究工作坊

西方典籍编译部戊组

2010年8月

目　录

中译本说明

二十世纪中叶以来、尤其是晚近二三十年以来，西方学界的智术师研究掀起了一股热潮。从思想史来追溯，对智术师的这种重视，根源于现代哲人黑格尔为智术师的翻案，而这一翻案行动意欲清除的正是柏拉图给智术师带来的千古污名。的确，柏拉图为后世西方哲学史、思想史遗留下的思想讼案，除了哲学与诗的古老纷争，更有哲学与智术的古老纷争，智术师问题由此成为理解西方思想古今之变的一个关键。

黑格尔对智术师的平反，是现代启蒙哲学的必然结果。承接现代启蒙精神的黑格尔自己对这一点是非常清楚的，恰如他所说，"我们现在的教化、启蒙运动，不但在形式方面和智术师们采取完全相同的立场，就是从内容方面说，也是如此"（商务版《哲学史讲演录》卷二，页19～20）。整个现代启蒙运动，其理论精神和方法的源头，都在古希腊的智术师。后来，当尼采在反对柏拉图的时候，同时也毫不犹豫地抬高智术师，以至于有研究者认为，尼采就是当今的一个大智术师，有如柏拉图《高尔吉亚》中让苏格拉底的教育遭遇失败的那个顽固不化的智术师卡里克勒斯……

由于是做翻案文章，现当代的智术师研究普遍带有一种强烈的"辩护"性质——不仅要为智术师恢复名誉，更要着力挖掘智术师的思想遗产。翻案和辩护的首要任务，便是重塑智术师的形象，寻求尽量客观的、而非被柏拉图歪曲了的智术师的思想原貌。自黑格尔和格罗特（Grote）之后，在二十世纪中期以来的诸多智术师研究者、尤其古典学者，比如翁特斯泰纳（Untersteiner）、柯费尔德（Kerferd）、格思里（Guthrie）、罗米莉（de Romilly）等人的著作中，这都是一个中心任务。

在晚近西方学界的智术师研究热潮中，本书作者是领军人物之一。夏帕（Edward Schiappa）教授任教于美国明尼苏达州大学，在古希腊修辞理论研究方面颇具影响。他力图开创智术师研究的新范式，本书为其代表作。

夏帕力主对智术师进行"历史重构"，即去除种种现代理论视角的偏见，从智术师自己来理解智术师（至于他实际做得怎样则是另一回事），而且强调应该对主要智术师进行深入的个案研究，由此恢复作为个体的智术师的本来面目。在本书中，作者不仅在与思想对手相论争的语境中，对自己试图确立智术师研究新范式的立场，做了充分阐述；同时更有具体实践，即在自己的方法论立场下对普罗塔戈拉这位重要智术师的全部残篇一一进行细致深入的注解和阐释；最后，更将普罗塔戈拉放在整个希腊古典时代的思想文化语境中进行了全面描绘和总体评价。

虽然夏帕的著作引起的学术争议不小，但其工作还是相当值得肯定的。《普罗塔戈拉与逻各斯》其实颇有助于我们搞清一个不太令人注意但却非常重要的问题——智术师与前苏格拉底自然哲人的衣钵承接关系。比如，我们从哲学史书中听说过，智术师高尔吉亚便是自然哲人恩培多克勒的学生，不过，从眼下这本书中，我们可以清楚地看到，智术师普罗塔戈拉的思想的确与前苏格拉底自然哲学有着千丝万缕的广泛联系。因此，作者认为"智术师运动是前苏格拉底哲人所发动的那场'运动'的继续和延伸"，本书的书名其实便意在点明这一点。"逻各斯"实为智术师与前苏格拉底哲人（甚至与攻击智术师的柏拉图）一脉相承的内在理据。

本书的主体部分展示了颇为细致的考辩功夫，这种文本翻译起来尤费力气。编者特地约请到西南石油大学外语系卓新贤教授担纲。卓教授虽要忙于自己国际语用学会（IPrA）项目的研究工作，但仍欣然受邀承担此任。对于卓教授的大力支持和所付辛劳，在此谨致谢忱。

张文涛
2013年7月
于重庆大学人文社会科学高等研究院

第二版前言

　　我首先要感谢南卡罗来纳大学出版社对《普罗塔戈拉与逻各 　　ｘ
斯》修订版一书的厚爱。我真诚感谢本森（Tom Benson）和布
罗斯（Barry Blose）对本书修订计划的支持，也真诚感谢梅吉尔
（Wilfred E. Major）和科尔比（John T. Kerby）对本书修订所提
出的有益的建议。

　　本书对第一版做了以下修订：首先，第一版中翻译疏忽所
致的错误和某些阐述得不太明确的措辞或可能引起误导的观
点，在本次修订版中都得到了相应的订正和修改。其次，在对
智术师研究不同切入点的讨论中，"当代挪用"（contemporary
appropriation）取代了第一版中的"理性重构"（rational
reconstruction）——这在某种程度上或许更能准确表达自己的意
图。第三，本书修订后增加了一篇后记，专门阐述若干历史撰述
问题，这些问题一直是过去十余年间修辞研究领域的学者们讨论
问题的一个来源。

　　虽然我无意将第一版以来有关普罗塔戈拉的学术讨论尽收于
本书之中，但在每个章节，我还是采用脚注形式，列出了那些
有助于修正和厘清有关普罗塔戈拉和智术师观点的参考文献。
借此机会，我也想提请读者注意那些与本书内容互为印证的相

关研究：在本书第一版问世的同一年，科尔（Thomas Cole）出版了他题为《古希腊修辞的起源》（*The Origins of Rhetoric in Ancient Greece*）的重要著作（约翰斯·霍普金斯大学出版社，1991）。虽然对他取消区分修辞理论与修辞实践的做法我并不敢苟同，但在他书中仍有很多地方都能启迪和激励学界同人去重新审视智术师在早期修辞理论中所扮演的角色。特别令人鼓舞的是加加林（Michael Gagarin）那篇题为《智术师是否意在说服？》（*Did the Sophists Aim to Persuade?*）的文章［载《修辞学》19（2001），页275～291］，及其待刊续篇《智术师教授什么？智术师与语词的技艺》（*What Did the Sophists Teach? The Sophists and the Art of Words*）。加加林在文中郑重地提出了这样一个观点，认为"修辞"在描述早期智术师所教授的内容方面或许不能算是一个最好的词汇选择，他本人也正致力于一个精心策划的方案来还原和重构智术师的教学。最近出版的类似著作还包括两本关于高尔吉亚的书：一本为麦科米斯基（Bruce McComiskey）的《高尔吉亚与新智术师修辞》（*Gorgias and the New Sophistic Rhetoric*），另一本为康斯尼（Scott Cosigny）的《作为智术师和技艺家的高尔吉亚》（*Gorgias, Sophist and Artist*）。由此可见，人们对智术师的关注兴趣仍持续不减，颇为令人欣喜和振奋的是，方法与理论框架在讨论中也得到了进一步的深化。

就我而言，本书最为重要的部分仍然是对普罗塔戈拉现存残篇的解读。我意欲表达的观点是，对于那些有志于普罗塔戈拉思想历史重构的同人来说，本书第二和第三部分业已证明是大有裨益的。最有争议的地方是本书的第一部分，特别是我有关修辞的希腊词源*rhêtorikê*的讨论——以及修正这一词源的出现时间可能挑战我们对智术师和早期修辞理论的理解等观点，这些都已经引发了相当热烈的讨论。对诸如此类问题感兴趣的读者，或许能在我1999年出版的专著《古希腊修辞理论的起源》（*The*

Beginnings of Rhetorical Theory in Classical Greece）中找到些许答案，因为该书在很多方面讨论了本书并未触及的问题。此外，在该书的开始章节和本书的后记中，我也尝试对本书有关论点的批评做出了相应的回答。

据说一本书最大的不幸是被人忽略。对于本书的接受我可以做各种猜度，但我决不可信口抱怨说它被人忽略。对于各方的对话者，无论是支持还是反对，我始终心存极大的感激之情。

2002年12月于明尼阿波利斯

第一版前言

　　早就应当问世的书稿终于付梓了，这是有关普罗塔戈拉及其
对古希腊早期思想贡献的全新的深入研究。虽然在以往大量的普
罗塔戈拉研究中不乏真知灼见，但其大多拘泥于个中的某一两个
问题，很多还往往定位于智术师的某些负面假设，以至于很难对
普罗塔戈拉做出一个合理和富有建设性的勾画。再加上以往太多
的研究过分依赖于柏拉图的观点，因而对柏拉图观点的解读远远
胜过了对智术师残篇本身的解读。就普罗塔戈拉自身的言说、他
的*ipsissima verba*（本人原话）而言，此前那些意欲考察者也通
常仅仅关注的是其某一两个残篇，因而难免挂一漏万。此外，几
乎很少有人认真地思考过公元前5世纪的希腊正处于主导文化由
口传向书写转型的这一事实，因此，很多对普罗塔戈拉残篇的翻
译和解读，都忽略了句型和词汇用法改变所带来的影响。

　　本书意欲为还原普罗塔戈拉对古希腊哲学和修辞的贡献一
辩，其还原和重构应当远比目前已有的研究更为完全。欲达此目
标，其思想的勾勒就必须基于他所有重要的残篇，也必须将他和
其他早期智术师作为严肃和重要的思想家来对待。柏拉图传统认
为，公元前5世纪的智术师极少——即便有的话——触及重要的
哲学思想或道德上为人接受的修辞思想，我希望接下来的讨论能

有助于对这一传统观念的拒斥,并进一步激励人们今后对早期智术师的全面研究。正是通过这样的努力和尝试,这些古希腊启蒙时期的一个个有趣的人物,以及他们在哲学史和修辞史上的贡献,才能更深更广地充分展现出来。

致　谢

本书的研究雏形是我在西北大学（Northwestern University）　xiii
的博士论文。我要感谢格理芬（Leland M. Griffin），是他为
我组建了答辩委员会，并给予了必要的鼓励。我还要感谢海德
（Michael J. Hyde）、考夫曼（Charles Kauffman）和查理夫斯
基（David Zarefsky），感谢他们参加了我的答辩，并给我提出
了既挑剔又有益的反馈意见。

本书第三章的第一节"是柏拉图新造的 *rhêtorikê*？"最初
发表在《美国语文学杂志》（*American Journal of Philology*）
1990年第111卷第460～473页上，本书在形式上略有修改。我
十分感谢该杂志能允许将其收入本书，也感谢肯尼迪（George
A. Kennedy）宝贵的编辑建议。同时，第三章也得益于史密
斯（Robin Smith）、凯恩（Michael Cahn）、伦茨（Tony M.
Lentz）和科尔比（John T. Kerby）等人的点拨。

本书第四章最初以《新智术师修辞批评还是智术师观点
的历史重构？》为题发表在《哲学与修辞》（*Philosophy and
Rhetoric*）1990年第23卷第192～217页上。为此，我要感谢宾
夕法尼亚州立大学出版社，感谢它允许我在本书中修改使用，
同时也感谢小约翰斯通（Henry W. Johnstone, Jr.）、约翰斯通

（Christopher L. Johnstone）和本奈特（Beth S. Bennett）等人对初稿提出的评阅意见。

科尔比阅读了本书出版前的终稿，感谢他的阅读及提出的诸多宝贵建议。我特别要感谢赫宁奇（Richard Henninge），感谢他在所列的一些德文资料上的慷慨解囊。我还要感谢波拉克斯（John Poulakos），虽然我们在很多问题上存在观点上的分歧，但他富有灵气的批评极大地启迪了我的思维。我也要感谢《古希腊文献总汇》（*Thesaurus Linguae Graecae*）的主任布鲁纳（Theodore F. Brunner），感谢他在我多次查阅中所提供的方便。

我特别要提及的是本丛书的前任编辑阿诺德（Carroll C. Arnold）和他极富思想性的评论和细心的编辑，他的支持和建议极大地缓减了我出版上诚惶诚恐的心情。

xiv　我不敢冒昧地揣测以上提及的诸位是否都赞同我的观点，本书的错误概由本人负责。

翻译与缩略语

　　如无特别标注，英文翻译均来自于以下资料：柏拉图：《柏　_{xv} 拉图对话集》（*The Collected Dialogue of Plato*），汉密尔顿（Edith Hamilton）与凯恩斯（Huntington Cairns）合编（普林斯顿大学出版社，1961）；亚里士多德：《亚里士多德全集》（两卷本）（*The Complete Works of Aristotle*），巴恩斯（Jonathan Barnes）编（普林斯顿大学出版社，1984）；其余古希腊作家，参洛布古典丛书（Loeb Library）相应卷册。如无特别标注，希腊文本均采用《牛津古典文本》（*Oxford Classical Texts*）系列中的现成版本。

　　有关早期智术师残篇集的权威版本为第尔斯（Hermann Diels）和克兰茨（Walther Kranz）合编的版本，通常缩写为DK。残篇分为A和B两大部分，A部为后人对残篇作者相关的生平、著作和学说等的评述；B部则为对两人确认为残篇作者之实际残篇的辑录。因此，普罗塔戈拉的"人是尺度"残篇被标注为DK 80 B1。早期智术师或有关早期智术师残篇的英译（DK 79–DK90）选自斯普拉格（Rosamond Kent Sprague）所编的《早期智术师》（*The Old Sophists*）一书（南卡罗来纳大学出版社，1972）。

专 著

Classen, *Sophistik*

Carl Joachim Classen, ed., *Sophistk*, Wege der Forschung 187（Darmstadt：Wissenschaftliche Buchgesellschaft, 1976）.

xvi

DK

Hermann Diels and Walther Kranz, *Die Fragmente der Vorsokratiker*, 3 vols., 6th ed.（Berlin：Weidmann, 1951—1952）.

DL

Diogenes Laertius, *Lives of Eminent Philosopers*, 2 vols., trans. R. D. Hicks（Cambridge, MA：Harvard U. Press, 1925）.

Dupréel, *Sophistes*

Eugène Dupréel, *Les Sophistes*：*Protagoras*, *Gorgias*, *Hippias*, *Prodicus*（Neuchâtel：Édtions du Griffon, 1948）.

Gomperz, *SR*

Heinrich Gomperz, *Sophistik und Rhetorik*（1912；Aalen：Scientia Verlag, 1985）.

Guthrie, *HGP*

W. K. C. Guthrie, *History of Greek Philosophy*, 6 vols.（Cambrdge：Cambridge U. Press, 1962—1981）.

Kahn, *Verb*

Charles H. Kahn, *The Verb "Be"*

	in Ancient Greek (Dordrecht: D. Riedel, 1973) .
Kennedy, *APG*	George A. Kennedy, *The Art of Persuasion in Greece* (Princeton: Princeton U. Press, 1963) .
Kerferd, *Legacy*	G. B. Kerferd, ed., *The Sophists and Their Legacy* (Wiesbaden: Franz Steiner, 1981) .
Kerferd, *SM*	G. B. Kerferd, *The Sophistic Movement* (Cambridge: Cambridge U. Press, 1981) .
KRS	G. S. Kirk, J. E. Raven, and Malcolm Schofield, *The Presocraric Philosophers: A Critical History with a Selection of Texts*, 2nd ed. (Cambridge: Cambridge U. Press, 1983) .
LSJ	Henry George Liddell and Robert Scott, *A Greek-English Lexicon*, 9th ed., rev. and augmented by Henry Stuart Jones (Oxford: Clarendon Press, 1940) .
Untersteiner, Sophists	Mario Untersteiner, The Sophists, trans. Kathlen Freeman (Oxford: Basil Blackwell, 1954) .

杂 志

AJP	*American Journal of Philology*
CJ	*Classical Journal*
CM	*Communication Monographs*
CP	*Classical Philology*
CQ	*Classical Quarterly*
CR	*Classical Review*
CSSJ	*Central States Speech Journal*
GRBS	*Greek，Roman，and Byzantine Studies*
HPQ	*History of Philosophy Quarterly*
HSCP	*Harvard Studies in Classical Philology*
JHP	*Journal of the History of Philosophy*
JHS	*Journal of Hellenic Studies*
JP	*Journal of Philology*
JVI	*Journal of Value Inquiry*
PR	*Philosophy and Rhetoric*
QJS	*Quarterly Journal of Speech*
RE	*Paulys Real-Encyclopädie der classischen Altertumswissenschaft*
RSQ	*Rhetoric Society Quarterly*
SSCJ	*Southern Speech Communication Journal*
TAPA	*Transactions of the American Philological Association*
WJSC	*Western Journal of Speech Communication*
YCS	*Yale Classical Studies*

第一部

早期希腊修辞理论研究绪论

第一章
为什么研究普罗塔戈拉

普罗塔戈拉（Protagoras）是古希腊早期智术师（Older Sophist）中最早和最有影响的人物之一，但要真正了解其地位，至关重要的一步还在于，要厘清自古希腊及古希腊以降的思想史中，人们对普罗塔戈拉所鼎力创建的智术师行业的态度如何。目前，智术师问题尚存有太多争议，以至于很难说清楚何谓智术师，更不用说讨论其著作的内容和意义了。我接下来的讨论，目的是勾勒和概述"智术师"一词在古希腊和当代哲人的界定中其定义的变迁。这一做法的适当性和必要性在于，尽管智术师一词最初是一种尊称，但现在却明显带有贬义或贬低的内涵。因此，厘清变迁的前因后果，将有助于理解智术师在所处时代所扮演的角色，也有助于解释为什么在不同的历史学家和哲人笔下，智术师竟会遭遇到如此这般截然不同的境遇。

定义"智术师"

对于"智术师"一词，无论是古代还是现代的作者都以各自重要的方式给予了各种不同的定义。这些定义早已超越和改变了

4 研究和理解智术师的诠释框架。因此，要理解一般意义上的智术师和作为个案的普罗塔戈拉，就必须要能将其置放在特定的语境和诠释传统中来讨论。①

　　我们现在最为熟悉的"智术师"（sophist）定义是"使用歪理（fallscious arguments）的人，似是而非的推理者（specious reasoner）"。这些贬义之词明显属于最为普遍，也是我们常常随身携带的那些小字典所收录的定义，其负面含义导致了后来诸如"诡辩术"（sophism），或"诡辩性"论据（"sophistical"argument）等贬义术语的形成。然而，智术师最早和最为宽泛的定义是"以博学（learning）著称的人；有智慧的（wise）饱学（learned）之士"，② 其词源可追溯到古希腊文的"*sophia*"，意思是"智慧"或"技能"。因此，正如格罗特（George Grote）和柯费尔德（G. B. Kerferd）所言，智术师的称谓非常宽泛，包括诗人、乐师、行吟诗人、祭师，以及现在被称为哲人的各色人等，③ 甚至连苏格拉底（Socrates）和柏拉图（Plato）也被列入了智术师的行列［参阿里斯托芬（Aristophanes）：《云》（*Clouds*）；伊索克拉底（Isocrates）：《反智术师》（*Against the Sophists*）等］。在柏拉图以普罗塔戈拉为题的对话中，普罗塔戈拉宣称智术师有着很古老的传统，可追溯到包括荷马（Homer）、赫西俄德

---

① 有关智术师研究的解读传统综述，可参C. J. Classen, Einleitung, in *Sophistik*, 1～18; Kerferd, *Legacy*, 1～6; Guthrie, *HGP III*, 3～13; Kerferd, *SM*, 4～14。亦参John Poulakos, *Sophistical Rhetoric in Classical Greece*（Columbia：U. of South Carolina Press, 1995）。

② Sophist, *The Compact Edition of the Oxford English Dictionary*（Oxford：Oxford U. Press, 1971）.

③ George Grote, *A History of Greece*（London：John Murray, 1851），8：479～481; G. B. Kerferd, "The First Greek Sophists", *CR* 64（1950）：8～10。亦参R. J. Mortley, *Plato and the Sophistic Heritage of Protagoras*, *Eranos* 67（1969）：24～32。

（Hesiod）、西蒙尼德（Simonides）、俄尔甫斯（Orpheus）和缪塞俄斯（Musaeus）等在内的历史上的诗人和先知（316d）。普罗塔戈拉接着又谈到他们同时代的音乐和体育教师实际上也在运用着智术师的技艺（316e）。因此，"智术师"一词从其最宽泛的定义来讲，应当涵盖几乎所有那些展示和传授智慧（*sophia*）的人，这应当再清楚不过了。

从公元前5世纪中叶开始，"智术师"一词的定义便逐渐开始收缩到其更为专业的狭窄意义上来。最初出现在《牛津英语词典》上的词条便将智术师定义为"专门以追求知识或传播知识为业的人，特别是那些被认为在智识（intellectual）和伦理方面以传授技艺而获取报酬的人"。如果作如是之解，智术师便应当是西方历史上最早出现的职业教师。但是，该定义并未提及任何关于修辞技艺的实践和传授，而对于贡贝尔茨（Heinrich Gomperz）来说，这正是智术师最为显著的特点。① 贡贝尔茨在讨论中极度夸大了这一点，不然的话，其观点也是很容易为大家所接受的。事实上，人们普遍认为智术师在后人眼中与对逻各斯（*logos*）的传授相关。按照大多数文献的描述，智术师获取报酬的成功秘诀是传授公共场合辩论的技能，② 这也是其为什么会为柏拉图所诟病的主要原因。

那么，"智术师"一词现在的负面定义又源自何处呢？波普尔（Karl Popper）认为"其负面的贬义来自于"柏拉图"对'智术师'的攻击"。③ 格罗特也宣称柏拉图"用偷梁换柱的方式对其基本词义进行了置换"，并且还将其与"带有贬损含义

---

① Gomperz, *SR*; Guthrie, *HGP III*, 176.

② 同上；Kerferd, SM, 25～28; T. A. Sinclair, *A History of Greek Political Thought*（London：Routledge and Kegan Paul, 1951），44～45。

③ Karl R. Popper, *The Open Society and Its Enemies*（London：Routledge and Kegan Paul, 1966），1：263 n52；强调为笔者所加。

的定语"进行搭配。① 但是，格思里（W. K. C. Guthrie）对此却不以为然，认为"智术师"一词早在诸如阿里斯托芬的《云》等前柏拉图时代（pre-Platonic）的著述中就已经有了负面含义。② 哈夫洛克（Eric A. Havelock）对此的解释似乎最为合理：在柏拉图之前，"智术师"一词并不像今天我们所谈论的"知识人／知识分子"（intellectual），它在当时既可以是一种尊称，也可以是一种蔑称。例如，柏拉图青年时代的旧喜剧（Old Comedy）作家就喜好利用抑或助长普通民众中的那种蔑视智识的（intellectual）偏见，以消解环绕在"智术师"（Sophistês）这一头衔上那种让人肃然起敬的光环。③

然而，虽然"智术师"一词早在柏拉图之前就带有贬义，但这也丝毫不减弱其在概念重构中的角色意义。就其定义的系统界定而言，最先有记载的一次尝试是柏拉图名为《智术师》的对话，其目的是要寻求"何为智术师"这一问题的答案。篇中诸对话者在对话中一致认为：（1）智术师靠猎获富豪子弟以获取报酬；（2）智术师是兜售灵魂知识（knowledge of the soul）的商人；（3）智术师是零售知识的小贩（或许指智术师把知识切割成小块来分批次兜售）；（4）智术师把自身知识作为商品来兜售；（5）智术师是玩弄语词——特别是辩论语词（eristikê）的竞技者；（6）虽然对话者们于第六点上还有些犹豫不决，但大家还是将智术师看作是灵魂的清障者，认为他们是在通过提问式的问答法（elenchus）来清除阻碍知识的言论障碍（231d~e）。④

然而，柏拉图分析的结论并非是智术师在传授真正的知

---

① Grote, *History*, 484.

② Guthrie, *HGP III*, 12~13, 33~34.

③ Eric A. Havelock, *The Liberal Temper in Greek Politics*（New Haven: Yale U. Press, 1957），158~159.

④ 转自洛布丛书中H. N. Fowler的《智术师》译文。可参Havelock, *Liberal*, 159；Kerferd, *SM*, 4~5。颇令人有些不解的是，Guthrie的*HGP III*中并无相关讨论。

识，相反，其兜售的仅仅是一种个人对事物的意见（*doxa*）（233c）。该篇最后的总结说："（智术师所传授的是）制造矛盾的技艺，是源自一种不诚实而又自负的模仿（mimicry），属于表象（semblance）的模拟类型，来源于制造影像（image）。作为其中的一部分，作为其人性而非神性的一部分，该技艺呈现为一种对语词遮遮掩掩的玩弄——这样的血脉和谱系完全就是对现实生活中智术师绝对真实的写照。"（268c～d）

针对这一受人诟病的特征，柏拉图将智术师与哲人，即"爱智者"进行了一番对比（《斐德若》，278d）。但是，值得重视的一点是，"哲人"一词的使用在柏拉图之前还不普遍。正如哈夫洛克所指出："柏拉图在《卡尔米德》（*Charmides*）中使用的形式是'*philo-sophia*'，而在《申辩》（*Apology*）中使用的又是'*philo-sophos*'……很可能这些词汇还是在柏拉图学园中才开始被当作专用术语来使用的。我们由此也完全有理由断定，雅典人在称呼诸如阿那克萨哥拉（Anaxagoras）和第欧根尼（Diogenes）等一类前苏格拉底知识人时，使用的称谓是'智术师'或'气象学家'（meteorologist），而绝非'自然学家'或'哲人'。"[1]

如此对比的意义不可谓不重要。柏拉图的目的是企图达到佩雷尔曼（Chaim Perelman）和奥尔布莱切特-泰提卡（L. Olbrechts-Tyteca）所描述的"剥离"（dissociation）。[2] "剥离"是一种修辞策略，旨在通过某种积极的主张，将原有单一的整体概念一分为二：其一期待的是受众的正面评价，另一则是负面评价。定义的功能往往在于其作为概念剥离的"工具"，

---

① Eric A. Havelock，"The Linguistic Task of the Presocratics"，*Language and Thought in Early Greek Philosophy*，ed. Kevin Robb（La Salle，IL：Hegeler Institute，1983），57.

② Chaim Perelman and L. Olbrechts-Tyteca，*The New Rhetoric：A Treatise on Argumentation*（Notre Dame：U. of Notre Dame Press，1969），411～459.

"特别是当其被宣称为针对习以为常和表象用法而提出的真实和本真意义的时候"。① 于此，柏拉图的真实目的其实是想要将 *Sophistês* 作为有智慧的人或教师的常规和传统意义剥离为二，然后对其一（作为虚假知识占有者的智术师）做负面评价，对另一（作为真正智慧追求者的哲人）则做正面评价。

正如史蒂文森（Charles L. Stevenson）所提到的，柏拉图的很多对话都可以看成是在发布一些说服性定义（persuasive definition）："定义的目的旨在修正术语的描述性意义，其通常做法是在不涉及情感意义的任何具体和实质性更改的情况下，对人们习以为常的模糊框架给出更为简明的定义。"② 具体而言，对话的修辞目标之一就是要把诸如"知识"、"正义"或"智术师"等一类术语中的那些常规或"常识性"用法从柏拉图所认为的正确用法中剥离出去。因此，通过对"智术师"和"哲人"等术语做出更为简明扼要的专业定义，也通过对其特征做出或多或少较为诱人的刻画——这当然也是取决于对话所要企及的目标——柏拉图对"哲人"所做的是一番动情的正面专业解读，而赋予"智术师"的则是带有煽动性的负面意义。确切地说，有时，例如在《普罗塔戈拉》中，甚至连苏格拉底似乎也受人揶揄，而提及普罗塔戈拉时反倒无不充满令人肃然起敬的口吻。尽管如此，柏拉图最后的定论还是明确无误的，即使在《普罗塔戈拉》中亦是如此。此外，我们还应当记住的是，柏拉图原本明显是打算要为《智术师》和《政治家》续上一个姐妹篇来定义"哲人"的（《政治家》，257a；《智术师》，217a）。③ 尽管未果，但在柏拉图的整个体系中，对智术师和哲人两者比较框架的

---

① 同上，444。

② Charles L. Stevenson, *Ethics and Language*（New Haven: Yale U. Press, 1944），210；亦参其有关柏拉图的讨论，224~226。

③ Guthrie, *HGP V*, 123.

展示应该是再清楚不过的了。

其实，佩雷尔曼和奥尔布莱切特-泰提卡也曾指出，演说家（rhetors）很少进行孤立状态下的剥离。相反，"哲人要创建的那套系统则要基本指向其相互之间的哲学关联和匹配"。[①] 他们从不同的著述中找出这种哲学关联的匹配例子来支撑各自的观点，例如，从柏拉图的《斐德若》中，他们就抽象出了下面的一组组概念：外观/实在，意见/知识，感性知识/理性知识，身体/灵魂，生成/恒定，多元/单一，属人的/神圣的（《斐德若》，247e、248b）。就每一组概念而言，柏拉图都更倾向于后者，例如，在《高尔吉亚》、《智术师》和《泰阿泰德》等对话中，我们可以看到每一组概念中的前者对应于智术师，后者则对应于哲人。

柏拉图对"智术师"准确的技术性含义的如是之说，再加上本身有力的散文风格，其效果不乏压倒一切的强势之态，[②] 因为在过去的两千多年中，我们对"何为智术师"这一问题的理解，就一直为柏拉图的观点所左右。

亚里士多德对智术师的态度与柏拉图相似。正如克拉森（C. J. Classen）所言，亚里士多德总是用自己的概念图式（conceptual scheme）来梳理智术师的理念和实践，[③] 因此，其解读便几乎总是处于同自己强势体系的对比之中。用现代的术语来讲，无论从认识论、存在论还是从伦理学角度看，我们都可以直言亚里士多德与智术师的所谓体系的截然不同。在《论智

---

① Perelman and Olbrechts-Tyteca, *The New Rhetoric*, 421.

② Giovanni Reale, *A History of Ancient Philosophy*: *From the Origins to Socrates*（Albany：State U. of New York Press, 1987）, 150。关于当代界定智术师与哲人的柏拉图式努力的例子，可参Clarence W. McCord, On Sophists and Philosophers, *SSCJ* 29（1963）：146~149。

③ C. J. Classen, Aristotle's Picture of the Sophists, in Kerferd, *Legacy*, 7~24.

术式辩驳》（*On Sophistical Refutations*）中，亚里士多德认为那些"看似演说的东西实则完全为谬误所致"（164a），"其技艺貌似乖巧却毫无根基，而智术师实则是在以其智慧和不实的外表骗人钱财"（165a）。在《形而上学》中，亚里士多德认为"辩证法仅为一种批判的手段，哲学用其求真（to know），而智术虽然貌似哲学但实则为非"（1004b）。在该书有关"是"（being）的不同定义的讨论中，亚里士多德又指出，柏拉图（在《智术师》中）认为智术师在论辩中讨论的是一种"非"或"非是"（nonbeing），其判断的正确性在于智术师依据的是一种"偶然的是"（accidental being）（1026a ~ b）。最后，亚里士多德还在多处明确表示，对智术师的如是界定并非是因其修辞和辩证技艺的实践，而是基于其道德的缺陷。[①] 按照格利马蒂（W. M. A. Grimaldi）的说法，亚里士多德认为智术师实乃妄用辩证之名行欺骗之实。[②]

不得不令人感叹的是，柏拉图和亚里士多德两人的指责合在一起实在是太为强势，以至于直至今天，他俩的判断和评价在大多数古希腊史书中仍被奉为智术师的评判圭臬，其各自的修辞定义也已为大家所接受，并看成是对智术师的生动毕肖的画像。按照格罗特的说法，智术师已被理解为：

> 到处炫耀和卖弄的骗子，专门吹捧富家子弟以骗取个人的收入。他们损坏雅典人的公共和私人美德，并怂恿学生为名利和钱财进行不道德的诉讼。甚至可以断言他们已成功地损毁了普遍的道德，以至于雅典在伯罗奔尼撒战争后期同米

---

① 同上，17；Aristotle的*Rhetoric* 1355b15 ~ 21和*Metaphysics* 1004b22 ~ 25均为最好例证。

② W. M. A. Grimaldi, *Aristotle's Rhetoric*：*A Commentary*（New York：Fordham U. Press, 1980），1：33.

提亚德（Miltiades）和阿里斯提德（Aristeides）时代相比，其道德已降到了可悲和堕落的地步。相反，苏格拉底通常被 8 描述为与之针锋相对的圣人，揭露并撕开这些所谓先知的虚假面罩——奋起捍卫道德以免遭其狡诈诡计的算计。①

　　这样的情况一直持续而鲜有突破，直到19世纪才开始真正出现具有实质意义的重新界定。因此，柯费尔德把19世纪30年代黑格尔发表的《哲学史演讲录》看成是重新定义智术师的新时代开风之作。② 黑格尔认为思想史是一个经历了正题（thesis）、反题（antithesis）和合题（synthesis）三个图式阶段的辩证进程。按照柯费尔德的解释，前苏格拉底派（Presocratics）（从泰勒斯到阿那克萨哥拉）代表着对世界寻求客观哲学描述的第一步；当苏格拉底和普罗塔戈拉提倡用主观性原则对客观描述进行反思时，其观点则代表了命题反思的第二步；其三则是黑格尔在柏拉图和亚里士多德的著述中发现的两者立场的综合。

　　黑格尔的观点中有两点值得点评。第一，黑格尔把智术师归为和苏格拉底一类的主观主义（subjectivist）哲人，这是让智术师重新回归到"哲学聚光灯"下的重要一步。他接下来在古希腊哲学的叙述中又专辟章节来讨论"智术师哲学"。此外，在策勒尔（Eduard Zeller）和文德尔班（Wilhelm Windelband）等人各自所写的希腊思想史中，也都分别包括有智术师的讨论章节，这些都是公认的19世纪颇具影响的经典力作。

　　第二，虽然黑格尔可能让智术师的讨论回归到了哲学意义上，但却完全是一种负面的方式。按照柯费尔德的说法，"对19世纪的很多人来说，主观主义就其本质而言是反哲学的（anti-

---

① Grote, *History*, 485.

② Kerferd, *SM*, 6~8; *Legacy*, 2~3.

philosophical）"。①由于真理和现实被认为是客观而非主观的，在此意义下，智术师非但未被承认是哲人，反而被划到了哲学的对立面。②因此，策勒尔认为诸如普罗塔戈拉和高尔吉亚一类的智术师均属于激进的怀疑论者，而文德尔班则宣称"大多数智术师从一开始就以一种玩世不恭的态度来对待真理"。③在论及其在古希腊政治思想中的角色意义时，黑格尔对智术师的评价略微要好一点。按照黑格尔的观点，"客观道德"是"伟人"赖以立法的依据，也是所有重大事件乞求神谕的标准，但与此相反的是，智术师"首先引入的是主观性反思，其新引入的行为准则也是每一个人都可以依照各自的信念行事"，因此，这一主观性便"使古希腊陷入了灭顶之灾"。④概而言之，黑格尔对智术师的重新定义认为，虽然智术师属于古希腊哲学进程中必须而又重要的一步，但他们又遭受到柏拉图正当的反驳并被击败；此外，他们在某种程度上来说又对古希腊的陷落起到了推波助澜的作用。文德尔班也认为："无论他们所持的怀疑论观点多么的严肃和科学，甚至包括普罗塔戈拉在内，其结果必然会导致科学的非道德化，最终引起日常生活中某种轻浮的转移。"⑤

　　接下来便是格罗特在《希腊史》（*History of Greece*）一书中所持的观点，具体见于其著名的第67章。格罗特一直被公认是一位改革派和功利主义者，非常关注对"传统偏见"（dead hand

---

① Kerferd, *Legacy*, 2.

② Kerferd, *SM*, 8.

③ Wilhelm Windelband, *History of Ancient Philosophy*（New York: Scribner's, 1924），120; Eduard Zeller, *A History of Greek Philosophy*（London: Longmans, Green, 1881），2: 445～469.

④ G. W. F. Hegel, *Lectures on the Philosophy of History*（London: G. Bell and Sons, 1914），263。有关黑格尔为智术师"正名"、"正常化"的努力反而破坏了智术师修辞之活力的讨论，参John Poulakos, "Hegel's Reception of the Sophists", *WJSC* 54（1990）: 218～228。

⑤ Windelband, *History*, 119.

of tradition）的挑战。[1] 按照格罗特的观点，智术师一直备受误解，也蒙受了极不公正的偏见，因此，他抛弃了那些传统的固有评价，并举出一具体案例来说明智术师所代表的仍然是希腊文化和哲学中的一种正面力量。就我相关的讨论而言，格罗特最为重要的观点可简述如下：

第一，格罗特认为，即使就柏拉图对智术师的指责来看，其中也并非就带有某些现代的史学家那样的恶意话语："我知道历史上几乎从没有人遭受过有如所谓智术师所遭受的如此这般的偏见。"[2] 其实，柏拉图的对话并未就此类闲言恶语给出过正当理由。虽然他对普罗塔戈拉、希庇阿斯、高尔吉亚以及其他一些智术师的描述或许有失敬意，但绝没有将其指责为道德的堕落。[3] 格罗特还从他同时代的一些评论中举出了一些例证，以展示其中那些对智术师的偏见和有失公允的地方：

> 我们不断地从那些点评者的笔下读到这样一些话语——"注意，柏拉图是多么鄙视那些肤浅而又卑鄙的智术师"——这里明显可以看出的是，正是柏拉图自己在操纵双方的博弈，这一点完全被人忽略了。再有，"无论这样或那样的论点，一俟放到了苏格拉底的嘴里，就不应当再被看成是柏拉图自己真实的观点：他这时仅仅是捡起了别人的话头来加以强调，为的是要迷惑和羞辱那些故弄玄虚的冒牌货"——其实也正是在这样的时刻，当点评者在极力吹捧他纯粹和高贵的道德以抵御高尔吉亚和普罗塔戈拉所谓的堕落

---

[1]　Kerferd, *SM*, 8; Guthrie, *HGP III*, 11。Cope在一系列文章中对Grote有关智术师的观点进行了批判，参E. M. Cope, The Sophists, *Journal of Classical and Sacred Philology* 1（1854）：145～188; *On the Sophistical Rhetoric*, 2（1855）：129～169; 3（1856）：34～80, 252～288。

[2]　Grote, *History*, 495.

[3]　同上，518～523。

败坏时，其言论反倒使柏拉图变成了一位现代意义上的不诚实的辩论者和智术师。①

第二，格罗特注意到对智术师主要的指控是其进行有偿服务。格罗特评论说，教师收取报酬不应该被当成是受人批评和指责的把柄，② 并且也没有证据表明智术师的收费高得离谱。事实上，柏拉图也谈到普罗塔戈拉让他的学生自行选择一事：他既可以直接支付老师索要的报酬，也可以去神庙以发誓的方式说出学生觉得老师的教诲到底该获取多少报酬（《普罗塔戈拉》，328b）。③

第三，格罗特认为智术师是向公众传授辩论技艺的教师。由于每一位公民都有可能惹上讼事，都需要为自己辩护，因此，智术师对逻各斯（logos）的传授就非常必要，也大有裨益。④ 其实，亚里士多德也曾指出，"让人觉得好笑的是，一个人如果不能用自己的肢体保护自己时会感到无地自容，但当一个人无法用言辞和说理的方式来捍卫自己时却又无动于衷，特别是当理性的言辞比肢体更能突显一个人的与众不同的时候"（《修辞学》，1355b）。

第四，格罗特提到德国史学家最近用"诡辩手"（fiend）的提法来称呼智术师（Die Sophistik）。格罗特为此据理力争，认为就其学说、原则或方法而言，智术师群体之间其实几乎毫无共

---

① 同上，495。

② 同上，497~498。

③ 有关柏拉图对智术师收费做法的谴责前后不一的讨论，参Michael Gagarin, *Protagoras and Plato*（Ph.D. diss., Yale University, 1968），181~187；The Purpose of Plato's Protagoras, *TAPA* 100（1969）：138~139。Blank对此收集并讨论了相关证据，参David Blank, Socratics versus Sophists on Payment for Teaching, *Classical Antiquity* 4（1985）：1~49，有关普罗塔戈拉的见第26~29页。

④ Grote, *History*, 464, 499.

同之处；除了作为教师要收取报酬外，他们之间没有任何相同的地方。事实上，在柏拉图的对话中也可以看到，智术师之间在很多问题上往往也是各持己见。因此，对作为整体的智术师群体进行指责和非难是不合适、不准确，同时也是"难以成立的"。[①]

最后，格罗特也就公元前5世纪（特别是公元前480—415年）因雅典的陷落而对智术师的指责一事进行了辩护。格罗特辩解道，就问题所涉及的那段时间而言，雅典人也完全没有品格堕落的迹象。[②] 即使有，格罗特认为也不能简单地完全归咎于智术师的原因。色诺芬版本的普罗狄科（Prodicus）的《赫拉克勒斯的选择》（*Choice of Heracles*）在提及伦理教训时也表明，至少还有一些智术师在热衷于传授保守和传统的道德观念。[③] 此外，格罗特还辩解道，史学家们单单挑出智术师来进行指责也有失公允，因为柏拉图在对话中攻击的对象几乎包括所有的人——诗人、政治家、音乐家和演说家等。[④] 其实，在《王制》（492）中，智术师不仅被描写成和柏拉图一样有志于改善雅典人的教育，而且面对社会的总体问题时，他们也被描写得是那样的相对无力。只有"民众"（the multitude）才认为是智术师带坏了年轻人。

概言之，"智术师"一词共有四种定义；也就是说，公元前5世纪的智术师被放置到了四种不同的语境中来加以界定。就这一点而言，我的意思绝非是每一个定义都是对其前一定义完全成功的取代。西季维克（Henry Sidgwick）在1872年就智术师讨论的流行观点进行总结时指出，在黑格尔和格罗特之后的几十年，柏拉图的定义仍然占据着主流地位：

---

① Grote, *History*, 509 ~ 510；Gomperz, SR, 39.
② 同上，511 ~ 515。
③ 同上，515 ~ 518。
④ 同上，541 ~ 550。

11   旧有的观点认为，智术师是公元前5世纪希腊出现的
一帮骗子。他们利用公众的轻信骗取丰厚报酬：他们假装
传授美德，实际上却是在教授谬误的言辞技艺，同时还宣
扬不道德的庸俗学说。在被吸引到作为古希腊聚议中心
（Prytaneion）的雅典后，他们与苏格拉底相遇，并遭遇到
彻底的颠覆。苏格拉底揭露了他们修辞术（rhetoric）的虚
伪，并针对其貌似有理实则有害的智术（sophistries），逐
一批驳了他们的虚假话语，成功地捍卫了健康的伦理道德。
因此，智术师的成功转瞬即逝，受人轻蔑也是咎由自取，其
称号也成为后辈的笑柄。①

在现代的文献中，柏拉图传统的因素仍然随处可见。在副标
题为"雅典成功之术"（How to Succeed in Athens）的智术师专
论那一章中，布鲁姆鲍（Robert S. Brumbaugh）遵照的仍然是由
柏拉图提出的两分法："智术师的职业是训练年轻人成功生活，
他们劝导人们应当学习修辞术——说服的话语技艺——而非哲
学。"② 布鲁姆鲍认为"从总体上看，智术师并未给西方哲学带
来某种重要的建设性进展"。为支撑自己的观点，他还指出智
术师是"用修辞术来说服听众相信科学和哲学是不实用的，因
此，修辞术的使用并非是对哲学的贡献，而是一种替代性的选
择"。③ 在其之后，金波尔（Bruce A. Kimball）也撰文指出，智
术师"更多关注的是说服技艺的设计，而非论辩真理的寻求。这
种对道德的忽略加剧了传统伦理的崩溃，也导致了人们对智术师

---

① Henry Sidgwick, *The Sophists*, JP 4（1872：299。这里的引述并不代表
Henry Sidgwick的立场，他称赞Grote的辩护是重要的历史发现。
② Robert S. Brumbaugh, *The Philosophers of Greece*（New York：Crowell,
1964），112；强调为笔者所加。
③ 同上，115。

的责难"。①

尽管如此，黑格尔传统的强势因素仍然还是坚持了下来。柯费尔德指出，格思里的讨论就是遵循的这一传统，因为智术师的"经验论"（empiricism）和"怀疑论"（skepticism）一方面和柏拉图的理想主义形成对比，另一方面又和前苏格拉底的自然学理论（physical theories）相悖而行。② 我们还可以尝试着把翁特斯泰纳（Mario Untersteiner）的观点放到黑格尔传统中来进行解读，因为他把智术师描述成了反理想主义的现实主义者和现象学家。③ 在格思里的讨论中，其恻隐之心出自理想主义的传统，特别再加上他与格罗特大相径庭的立场。④ 翁特斯泰纳的不足之处或许在于他不恰当地运用了20世纪的概念来解读智术师的"哲学"。尽管如此，其本意仍是想要把每一位智术师作为一单独的思想家个体来进行讨论；他认为在智术师问题的讨论中，没有必要非得表现出对某种古代哲学传统的偏爱。⑤

尽管柏拉图和黑格尔传统仍在延续，但大多数当代的学者还是大致接受了格罗特的立场，至少表现出在智术师问题上对柏拉图观点的一种拒斥，也避免了柯费尔德所说的由某种黑格尔理论框架所导致的"思想史的不成熟的程式化表达"。⑥ 格罗特的解　12

---

　　① Bruce A. Kimball, *Orators and Philosophers：A History of the Ideal Liberal Education*（New York：Teachers College Press, 1986）, 17。Robert J. Brake在其"*Pedants, Professors, and the Law of the Excluded Middle：On Sophists and Sophistry*"一文中记述了这一柏拉图传统的持久延续，载*CSSJ* 20（1969）：122～129。晚近另一个有关智术师（以贬损为主）的讨论可参Tony M. Lentz, *Orality and Literacy in Hellenic Greece*（Carbondale：Southern Illinois U. Press, 1989）, 第7章。这些描述通常都是主要靠柏拉图对话来得到关于智术师的种种信息的结果。

　　② Kerferd, *SM*, 11.

　　③ Untersteiner, *Sophists*.

　　④ Guthrie, *HGP III*, 11～13.

　　⑤ R. F. Holland, *On Making Sense of a Philosophical Fragment*, *CQ* 6（1956）：215～220.

　　⑥ Kerferd, *SM*, 13。有关智术师的当代学术的解读框架的有 （转下页）

读认为，智术师属于公元前5世纪时的一股正面力量，而柏拉图和黑格尔在解读中对其正面意义的忽略，其原因在于两人的解读模式更多假设的是其理论上的共性，因而便忽略了智术师的实际个性。因此，格罗特最有价值的贡献无论在彼时还是当下或许都在于其解读的程序性。格罗特辩解道，要读懂智术师，就必须将其置入自身的语境中，即将作为个体的智术师置入其主流为口头传统的文化中。有人认为，智术师在某种程度上是由某种"学说"聚集在了一起，其思想也或多或少具有某种相似之处。按照格罗特的思路，我对此仍持置疑的态度，不敢苟同。我的观点是，智术师应当作为个体来进行考察，我们应当像关注其共性一样来关注其作为个体的不同个性。因此，"智术师"一词应当被看成是一个松散概念，而非一种严密的教条。

本书中我还将遵照的一个定义性的约定是，"智术师"一词将特别指向那些最早的以教育为业的人，他们更多是与传授散文的演讲*techné*（技艺或技能）有关。这样定义的目的不是要对其进行某种语文学和哲学意义上的特别考察，而是在于要厘清其概念。基于该定义，古希腊公元前5世纪最为相关的就应当包括普罗塔戈拉、高尔吉亚、普罗狄科、希庇阿斯、安提丰、克里蒂亚（Critias）和特拉绪马科斯（Thrasymachus）等。这是波拉克斯（John Poulakos）在讨论智术师时所列的名单，或许可以看成是"传统"的名单。[1] 事实上，智术师名单也因人而异。例如，格罗特所列的名单中就不包括克里蒂亚，而是把波卢斯（Polus）、欧绪德谟（Euthydemus）和狄奥尼索多洛（Dionysodorus）等人列入其中；柯费尔德的名单则包括

（接上页）用讨论，可参Susan C. Jarratt, The First Sophists and the Uses of History, *Rhetoric Review* 6（1987）：66～67, 亦参Steven Mailloux的*Rhetoric, Sophistry, Pragmatism*一书的导言（Cambridge：Cambridge U. Press, 1995），1～31。

[1] John Poulakos, *Towards a Sophistic Definition of Rhetoric*, *PR* 16（1983）：47 n1.

卡利克勒（Callicles）和苏格拉底，以及《双重论证》（*Dissoi Logoi*）、《匿名杨布里可篇》（*Anonymus Iamblichi*）和《希波克拉底文集》（*Hippocratic Corpus*）等书的那些作者。格思里的智术师名单又包括了安提斯蒂尼（Antisthenes）、阿尔基达马（Alcidamas）和吕科佛隆（Lycophron）等。① 尽管所有这些都可以被确切地称为智术师，但为了清晰和简明起见，我还是选择传统的那组来进行讨论。

普罗塔戈拉的意义

对于为何要单单挑选出普罗塔戈拉并关注其在早期希腊哲学和修辞学中的地位，我们至少可以从四个方面来予以解释。首先，智术师应当作为个体的思想家予以分别研究，而不应当简单地看成一场运动。第二，具体的事实依据业已证明了普罗塔戈拉理论重要的实践和哲学意义。第三，普罗塔戈拉的思想一直为修辞理论研究所忽略而未能得到应有重视。第四，在古希腊从"神话-诗歌"（mythic-poetic）向"人文主义-理性主义"（humanistic-rationalistic）转变的文化转型期中，无论是作为群体的智术师还是作为个体的普罗塔戈拉，他们都扮演着非常重要的角色。

我们只需将有关早期智术师和前苏格拉底"哲人"的文献做一比较，便可以看出智术师受关注的程度是多么微乎其微。对某些前苏格拉底哲人来说，虽然也是几乎没有存留下什么残篇，但同智术师相比，其相关的文献却是汗牛充栋；相反，在过去的50年里，正式发表的有一定长度的智术师研究文献却是乏善可

---

① Grote, *History*, 486；Kerferd, *SM*, 42~58；Guthrie, *HGP III*, 261~319.

陈。① 柯费尔德为此认为，在进一步争论有关作为整体的"智术师运动"之前，我们有必要对作为个体的智术师做更加深入的进一步研究。不然的话，作为群体的智术师研究还将继续受到柏拉图和黑格尔传统的扼制。② 柯费尔德还指出，如是的研究路径很可能得出的结论是，智术师在学说和意图上并非像通常所推测的那样与前苏格拉底哲学和柏拉图相距甚远："现在需要的是应当就单个智术师相关的具体事例进行系列的深入研究，这样才会使人严肃对待具体的事例，不至于让人从一开始就产生先入为主的印象，认为任何有意义的学说都不可能出自哪怕是某位单个的智术师，因为'他们是一群不可能接受严肃学说的人'。" ③

如果沿着柯费尔德的套路，首先要做的事情之一就应当是对普罗塔戈拉进行综合的研究，因为他是第一位职业智术师［DL 9.52；斐洛斯特拉托斯（Philostratus），DK 80 A2；柏拉图，《大希庇阿斯》，282d；《普罗塔戈拉》，349a］，也是大家一致公认的最著名和最有影响的智术师代表。④ 普罗塔戈拉曾是古希腊领袖伯里克利（Pericles）的朋友和幕僚，这足以证明他当时的声誉和影响。莫里森（J. S. Morrison）指出，普罗塔戈拉

① 对智术师作为一个群体的研究包括：Eugène Dupréel于1948年出版的 *Les Sophistes* 一书，主要讨论了普罗塔戈拉、高尔吉亚、希庇阿斯和普罗狄科这四位最早的智术师。Mario Untersteiner的1949年的 *I sofisti* 之英译本 *The Sophists* 于1954年由 Kathleen Freeman 翻译出版（意大利文原著的第2修订版于1967年出版）。W. K. C. Guthrie 的 *The Sophists* 一书最初收于其1969年出版的3卷本 *History of Greek Philosophy* 中，几乎占去全书的一半。G. B. Kerferd的 *The Sophistic Movement* 是对自己30年智术师研究成果的简要呈现。其他还包括C. J. Classen出版于1976年的 *Sophistik* 和Barbara Cassin的 *Positions de la Sophistique*（Paris：Vrin, 1986）等两本文集。此前有关普罗塔戈拉的研究专著包括：Antonio Capizzi, *Protagora*（Firenze：G. C. Sansoni, 1955）；Italo Lana, *Protagora*（Torino：Università di Torino Pubblicazione, 1950），以及 Stelio Zeppi, *Protagora e la filosofia del suo tempo*（Firenze：La Nuova Italia, 1961）。

② Kerferd, *Legacy*, 3.

③ Kerferd, *SM*, 14.

④ 参Guthrie, *HGP III*, 263；Kerferd, *SM*, 42；Windelband, *History*, 114。

能获取这样的位置，是因为他完全具备为伯里克利的民主提供理论上的辩护的能力。① 这一说法可能是有理有据的，因为据彭提库斯（Heraclides Ponticus）所言，伯里克利曾指派普罗塔戈拉为图利（Thurii）这一重要的新占殖民地起草法律条款（DL 9.50）。我在后面的章节中还会提及此事。

普罗塔戈拉的重要性还可以从他对当时政治和哲学的贡献中得以进一步的佐证。他的"人是万物的尺度"一说是智术师推进民主美德（aretê）和知识的核心所在，因而也是雅典公众生活的核心所在。② 有人论证，欧里庇得斯（Euripides）的《请愿的妇女》（Supplices）和索福克勒斯（Sophocles）的《安提戈涅》（Antigone）中有关政治内容的描述，都有普罗塔戈拉教诲影响的痕迹，还有学者坚持认为，埃斯库罗斯（Aeschylus）的《被缚的普罗米修斯》（Prometheus Bound）是借神话叙事来描写智术师——特别是普罗塔戈拉——怎样将知识带给了城邦（polis）。③

公元前5到前4世纪的古希腊哲学也留下了普罗塔戈拉的痕迹。只要我们的哲学一词是用于其现代意义，那么我们就完全有理由把普罗塔戈拉的志趣归属于哲学的范畴。例如，柏拉图在《泰阿泰德》中讨论了普罗塔戈拉的"人是尺度"说，这是一篇关于知识定义的对话。此外，篇名为《普罗塔戈拉》的对

14

---

① J. S. Morrison, The Place of Protagoras in Athenian Public Life, *CQ* 35（1941）：10.

② Kerferd, *SM*, 85, 145；Untersteiner, *Sophists*, 87；Werner Jaeger, *Paideia*：*The Ideals of Greek Culture*（New York：Oxford U. Press, 1945），1：286以下；Milton C. Nahm, *Selections from Early Greek Philosophy*（Englewood Cliifs, NJ：Prentice-Hall, 1964）212；Philip Wheelwright, *The Presocratics*（New York：Odyssey Press, 1966），236。

③ 有关欧里庇得斯和索福克勒斯，参Morrison, *Place of Protagoras*, 13~16；有关埃斯库洛斯，参J. A. Davison, *The Date of the Prometheia*, *TAPA* 80（1949）：66~93。

话讨论的是有关美德（aretê）的传授，也可以看成是某种我们现在称之为教育哲学的早期尝试。上述对话中的各种描述恰好都证明了普罗塔戈拉在哲学上为柏拉图所倚重的程度。① 克拉森指出，亚里士多德同样也将普罗塔戈拉看成是一位严肃的思想家。② 除了在《修辞学》中有一处批评普罗塔戈拉所谓的"让较弱变较强"外（《修辞学》，1402a22），亚里士多德在《修辞学》（1407b5）、《诗学》（1456b15）、《尼各马可伦理学》（1164a22）和《论智术式辩驳》（173b17）等其他多处地方提到普罗塔戈拉时，其态度一般均为肯定。亚里士多德同普罗塔戈拉最为严重的分歧出现在《形而上学》中（1007b18，1009a6～1011b22，1047a6，1062b13～1063b33）。尽管他在书中用了好几个章节批评普罗塔戈拉违背了矛盾律，但十分清楚的是，普罗塔戈拉在亚里士多德眼中仍然是一位严肃的思想家，一位过世很久但其学说仍然很有影响并需要进行论证的思想家。非常有趣的是，亚里士多德对普罗塔戈拉表示敬意的一种方式就是要将他排除在智术师的称呼之外。③

其他一些古希腊作家也把普罗塔戈拉看成是需要另眼相看的哲人。伊索克拉底曾把高尔吉亚和普罗塔戈拉同芝诺（Zeno）和麦里梭（Melissus）进行比较［《海伦》（Helen），2～3］，还有其他人也曾不厌其烦地或支持或反驳普罗塔戈拉相关的学说（DK 80A，及其他）。

其实，相对晚近的哲学理论中对此也有人在遥相呼应，认为普罗塔戈拉和他同时代的哲人一样在以同样的方式思考和言说。卡恩（Charles H. Kahn）便是一例，我后面将谈及其有关希腊动

---

① Sinclair, *History*，53。有关柏拉图的《王制》乃针对普罗塔戈拉对民主的辩护，参Stanley Moore, *Democracy and Commodity Exchange:Protagoras versus Plato*," *HPQ* 5（1988）：357～368。

② Classen, Aristotle's Picture.

③ 同上，23。

词"是"（to be）的富有创建的原初解读。就目前而言，我们只要注意到下面这一点就足够了，也就是说，我们可以明显看到的是，在柏拉图之前的文献中，很少出现过动词"是"的某些技术性的建构形式（technical constructions）。按照卡恩的说法，至少有一种技术性的用法——否定性形式的"*einai*"——是绝对为"哲人"所专用的，[①] 而普罗塔戈拉在"人是尺度"说中则使用了"*einai*"这样一种否定形式。卡恩由此还认为，普罗塔戈拉的用法是目前最早把动词"是"当作纯粹的存在谓词（existential predicate）来使用的技术性用法。[②] 如果卡恩的说法成立，那么，普罗塔戈拉便可以列为古希腊启蒙的第一流的哲学思想家。

最后一点证据是柯费尔德对普罗塔戈拉之影响的一段描述：

> 在埃及孟菲斯通往塞拉皮斯（Serapeum）神庙的所谓司芬克斯长廊，面对其尽头的地方有一堵半圆的围墙。1851—1854年间，在那里发现了大约11座雕像……在半圆围墙的东边那一面，我们可以看到柏拉图、**赫拉克利特**（Heraclitus）、泰勒斯（Thales）和普罗塔戈拉的雕像，每座雕像还具体刻有各自的姓名……除了知道是属于托勒密时期外，雕像的具体时间不详。很明显，普罗塔戈拉是被归在哲人行列，面对着排在另一面的诗人雕像。这似乎非常明显地见证了普罗塔戈拉在古希腊时期所享有的重要地位。[③]

当然，虽然似乎有广泛的事例在支撑和证明着普罗塔戈拉哲

---

① Kahn, *Verb*, 366~370.

② 同上，302。

③ Kerferd, SM, 44。亦参J. Ph. Lauer and Ch. Picard, *Les statuesptolémaïques du Sarapieion de Memphis*（Paris：Presses Universitaires de France，1955），120~127；K. Schefold, Die Dichter und Weisen in Serapieion, *Museum Helveticum* 14（1957）：33~38。

学上的重要贡献，但在对其哲学贡献的具体描述上仍存在着很大
的分歧。普罗塔戈拉曾被称为第一位实证主义者、第一位人文主
义者、实用主义先驱、怀疑论者、存在主义者、现象学家、经验
论者、早期功利主义者、主观相对主义者和客观相对主义者。①
要调和这些各自相左的观点或许是不可能的，但厘清其概念的背
景却不失为一种有益的尝试。

　　虽然有人对重构修辞理论早期历史感兴趣，但他们却出奇地
忽略了对普罗塔戈拉的关注。从史密斯（Bromley Smith）1918
年在《演说季刊》（*The Quarterly Journal of Speech*）上的文章

----

　　① 实证主义：参Jaap Mansfeld，"Protagoras on Epitemological Obstacles and
Persons"中所引Otto Neurath的观点，Kerferd，*Legacy*，49；亦参Windelband，
History，116。人文主义：参F. C. S. Schiller，*Plato or Protagoras*?（Oxford：Basil
Blackwell，1908），7~8；Harold Bennett，*The Sophists：Rhetoric，democracy，
and Plato's Idea of Sophistry*（Novata，CA：Chandler and Sharp，1987），36；George
C. Simmons，The Humanism of the Sophists with Emphasis on Protagoras of Abdera，
Educational Theory 19（1969）：29~39。实用主义：参Dupréel，*Sophistes*，55；James
Haden，Did Plato Refute Protagoras? *HPQ* 1（1984）：229~232；Robert F. Davison，
Philosophies Men Live By（New York：Holt，Rinehart，1952），11；P. S. Burrell，
Man the Measure of All Things：Socrates versusProtagoras，Philosophy 7（1932）：
27~41，168~184。怀疑论：参Windelband，*History*，116；Zeller，*History*，446。存
在主义：参 Milton K. Reimer，The Subjectivism of the Sophists：A Problem of Identity，
Journal of Thought 13（1978）：50~54。现象学：参Untersteiner，*Sophists*，48。经验
论：参Theodor Gomperz，*Greek Thinkers*（London：John Murray，1901），1：455；
Windelband，*Histroy*，118。功利主义：参S. Moser and G. L. Kustas，A Comment on
the "Relativism" of Protagoras，*Phoenix* 20（1966）：111~115。主观相对主义：
参Guthrie，*HGP III*，186；A. E. Taylor，*Plato：The Man and His Work*（London：
Methuen，1949），325~333；Gregory Vlastos，*Plato's Protagoras*（Indianapolis：
Bobbs–Merrill，1956），xii–xvi；Newton P. Stallknetcht，Protagoras andand the Critics
（关于美学），*Journal of Philosophy* 35（1938）：39~45。客观相对主义：参
Gomperz，*SR*；Francis M. Cornford，*Plato's Theory of Knowledge*（London：Routledge
and Kegan Paul，1935），32~36；David K. Glidden，Protagorean Relativism and
Physis，*Phronesis* 20（1975）：209~227；G. B. Kerferd，Plato's Account of the
Relativism of Protagoras，*Durham University Journal* 42（1949）：20~26；Adolfo J.
Levi，Studies on Protagoras：The Man–Measure Principle：Its Meaning and Applications，
Philosophy 40（1940）：158。

发表以来，传播学研究（communication studies）的主要期刊上至今还未出现过直接有关普罗塔戈拉的文章。相反，传播学的学者反倒热衷于"还原"（rehabilitate）和探索普罗塔戈拉同时代的高尔吉亚的言论。① 假设说服言辞的传授与实践对智术师来说是如此重要，又假设在古希腊教育过程中修辞最终又有如此的中心地位，那么，在惊讶其修辞理论贡献被相对忽略的同时，也同样有必要对此现象予以应有的纠正。因此，我希望在接下来的篇幅中能够"重塑"普罗塔戈拉在古希腊修辞理论演进过程中的重要过渡形象。

其实，对于重新解读普罗塔戈拉，其正当与否还另有一种说法。在过去的60多年中，古希腊文化中前书写文化的口传特征已普遍得以确认，正是书写文化的出现才催生了哲学分析所必需的抽象思维。哈夫洛克认为，柏拉图最初的目标之一，特别是在《王制》中，是要鼓吹对"神话-诗歌"传统的摒弃，包括其话语形式、释义方法和论证模式等。基于柏拉图等人的说法，哈夫洛克指出，在那场抵制诗人的教育运动中，智术师属于柏拉图的盟友，在希腊语言与思想的重构中，他们在一道分享着前苏格拉底哲人的角色。② 虽然哈夫洛克的分析如此具有挑战性，但我似乎还没有看到有人对此做出过有意义的回应。

至于为什么要将普罗塔戈拉作为一个个案来单独分析的其他原因，我将在本书后面对残篇的解读中进行讨论。就目前而言，我们可做如下总结：理解所谓的智术师运动需要对单个的智术师

16

---

① Richard A. Engnell, Implications for Communications of Rhetorical Epistemology of Gorgias of Leontini, *WJSC* 37（1973）：175～184；Richard Leo Enos, The Epistemology of Gorgias' Rhetoric：A Re-examination, *SSCJ* 42（1976）：35～51；Bruce E. Gronbeck, Gorgias on Rhetoric and Poetic：A Rehabilitation, *SSCJ* 38（1972）：27～38.

② Havelock, *Preface to Plato*（Cambridge, MA：Harvard U. Press, 1963），8, 280, 285～286, 305～306；亦参其"Task"。

个体做细致分析，因此，普罗塔戈拉便被选作一单独的个案，因为无论就文化影响还是就哲学重要性而言，他都当属首选和最为重要的职业智术师。此外，在传播学研究领域内，还基本无人问津过普罗塔戈拉的理论，而其他领域的尝试又导致了众多相互矛盾的解读，特别是，几乎还没有人尝试解读过普罗塔戈拉理论中所蕴含的修辞学理论。除此之外，我们可资利用的还有诸多近期有关智术师时代古希腊语言和思想发展的发现。因此，本书可作为填补这些不足的一次有益尝试。

第二章

古代残篇解读

对于普罗塔戈拉尚存的残篇，假如抽出其相关语境，并将其置于当下的20世纪，即使不让人感到荒谬，也会让人觉得意义不大。就其原因而言，这不仅在于谈及普罗塔戈拉的文献太少，还在于大多现存资料都经过了那些总体上不太友好的过滤。[①] 辛克莱（T. A. Sinclair）在哀叹残篇的可怜之余，也注意到"资料贫乏的同时，解读本身也让人忐忑不安和充满主观之嫌。因此，为什么古代会有各持己见的观点，现在又会有相互矛盾的传统并存，也就不会让人感到有什么值得大惊小怪的了"。[②]

我于此想要提出的问题是，怎样才能为普罗塔戈拉残篇提供一种"最佳路径的解读"（best accessible reading）——这源自库恩（Thomas S. Kuhn）的提法，他在描述历史解读方法时就试图用这种方法使那些原本貌似无理和松散的文本得以被合理流畅地解读。[③] 库恩予以操作的假设是，那些于现代读者看来似乎毫

---

① Theodor Gomperz，*Greek Thinkers*（London：John Murray，1901），1：440.

② T. A. Sinclair，*A History of Greek Political Thought*（London：Routledge and Kegan Paul，1951），44.

③ 参Thomas S. Kuhn，*The Essential Tension*（Chicago：U. of Chicago Press，1977）一书前言，特别是xii。Richard Rorty指出，同科学史进行类比是合适的，因为在两种情况下历史学家都会竭力从过去自身的条件来理解过去——即使（转下页）

无意义的文本，如果将其置入相关的历史语境，就有可能变得非常完美。因此，我在此想问的是，在重新界定普罗塔戈拉在古希腊早期哲学和修辞学中的贡献时，我们应当怎样为他的话语和有关他的描述提供一个最为合理和有趣的解释？[①]

现代解读者面临的问题

21   就古希腊文本而言，其针锋相对的解读方式问题现在又重新引起了人们的极大关注。哈夫洛克指出，古典学者的训练强调在解读问题上应置疑"理论的运用"和"先入为主"（*a priori*）的方法。[②] 尽管如此，哈夫洛克仍坚持认为，早前多数古典和经典文本的阅读，事实上仍受到了希腊文化中那种尚未言明的有关语言和文学习惯假设的影响。[③] 哈夫洛克所做的一切大多可以解读为一种努力，一种尝试对尚未言明的假设予以辨别和纠正，并能对古希腊文本提供另一种不同解读方法的努力。同样，卡恩也注意到所有的解读都源自某些预设。他总结道："如果我们不能有意构建和选择我们自己的解读框架，那么，我们都将变成一个

（接上页）这些条件可能与诸多现代理论及信念均不相容。[The Historiography of Philosophy：Four Genres，*Philosophy in History*：*Essays on Historiography of Philosophy*，ed. Richard Rorty，J. B. Schneewind，and Quentin Skinner（Cambridge：Cambridge U. Press，1984），49]。

① Stephen Makin，"How Can We Find Out What Ancient Philosophers Said？" *Phronesis* 33（1988）：121。阅读或解读古代文本有多种方式，我在本书第4章更为详尽地讨论了智术师解读中的历史重构方法与其他更具当代性的方法之间的区别。Richard Robinson在其*Plato's Earlier Dialectic* 一书中对此也做了简短但有效的讨论 [Richard Robinson，*Plato's Earlier Dialectic*（Oxford：Clarendon Press，1953），1~6]。

② Eric A. Havelock，*The Literate Revolution in Greece and Its Cultural Consequences*（Princeton：Princeton U. Press，1982），220.

③ 同上，220~260。

个毫无自我意识因而也毫无批判能力的囚徒，听任各种可能的解读假设随意摆布。"① 沿着哈夫洛克、卡恩等人的思路，我认为至关重要的是首先应当辨别，哪些是本书所要极力维护的，并对阅读普罗塔戈拉具有指导意义的预设。

要重新认识普罗塔戈拉的贡献，我认为除开传统的那些合理预设和证据之外，解读实践还必须遵循以下原则：（1）只有当残篇被看成是普罗塔戈拉对所处时代相关问题的睿智回应时，才能挖掘出其中最主要的意义。（2）当我们开始解读普罗塔戈拉残篇和学说时，现代哲学的概念应当尽可能用括号加以悬置，以避免对思想史不恰当和不成熟的程式化解读。（3）古代相关文献的信息来源也应当同样谨慎对待。（4）解读公元前6至前4世纪的相关文本时，也应当考虑由神话-诗歌向更具书写文化和更具人文主义-理性主义过渡的转型影响。（5）四项有助于翻译和解读普罗塔戈拉残篇的解读原则分别是："本人原话优先"（*ipsissima verba* primacy）、"三角依存"（triangulation）、"语义扩充"（linguistic density）和"语义共鸣"（resonance）。

话语不是产生于真空。例如，一般认为，柏拉图有关修辞的话语是对各种智术师话语和教育的回应，而亚里士多德的话语则既是对柏拉图也是对智术师的回应。以此类推，很难想象普罗塔戈拉的言说和写作不是对其同时代有影响的思想家的回应。

虽然这一点看起来再简单不过，但其对残篇解读来说却有着不容低估的意义。有一例证可资说明：高尔吉亚《论非存在》（*On Not-Being*）的小册子初读时可能会明显让人不解。传统的解读认为，高尔吉亚提出无物存在（exists）：如果确实有物存在，则也不可能为人认知；即使为人知晓，则也是不可通约

① Charles H. Kahn, *The Art and Thought of Heraclitus* (Cambridge: Cambridge U. Press, 1979), 88.

（incommensurable）和无法表达的。[1] 有的学者以此为例来论证高尔吉亚不能算一位哲人和严肃的思想家，[2] 又有的学者，如格思里，则认为该文本是对帕默尼德（Parmenides）《论自然或存在》（*On Nature or That Which Is*）一诗有趣的创造性模仿，证明了高尔吉亚对无所事事的哲学思考的不屑。[3] 然而，由柯费尔德给出的另一种解读却认为，高尔吉亚的所为是对意义和指称（meaning and reference）这一哲学问题的严肃和创新解读。[4] 每一种解读的不同在于其与他人的并列比较：布鲁姆鲍和多兹（Dodds）把高尔吉亚的文本置入一种没有语境的真空，格思里和柯费尔德则是将其看作是对他同时代的某些特定的人和事的回应，并从中获取更多的意义解读。由此类推，我们对普罗塔戈拉残篇的解读也应做同样的努力。

不幸的是，普罗塔戈拉残篇此前的解读常常被强加上了现代的语境，其本人也因而被解读为各种西方传统的鼻祖。例如，他先后被称为辩论之父、语法之父、第一位教育哲人、第一位政治哲人、第一位实证主义者、第一位人文主义者和实用主义先驱。正如前一章提到，普罗塔戈拉还被称为了怀疑论者、现象学家、经验主义者、功利主义者和相对主义者，其中有些标签似乎还暗示了早在普罗塔戈拉时代就存有某些事实上并不存在的分野。例如，当"哲人"一词用于指称那些受过专门训练的思想家时，其具体的概念是始于柏拉图。[5] 因此，不可能存在普罗塔戈拉自

---

[1] Jonathan Barnes, *The Presocratic Philosophers* (London: Routledge and Kegan Paul, 1982), 173.

[2] Robert S. Brumbaugh, *The Philosophers of Greece* (New York: Crowell, 1964), 116~117; E. R. Dodds, *Plato: Gorgias* (Oxford: Clarendon Press, 1959), 6~10.

[3] Guthrie, *HGP III*, 194.

[4] Kerferd, SM, 99。亦参Edward Schiappa, *The Beginnings of Rhetorical Theory in Classical Greece*一书第8章 (New Haven: Yale U. Press, 1999)。

[5] Eric A. Havelock, "Task", *Language and Thought in* （转下页）

诩为哲人（更不用说专家了）的情况。正如哈夫洛克所言，此类
标签的应用"无意间便扭曲了古希腊早期思想的叙事，因为它将其
早期思想描述成了一种思想游戏，一种只是用以解决那些早已给定
并呈现在人们面前的问题的思想游戏，而不是将其描述为一种对新
的语言的探索，一种让语言在其自身从口头-诗歌传统中解放的同
时，能使业已存在的类似问题得以慢慢呈现的探索"。①

对现代概念和分类的过分依赖显示出现代社会学家所说的一
种"自然态度"（natural attitude）。这是一种对忽略了普罗塔
戈拉（以及其他一些人）贡献的古希腊思想未做任何验证的"自
然态度"，其基于的假设是一种想当然的假设，认为世间的万
事万物属于一种不成问题的"给予"（given）。按照"自然态
度"的解释，世界由外在事物予以界定，其存在"外在于世界"
并有待于人们去"发现"。② 因此，我们便可假设存在诸如"语
法"、"实证主义"或"教育哲学"等事物在等待着普罗塔戈拉
去发现。然而，正如福科（Michel Foucault）所指出，某些历史
描述（"普罗塔戈拉发明了语法"即为一例）往往对话语形成的
主观过程有淡化的倾向，而事实上却又正是这类主观过程才使得
诸如"语法研究"一类的事情成为可能。③

一种更为稳妥的态度是，我们应当把大多数这类的标签都看

（接上页）*Early Greek Philosophy*，ed. Kevin Robb（La Salle, IL: Hegeler Institute, 1983），57.

① 同上。

② Alfred Schutz and Thomas Luckmann, *The Structures of the Life-World*（Evanston: Northwestern U. Press, 1973）。Edmund Husserl引入了"自然态度"这一术语［Robert C. Solomon, *From Rationalism to Existentialism*（New York: Harper, 1972），157~166］。

③ Michel Foucault, *The Archaeology of Knowledge*（New York: Pantheon, 1972）。Saul Levin在"The Origin of Grammar in Sophistry"一文中虽然较好地甄别了形成一个学科的某些主观因素，但他仍然将普罗塔戈拉置于语法的历史发展当中——尽管他对智术师的判断过于粗糙［The Origin of Grammar in Sophistry, *General Linguistics* 23（1983）: 41~47］。

成是现代的构建。因此，在试图挖掘古代思想的同时，我们就要尽可能将其用括号加以悬置。当然，当我们用现代的标签去描述普罗塔戈拉的时候，常常也会揭示出那么一点有用的信息，但仅此而已。正如普罗塔戈拉在缺乏关于诸神的进一步证据时也会承认不可知论，这自然会让我们联想到现代的实证主义。但这类偶合也仅仅只能到此为止。

第二，这类标签的使用往往会使人忽略希腊人生活中的一个重要事实。古希腊当时的话语中对政治和哲学还没有清晰的分野，公众话语基本上也只有一类听众。正如麦金太尔（Alasdair MacIntyre）所言：

> 我们应当意识到同我们不一样的是，诸如政治、戏剧和哲学等类别的区分在雅典人的世界里被更为亲密地糅合在了一起。政治和哲学由戏剧形式表达，但哲学和政治又先在于戏剧，而哲学的表达又有赖于政治聚会和戏剧场所。在雅典，三者的观众在很大程度或在某种程度上基本是同一的。观众本身也扮演着群众演员的角色。①

当然，在解读古代残篇时，我们也不可能完全忘记我们现代的思维方式，因为新的事物的理解很大程度上要借助于我们已经经历和理解过的旧有事物。不过，如果在使用那些带有相当历史包袱的分类和标签时能够足够小心的话，就可能避免柯费尔德所说的"思想史的不成熟的程式化表达"。此外，任何将普罗塔戈拉学说解构为诸如政治哲学和知识论的一部分等的一类分析，其实都应当被看成是某种重构的当代行为。普罗塔戈拉创立自己的

①　Alasdair MacIntyre, *After Virtue*: *A Study in Moral Theory*（Notre Dame: Notre Dame U. Press, 1981），129.

学说，是将其当成他理解世界的整体方式的一个部分。① 因此，
他所做的一切都应当从他自身的角度来切入和理解——即使是出
于我们现代的目的和兴趣。

我们对普罗塔戈拉的了解大多来自柏拉图的《泰阿泰德》　24
和《普罗塔戈拉》这两个对话。然而，作为普罗塔戈拉学说的
见证，柏拉图的可信度本身就存有太大的争议。马吉尔（Joseph
P. Maguire）指出，柏拉图在两个对话中均蓄意歪曲了普罗塔
戈拉的观点，以便反驳时能够更加得心应手。② 席勒（F. C. S.
Schiller）则认为，柏拉图根本没有理解普罗塔戈拉的知识理
论，而是尽可能按照他自己的方式再杜撰一通。③ 贡贝尔茨的看
法是，尽管《普罗塔戈拉》对普罗塔戈拉的描述是真实的，但《泰
阿泰德》的描述却具有欺骗性。④ 相反，格思里和加加林（Michael
Gagarin）却认为人们对柏拉图的指责太过了——至少在《普罗塔戈
拉》中，柏拉图对智术师的态度还是有褒奖和奉承的。⑤

此外，亚里士多德和他的学生泰奥弗拉斯托斯（Theo-
phrastus）对其"哲学"前辈的历史描述也受到置疑。⑥ 埃诺斯
（Richard L. Enos）认为，亚里士多德歪曲了智术师传统的历史
和普通意义上的修辞史。⑦ 人们抱怨柏拉图，是因为每当他兴致勃

---

① Untersteiner, *Sophists*, 19~91.

② Joseph P. Maguire, "Protagoras—or Plato？" *Phronesis* 18（1973）：115~138；
"*Protagoras*…or Plato？II. The Protagoras", *Phronesis* 22（1977）：103~122。

③ F. C. S. Schiller, *Plato or Protagoras*？（Oxford：Basil Blackwell, 1980）.

④ Gomperz, Greek Thinkers, 1：458.

⑤ Guthrie, *HGP III*, 9~11, 37, 39 n2, 265~266；Michael Gagarin,
"The purpose of Plato's Protagoras", *TAPA* 100（1969）：133~164；亦参Gregory
Vlastos, *Plato's "Protagoras"*（Indianapolis：Bobbs-Merrill, 1956）, viii.

⑥ Harold Cherniss, *Aristotle's Criticism of Presocratic Philosophy*（New York：
Octagon Books, 1935）；J. B. McDiamid, "Theophrastus on Presocratic Causes",
HSCP 61（1953）：85~156；W. K. C. Guthrie, "Aristotle as Historian", *JHS* 77
（1957）：35~41；Havelock, "Task".

⑦ Richard Leo Enos, "Aristotle's Disservice to the History of （转下页）

勃地提出自己的哲学主张时，总是按照自己的好恶来重构他人的观点，以便能够按照自己的体系来予以解读、反驳或吸收。

问题其实并不在于是否应参照有关柏拉图或亚里士多德的记载，因为几乎所有有关前苏格拉底思想的解读都不可能迈过柏拉图和亚里士多德。相反，一种更具建设意义的倾向应当是接受其方法论上的要求，即特定的篇章需要特定的论据来支撑或置疑其可靠性。就柏拉图和亚里士多德资料来源的可靠性而言，任何再宽泛的假设都不得不对智术师采取某种要么赞同要么反对的态度倾向。正如格思里所言，在智术师问题上，至关重要的是应当抵制这样一种假设，不要认为负面资料一定谬误、正面资料就一定正确。[①]

书写与古希腊哲学

公元前6至前4世纪，古希腊经历了一场由口传主导到书写主导的文化转型。由此切入，哈夫洛克便雄心勃勃地开始了他阅读早期古希腊哲学文献的计划。由于哈夫洛克的观点影响到我对普罗塔戈拉及相关文本的阅读，因而有必要先讨论他有关"口传-书写"以及其他一些必要但又相对次之的相关论点。

25 　　哈夫洛克理论的出发点是建立在20世纪前半叶有关古希腊语言的两个相关的发现上。其一为有关口传文化的假说，认为其起止应为从古希腊文化开始一直到大约公元前750年为止。虽然几十年来对此争论不休，但卡彭特（Rhys Carpenter）的说法现在还是被广泛（虽然还不是一致）接受，其观点认为直到公

（接上页）Rhetoric"（Paper presented at the Speech Communication Association Convention, Washington, DC Nov. 1983）.

　　① Guthrie, *HGP III*, 34.

元前8世纪的最后15年才开始出现古希腊文的书写字母。[①] 帕里
（Milman Parry）的研究也可作为补充的佐证，他认为《伊利亚
特》和《奥德赛》最初均为口头创作，并由记忆代代相传，[②] 直
到公元前700年的某个时候才被人们用文字记录下来。上述两种
观点都支持了这样的说法，认为古希腊书写文明的出现在时间上
应与前苏格拉底哲学同步。

难道古希腊哲学的繁荣与书写文明的兴盛同步仅仅是出于一
种历史的偶然？哈夫洛克和诸如古迪（Jack Goody）等人的回答
一直是否定的。[③] 事实上，他们认为书写与哲学在古希腊同步发
展是相辅相成的，以至于不借助前者，后者也无法完全理解。从
前苏格拉底和智术师时代到柏拉图，古希腊文化正处于一种转型
期，口传文化正缓慢而稳定地往书写文化转换。在这一转型期
中，书写文献的使用（和使用态度）发生了急剧的变化。我这里
所指涉的以书籍作为定位的书写还要相对更为晚近一些，正如托

---

① Rhys Carpenter, The Antiquity of the Greek Alphabet, *American Journal of
Archaeology* 37（1933）: 8 ~ 29; The Greek Alphabet Again, *American Journal of
Archaeology* 42（1938）: 58 ~ 69。按照Kevin Robb的观点，"腓尼基文的书写形式
后来才传入希腊的问题已是不争的事实"（introduction, *Language and Thought in
Early Greek Philosophy*, 3），但问题后来又重新引起人们的关注：参Martin Bernal有
关最新文献的讨论［*Black Athena: The Afroasiatic Roots of Classical Civilization*（New
Brunswick: Rutgers U. Press, 1987）］, 427~433; Joseph Naveh, *Early History of the
Alphabet*（Jerusalem: Magnes Press, 1982）］。尽管希腊字母的传入远比Carpenter所
说的时间更为久远，但在公元前8世纪中叶，其书写的社会功能明显有一次极为广泛
的改变［参William V. Harris, *Ancient Literacy*（Cambridge, MA: Harvard U. Press,
1989）, iii］。此外，如果口传文化传统直到公元前5世纪仍处于主导地位，希腊字母
发明的时间在我们的讨论中就只能算是次要问题了。

② Milman Parry, Studies in the Epic Technique of Oral Verse-Making（in 2
parts）, *HSCP* 41（1930）: 73 ~ 147; 43（1932）: 1 ~ 50。Harris指出，即使到公
元前4世纪中叶，雅典人的书写比例仍可能不会超过10% ~ 15%的比例太多（*Ancient
Literacy*, 328）。

③ Jack Goody and Ian Watt, The Consequences of Literacy, *Literacy in Traditional
Societies*, ed. Jack Goody（Cambridge: Cambridge U. Press, 1968）, 27 ~ 68。

马斯（Rosalind Thomas）、斯特利特（Brian Street）和芬尼根（Ruth Finnegan）等学者指出，"口传"与"书写"边界很难界定，因为书写的应用因社会场域的变化而异。托马斯认为："书写度的差异受制于需求的激励，取决于人们在政令颁布和阅读哲学或诗歌文本时的集体主动和积极参与程度。"① 在本书的研究中，"书写"主要指一种书籍阅读和书写的持续习惯。由于直至普罗塔戈拉之后，书籍在雅典都弥足珍贵，以书籍定位的书写也就局限在为数极少的一些知识人的范围——尽管更为基本意义上的书写范围要宽泛得多。

普菲弗尔（Rudolf Pfeiffer）指出，从古典学的立场出发，书写可被表述为经历了四个发展阶段或时期。第一阶段为完全口传。第二阶段始于字母的出现，涉及重要口头创作（如荷马）的保存；但在这一阶段，还没有证据表明有为普通阅读受众书写的大量书籍出现。第三阶段始于公元前5世纪，并标志着以书籍定位的书写的开始。其间，书籍已进入买卖流通，虽然其仍属相当珍贵的新奇事物，足以唤起人们的好奇和兴趣（阿里斯托芬，《蛙》，52，1109～1118）。最后的第四阶段远在早期智术师时代之后，其特征为书籍的广为传布和人们对其态度的转变，例如，图书馆似乎已不再那么使人有好奇或新鲜的感觉了。②

① Rosalind Thomas，*Oral Tradition and Written Record in Classical Athens*（Cambridge：Cambridge U. Press，1989），18～19。亦参Harris，*Ancient Literacy*，25～42，66～93（Harris在92～93中列出了一个有关雅典使用书写文本的很有用的时间表）。Robert Pattison则在其*On Literacy：The Politics of the Word from Homer to the Age of Rock*一书中勾勒了一幅颇为不同的图景［Robert Pattison，*On Literacy：The Politics of the Word from Homer to the Age of Rock*（New York：Oxford U. Press，1982）］。

② Rudolf Pfeiffer，*History of Classical Scholarship from the beginnings to the End of the Hellenistic Age*（Oxford：Clarendon Press，1968），ch.2，esp. 25～27。有关公元前5世纪书籍的匮乏和人们对书籍态度的转变，参Thomas，*Oral Tradition*；Leonard Woodbury，"Aristophanes' *Frogs* and Athenian Literacy：*Ran.* 52～53，1114"，*TAPA* 106（1976）：349～357；E. G. Turner，*Athenian Books in the Fifth and Fourth Centuries B. C.*（London：K. K. Lewis，1977）；Harris，*Ancient Literacy*，84～88。（转下页）

哈夫洛克认为，我们对公元前6至前5世纪哲学文献的理解，大多在很大程度上受到某些偏见的影响，因为我们的阅读往往忽略了该文化转型对书写内容和风格的影响。首先，以成书为取向的书写的广为传布，潜在地激发了人们对外在世界的全新思维和理解方式。古希腊口传文化的语言要服务于记忆的需求，因为通过记忆和重复，一代人可以将自己所了解的东西传承给下一代。例如，某种口头方言的词汇通常局限在少数几千个词汇之内，而现代英语有记录的词汇则多达150万。[①] 此外，记忆的需求也影响到句型和写作，使得韵文、歌谣和故事成为保存古希腊口传文化记忆和传承的最佳载体。

基于哈夫洛克的相关文献和研究，昂格（Walter S. J. Ong）总结出口传与书写文化之间的9个不同点，其中有5点与本书的研究特别相关。但是，由昂格和哈夫洛克提出的不同点的描述又受到很多人类学家、古典学家和社会学家的强烈批评，甚至连其是否具有辨别清楚"口传"和"书写"文化的能力也受到了置疑。尽管如此，在讨论某些必要但又相对次之的相关论点之前，我认为以一种不掺杂个人偏见的形式来理解哈夫洛克和昂格的立场，仍然是非常有益的。

（1）口传文化的思想和表达属于并列添加（additive）而非从属（subordinate）：在英语中，短语常常由指向其不同逻辑状态的连词连接，例如，连词可能蕴含某种时间或因果上的关联（如if, then, thus, when while）。在古希腊口传文化中，最为基本的连词是"和"（and）——一个最能使故事流畅讲述下去的词。因此，古希腊哲人面对的任务之一，就是要发明一个专业

（接上页）Alfred Burns认为书写的传播远远超过上述作家所认定的范围［"Athenian Literacy in the Fifth Century B. C.", *Journal of the History of Ideas* 42（1981）：371～387］。Harris对现存的书写证据做了很好的综述（*Ancient Literacy*, 93～115）。

① Wlter S. J. Ong, *Orality and Literacy：The Technologizing of the Word*（London：Methuen, 1982）, 8.

术语，一个能激励对观念和用语进行分析掌控的术语。

　　（2）口传文化的思想和表达属于集聚（aggregate）而非分
27　析（analytical）/切割（partitioning）："基于口传的思想和表
达元素倾向于某种整体表达（integer），但也并非像一连串的整
数排列那样简单，例如单词的并列、短语的并列、小句的并列、
对偶词汇和短语的并列、修饰语的并列……口头表达因此便背上
了修饰语和其他程式化表达的沉重包袱，被高度发展的书写文化
拒斥为一种累赘。"① 在智术师和普罗塔戈拉的著作创构中，观
念的串列起了非常重要的作用。这也从另一个角度解释了为什么
口传文化拒绝逻辑分析的原因："一旦某一程式化表达定型，最
好让它保持完整的原样。没有某种相应的书写系统，要切割思
想——也就是分析——无疑是一种高风险的行为。"②

　　上述两点代表了被称为口传诗歌添加或扩充（amplifi-
catory）的认知功能。当然，散文书写也能够扩充概念，但是，
按照哈夫洛克和昂格的分析，其目前最为重要的认知功能还应当
是抽象和分析。③ 虽然扩充功能对于传递已知的东西来说最为理
想，但是要想剖析那些执着于探索的人的内心深处，它也并非像
分析性思维和散文性交流那样十分有用。

　　（3）口传文化的思想和表达非常接近人的生活世界，但书
写文化具有更大的能量，可以用某些脱离人的行为语境的方式来
客观描述人、事物和事件，这在古希腊的口传文化中是极为困难
的。④ 因此，前书写时期的古希腊人不是把正义看成一种抽象的
原则，而是将其看成是描写某些人类特定经验的单词，如做事是

---

　　① 同上，38。

　　② 同上，39。书写对记忆潜在的负面影响甚至在古代就已为人们所关注
（Harris, *Ancient Literacy*, 30～33）。

　　③ Carroll C. Arnold提出了诗歌口传的添加／扩充和散文书写的抽象／分析功能
概念。

　　④ Bruno Snell, *The Discovery of the Mind*（Oxford：Basil Blackwell, 1953）.

否公正、正义是否得到报偿等。①

（4）口传文化的思想和表达是一种移情（empathetic）和参与（participatory），而非客观的隔距（distanced）。口传文化的历史、神话、传统、价值和信念——换言之，所有值得记忆的文化知识——都以一种有节奏的韵文保存。在古希腊，记忆荷马和赫西俄德（Hesiod）的智慧任务落到全社会的所有成员身上，而并非仅仅某些专家（如诗人、游吟诗人和演员）的身上，因此，史诗的表演对吟诵者和观众都有心理上的要求。② 哈夫洛克的假设认为，在表演过程中，史诗记忆和表演的心理驱动机制在吟诵者与听众身上均催生出一种催眠的（hypnotic）、几乎迷糊的状态。③ 除开作为一种文化的集体智慧之源外，诗歌表演还是一种娱乐的愉悦形式。④ 人们可以随着游吟诗人魔咒般的吟诵参与到表演中去："从心理学上看，这是一种整体参与和情感认同上的个体交付（personal commitment）行为。"⑤ 因此，按照哈夫洛克的说法，古希腊口传文化的诗歌经验和认知习惯在现在所称作的批判思维看来，肯定是大相径庭的。此外，哈夫洛克还认为，诸如思维与感觉、主体与客体、知与被知等的区别和两分，在荷马时期的古希腊严格的口传文化中还并未出现。书写催生了希腊文中那些无助于记忆功能的句型变化，句型变化又依次推进了解释模式的变化。哈夫洛克指出，在表达上从"我等同于（identify with）阿喀琉斯"到"我认同（think about）阿喀琉

28

---

① Eric A. Havelock, *The Greek Concept of Justice* (Cambridge, MA：Harvard U. Press, 1978).

② Ong, *Orality and Literacy*, 45~46.

③ Eric A. Havelock, *Preface to Plato* (Cambridge, MA：Harvard U. Press, 1963), 145~164。Havelock认为催眠和入定的状态并非随时发生，正如有人所言，仅仅出现在表演过程中［参Friedrich Solmsen为*Preface to Plato*一书所写的书评，载*AJP* 87 (1966)：99~105］。

④ Havelock, *Preface to Plato*, 152.

⑤ 同上，160。

斯"的变化，是由书面词汇的技术和心理层面所引发的。①

（5）口传文化的思维是场景性的（situational）而非抽象性的（abstract）。依据鲁利亚（Luria）和其他一些人的田野研究报告，昂格描述了口传文化在理解世界的方式上与书写文化的一些不同之处，其中书写文化最具说服力的是分析和抽象。昂格总结说："口传文化根本不谈诸如几何图形、抽象类别、形式逻辑推理过程和定义，甚至连综合描述和明确表达的自我分析也避而不谈。所有这些其实都不是出自于思维本身，而是由基于文本形式的思维所派生的。"② 例如，*aretê*（卓越或美德）最初并非被当作一个抽象的道德概念（如柏拉图的描述），而是指称一种具体的技能和能力———一位跑得快的人或勇敢又机敏的武士的*aretê*。③

口传与书写文化之间的差异可做如下概述：口传文化的思想和表达属并列添加而非从属，属聚合而非分析；它接近人的生活世界，属移情和参与而非客观的隔距，属场景性而非抽象性。

对于上述差异，有两种主要的反对意见。首先，作为跨文化或泛文化的概述，其可信程度应大受置疑。最近有研究表明，主导为口传的文化也具有抽象的认知能力和自我意识的语言技能，而这在昂格、古迪和其他一些人看来是只有书写文化才具备的现象。④ 此外，所谓"分析"或"客观"话语或许更多是出于研究者的人种偏见，而不是对两种文化之间推理过程的定性差异进行合理描述。⑤ 因此，芬尼根和斯特利特等人的结论是，就现有的

---

① 同上，209。

② Ong, *Orality and Literacy*, 55.

③ LSJ, 词条*aretê*；亦参MacIntyre, *After Virtue*, 115; H. D. F. Kitto, *The Greeks*（Harmondsworth：Penguin, 1957），171 ~ 172。

④ Ruth Finnegan, *Orality and Literacy：Studies in the Technology of Communication*（Oxford：Basil Blackwell, （1988），ch. 3.

⑤ Brian V. Street, *Literacy in Theory and Practice*（Cambridge：Cambridge U. Press, 1984），ch. 1. 认为后来的话语的理性形式和诠释模式就一定优于以前的，这明显是一种启蒙偏见，现在很多后现代思想也正在对这类偏见加以批判。（转下页）

资料而言，大多数有关口传与书写文化之间认知和语言差异的文献都太过于泛化（overgeneralization）。[①] 他们认为，口传与书写文化之间的这一"大裂缝"已被极度夸大。

第二种反对意见是，我们指派给书写文化的因果性也太过于"自主"（autonomous），换言之，书写被认为其自身便可引发某些文化上的变化。例如，鲁利亚对受控和非受控主体进行了一番比较研究，其研究结果并未将书写割裂和突显为唯一或甚至最为重要的潜在变量。针对自主模式，斯特利特又提出了意识形态模式，以关注特定社会形态中书写的特殊作用。正如芬尼根所言："仅仅是书写的技术存在本身还不可能引起社会变化，重要的是使用，即谁使用，谁掌控，用于什么，怎样适应权力结构，以及其分布范围的广度——正是这些社会和政治因素才能确定最终的结果。"[②] 从意识形态模式的框架看，书写只能是一种能量或激励因素，而非某些能引发认知或社会变化的充要动因。[③]

有一例基于自主模式的描述可展示上述两种反对意见的力量所在。林茨（Tony M. Lentz）在《古希腊时代的口传与书写》

（接上页）然而，无论是偏好启蒙还是青睐后现代思想，都不能使我们忽略这样一个事实：就后来由柏拉图和亚里士多德所予以经典化的新的话语形式和诠释模式的促进而言，公元前5世纪的智术师在这一过程中无疑起到了重要的历史作用。

① Finnegan, *Orality and Literacy*，151："当然，如果我们从某种一般意义来看认知过程，在很多没有书写文字的民族中仍存在十分丰富的分类体系、象征、判断推理、极为发达的语言和复杂的文学（所有这些皆由人类学研究得以充分展示），这一切肯定会让人置疑抽象性对书写的依赖，而对于某些特别的逻辑技巧和语言操控而言，或许因为争议太大和难以捉摸，使人很难得出肯定的结论。"对于书写与某些认知技巧之间的关联，Finnegan并不打算急于加以拒斥，她在同一页中又继续写道："有可能书写和概念抽象及理性论辩之间确实存在着某种必要的关联，我自己的观点对此持肯定态度，或许这也是一种偏见。"

② 同上，41～42。

③ 同上，159："如果书写（抑或口传）不被看成是一种实际原因，而是看成一种能动因素：一种能促成某些特殊认知形式的生成，而非其自身便能生成这些形式的因素，或许会更具解释力。"

（*Orality and Literacy in Hellenic Greece*）一书中将口传与书写分别等同于"具体观察"和"抽象思维"。他总结说："于是，在对不断增长的智慧的追求中，来自书写世界的抽象思维和逻辑论证与来自口传世界的常识知识和具体证据合二为一。两种思维模式之间关系的张力构建了西方文化的基础，并最终形成了当今的科学方法。"[①] 由于林茨在描述中暗示有"书写"和"口传"各自分别总是而且只有与"抽象思维"或"具体观察"相关，其描述也被指有过度泛化之嫌。此外，虽然几乎所有文化都具备有口传与书写混用的特点，但由于并非所有的混用最终都能导致现在的科学方法，林茨的描述因而也包含了一种谬误的因果关系。

林茨还宣称书写的另一好处是，书写"可以促成抽象的理想，使民主成为可能"，只有当公民能够"妥协"和"抽象思维，容忍对世界存在不同的看法"，民主才能得以延续。[②] 然而，芬尼根对塞拉利昂（Sierra Leone）的非书写的林芭人（Limba People）的研究却表明，催生林茨所说的那种民主所需的多视角能力是多语主义（multilingualism）。[③] 再有，由于各种形式的法西斯主义的猖獗也是发生在书写高度发达的社会形态中，因此，书写仅靠自身也不可能"产生"民主。简言之，就民主而言，书写既非其必要也非其充要条件。

提倡意识形态模式并非是说书写与古希腊哲学的兴起毫无关系，问题其实在于两者之间的关系并非像古迪、哈夫洛克和昂格有时所说的那样直接和互为因果。甚至连口传-书写理论的批评者也承认，我们现在将其归为哲学的那类躲进象牙塔的经院主义（scholasticism）和思辨哲学，部分也会依赖于交流的书写模式

---

① Tony M. Lentz, *Orality and Literacy in Hellenic Greece*（Carbondale：Southern Illinois U. Press，1989），178.

② 同上，179。

③ Finnegan, *Orality and Literacy*, ch. 3。有关书写与民主制的关系，参Harris, Ancient Literacy，62～63，79～80，332～335。

和记载。① 但是，在很多重要的方面，古希腊早期的"哲学化"（philosophizing）也大受口传文化传统和主要政治及社会条件影响。此外，古希腊文化在公元前6至前4世纪还根本没有严格意义上的口传和书写之分。古希腊社会的特点是口传与书写的混用，甚至随着时间的推移，当书写实践得以更加强调时亦是如此。②

其实，我用意识形态模式探讨古希腊社会对书写的应用，其本意是在强调当时日益浓厚的书写习惯之于哲学的意义的同时，也能避免自主模式分析的不足。虽然在这些问题上我一再遵循哈夫洛克的观点，但对于他那些可能蕴含着书写与某些分析思维模式有直接因果关系的观点，我也希望能尽量淡化和规避。对哈夫洛克所提及的古希腊口传与书写的冲突，我们也最好能将其看作在更大意义上的互为竞争的生活方式中的意识形态冲突。冲突的前者我看作是古希腊"神话-诗歌传统"，蕴含于其中的是灿若星辰般的某些社会实践总成，包括特定形式的话语（主要为口传诗歌）、解释模式（典型的有神论）和政治定位（精英主义）。冲突的后者我指涉为与某些古希腊知识人相关的"人文主义-理性主义"运动。在公元前5世纪，各种各样的社会实践都经历着持续的变化：口传和书写的散文在挑战诗歌，人类中心的或"科学的"解释模式在挑战神学传统，激进的民主在挑战更为精英主义的政府形式。在这场冲突中，普罗塔戈拉常常处于我们研究的焦点位置。

---

① Finnegan, *Orality and Literacy*，56。正如Harris所言："至少，早期伊奥利亚（Ionian）哲人想要通过书写来保存和传播其看法的愿望不可避免地会产生某种基本的辩证法，因为所有雄心勃勃的思想家都不得不面对自己最为看好的前辈的观念。"因此他总结说："就古典世界的很多文学和思想成就而言，文本的积累是一必要、虽然还不能说是充要的条件"（Ancient Literacy，63，336）。近期有关书写促进认知的较为公允的研究，可参Leonard F. M. Scinto, *Written Language and Psychological Development*（Orlando，FL：Academic Press，1986）。

② Thomas, *Oral Tradition*.

　　我的术语仍沿用古希腊传统研究习惯的秘索斯（*mythos*）和
逻各斯（*logos*）之分。但两分的问题在于，在某些学者的书写
中，似乎暗示着神话-诗歌和人文主义-理性主义的传统之间存
31 在某种突然的割裂或断裂。荷马的口传诗歌被看作典型的神话-
诗歌传统，而亚里士多德的分析散文则被认为是逻各斯理性主
义的代表。于是，公元前5世纪理论和实践中的转型性质便出现
缺损。其实，柏拉图对话中提及的普罗塔戈拉的"宏大讲辞"
（《普罗塔戈拉》，320c～328d）已经很好地描述了智术师话
语中所体现的转型特点。普罗塔戈拉以一种独具早期智术师特
点的方式综合了他所谓的神话［*mythos*（秘索斯）］与理性描述
［*logos*（逻各斯）］。有鉴于此，我们研究中始终如一的主题
便是，普罗塔戈拉和他的智术师同人代表了该转型话语的理论和
实践；他们在古希腊思想史中所处的显著地位也告诉我们，古希
腊思想不能简单地归为狭义的秘索斯或逻各斯。[①]

　　智术师以讲授和写作为业，从而也将散文作为智慧和娱乐的
载体与诗歌竞争。虽然这些古希腊知识人都怀有一种教育人的目
的，但出于取悦并进而保住观众的实际需要，其作品往往又受到
诸多限制。此外，他们还在古希腊历史上最先将语言本身作为了
分析的对象。简言之，他们企图通过综合口传与书写，发展和践
行一种抽象的分析思维模式。因此，在此意义下，前苏格拉底、
智术师和柏拉图之间的共同之处，"其重要性要远远大于他们之
间的不同之处"。[②]

　　虽然前苏格拉底、智术师和柏拉图都反对某些神话-诗歌传
统和公元前6至前5世纪的信念，但他们仍然以一种主要为口传文

---

　　① Susan C. Jarratt提出一种"秘索斯-习俗-逻各斯"（*mythos-nomos-logos*）
的诠释框架来强调早期智术师的转型作用［The Role of the Sophists in Histories of
Consciousness, *PR* 23（1990）：85～95］。

　　② Havelock, *Preface*, 290.

化的方式在思考和言说，其写作风格和内容因而也多受限于口传时代的影响。就风格而言，应注意他们的作品要在观众面前高声朗诵，因而也要求语言"尽量做到悦耳并能引起观众的共鸣和反响"。① 因此，帕默尼德和恩培多克勒（Empedocles）的著名作品均为诗歌形式，而芝诺、麦里梭、阿那克萨哥拉，特别是赫拉克利特，他们的作品则是采用的各种格言形式——"便于记忆并因此而常常包含韵律元素"的独立句子。② 普罗塔戈拉的著名残篇也是以格言形式写成——这是在翻译和解读过程中应予考虑的一个重要因素。

　　还有值得强调的一点是，亚里士多德之前哲学思想的内容也受限于口传文化传统，例如，前苏格拉底哲学使用的词汇相对来说都是非抽象和非概念性的。我这里的所指属于经验性而非理论性的结论。尽管斯特利特和芬尼根的例子证明，非书写社会能够以抽象和分析的方式进行思维，但其实这也并非总是如此。具体在古希腊社会，非常明显的例证是，在书写形式出现之后，不断有新的词汇出现，某些特定的句型在实践中也被修正，旧有的隐喻也得以拓展，推理的主要形式也经历了实质性的变化。③ 所有的前苏格拉底哲人都对当时语言的用法提出过批评，认为"其有时又混同于荷马和赫西俄德，有时又像是普通人在言说"。④ 如此的批评到柏拉图那里还在继续，这些都可以看成是他们为纠正和纯洁语言的用法所做的系统努力。例如，对话中的修辞目标之一便是要将诸如"知识"或"正义"等术语的普通或常识意义与

32

---

① Havelock, "Task", 8.

② 同上，11。

③ 有关公元前5至前4世纪话语形式和解读模式演进的资料可谓汗牛充栋，以下仅为其中少数几例：Havelock, *Literate, Justice*；Snell, *Discovery of Mind*；Lentz, *Orality and Literacy*, ch. 8；Friedrich Solmsen, *Intellectual Experiments of the Greek Enlightenment*（Princeton U. Press, 1975）。

④ Havelock, "Task", 15.

柏拉图所认为的真实意义进行区别。

总而言之，从泰勒斯到亚里士多德，哲学术语经历了一个艰难的诞生和成长过程，其结果对现代语文学家来说，意味着在理解词义时必须要时时小心翼翼。即使像*logos*（逻各斯）和*einai*（是）等一类普通词汇，从一代到又一代，甚至一个人到另一个人，其词义都经历了不易为人察觉的细微变化。因此，在理解普罗塔戈拉对公元前5世纪哲学和修辞学的贡献时，虽然哈夫洛克某些最具争议的观点需要淡化，但是其有关口传、书写和早期希腊哲学的言论还是不可或缺和不容忽略的。

解读学四原则

首先，找回普罗塔戈拉学说的地方正在于他自己的语词。虽然他的*ipsissima verba*（本人的原话）残缺不全，但已经远远超过那些现存并已被详尽解读过的前苏格拉底残篇，至少可以为部分解读其哲学思想提供一个较为合适的基础。我在本书的研究中所采用的方法是始终将普罗塔戈拉实际说的话提至首位，柏拉图的解读只能作为派生，而有时还应看作是曲解。

可能和前面提及的观点同样直言不讳的是，奥斯本（Catherine Osborne）在其近作《重思早期古希腊哲学》（*Rethinking Early Greek Philosophy*）一书中提出了非常重要而又值得讨论的相左观点。奥斯本认为，前苏格拉底不存在诸如可靠的、真实记录其所说话语的等一类残篇。相反，留给我们的"常常是凭记忆抄录下来并经过改写的语句，改动可能是出于具体语境的使然；有时还可能是转述的形式，术语也被注释或改为我们更加熟悉的语词。在所有这些情况下，我们阅读的文本是古代解读者提供的文本，而其文本又受制于他们所认为的什么该

说和什么不该说"。① 作为补救，奥斯本提出我们应当摈弃寻找
"原初的语境"或"某一种单独的结论性解读"，转而关注探寻
"创新性文本解读所提供的意义范围"。② 我们应当特别摈弃与
"上下文无关"的残篇解读，探寻散见于古代各个不同解读者书
中的"镶嵌式文本"。具体到普罗塔戈拉，奥斯本呼吁要研究柏
拉图、亚里士多德以及其后的解读者书中的"普罗塔戈拉"，执意
去探寻普罗塔戈拉原初的语词和他同代人的解读是没有希望的。

正如巴恩斯（Jonathan Barnes）在一篇书评中所指出，奥斯
本的观点既有真理也有谬误。尽管古代人没有引号，但他们却
"自有其方式将引语清楚地标注出来"。③ 就普罗塔戈拉而言，
就可以找到具体实例非常清楚地表明他人后来在何处引用了他的
名句。因此，没有必要杞人忧天地认为不可能找出任何真正的普
罗塔戈拉残篇，而真正应当引起重视的是，若要理解普罗塔戈拉
的教诲，解读的具体语境才至关重要："如果抽去某一残篇的语
境，你就有可能忽略这样一个事实，即引用该残篇的作者——或
于偏见或于懒散——很可能已改变或歪曲了原文本的意思而为己
所用。"④ 虽然就辨别真实文本是否可能而言，我对奥斯本的观
点还不敢完全苟同，但提及语境，我完全赞同残篇语境是解读普
罗塔戈拉不容忽略的信息来源。

残篇一经辨认，有助于解读语词的最佳选择莫过于那些公元
前5世纪普罗塔戈拉的同代作家了。例如，*kreittôn* 和 *hêttôn* 在公
元前4世纪中叶的用法中附有道德意义，在柏拉图的解读中常常

---

① Catherine Osborne, *Rethinking Early Greek Philosophy*（London：Duckworth，1987），7.

② 同上，8，10。

③ Jonathan Barnes，The Presocratics in Context, *Phronesis* 33（1988）：330。亦参A. P. D. Mourelators为Osbborne一书撰写的书评，载*Ancient Philosophy* 9（1989）：111～117。

④ Barnes，Presocratics，331.

被译为"较好"和"较坏"。但是，两词在现存的公元前6至前5世纪的用法中没有道德意义的用法，通常仅用于描述物理或体魄意义上的"较强"或"较弱"。因此，当普罗塔戈拉残篇出现 *kreittôn* 和 *hêttôn* 时，其意义应解读为"较强"和"较弱"，而非"较好"和"较坏"。

34　　然而，有时某一单词在公元前5世纪的意思并不明显。遇此情况，我便采用所谓三角依存的方式解读。就像有人通过两个已知接收波段的距离来计算某收音波段的具体位置一样，我们也可以将其同那些已知和较为了解的用法放在一起，通过比较来解读普罗塔戈拉的具体词义，其中既包括先于他的荷马、赫拉克利特，也包括后于他的柏拉图、亚里士多德等。从公元前6世纪到前4世纪，古希腊的哲学语言经历了相当大的变化，其间普罗塔戈拉对各种概念发展的贡献也不容置疑。因此，一个合理的假设便是，普罗塔戈拉词义的用法于前人而言显示出一种推进，但于柏拉图和亚里士多德而言却又未能达到那种丰富的程度。例如，哈夫洛克指出，普罗塔戈拉 *dikaiosunê*（作为个体之卓越的正义）一词的用法（或许可能是发明）对荷马的 *dikê*（作为偿还债务的正义）而言代表了一种概念上的推进，但却远远落后于柏拉图作为纯粹抽象原则的正义含义。[①]

另外还有两种分析方法对解读普罗塔戈拉残篇也非常有用，是由卡恩在解读赫拉克利特残篇的过程中提出的。卡恩将该两种解读方法描述为语义的"扩充"和"共鸣"。[②] 语义扩充指的是某特定短语的意思可以因作者对多义词的有意选择而放大。如果词汇的选择再辅以歧义的句型，语义的扩充就特别明显。这

---

① Havelock, *Justice*, 305。我坦率地承认，"三角依存"最多只能算是一种智力猜测，普罗塔戈拉有可能领先于时代，甚至也有可能落后于时代！只是在撰写本书第二部分时，我觉得其有说服力之处在于，"三角依存"同荷马或柏拉图式的阅读相比，更能挖掘隐匿在普罗塔戈拉残篇背后的意义。

② Kahn, *Heraclitus*, 89~92.

种情况通常出现在格言警句的构建中。就普罗塔戈拉现存的残篇而言，语义扩充对理解后来的各种残篇解读非常有用。此外，众所周知，使用正确言辞（orthos logos）是普罗塔戈拉的兴趣所在，因此，多义词乃是其有意选择的假设似乎也就在情理之中了。

语义共鸣指的是，如果同一作者含有相同词汇或短语的不同残篇互为参照，其意思可能会得以更好的解读。换言之，一残篇的意义不可能得到充分的解读，除非我们注意到该残篇与其他残篇之间的"共鸣"。正如我在本书第二部分要谈到的，普罗塔戈拉残篇相互吻合，并以某些未被人察觉的方式互为共鸣。

海德格尔指出，文本不可能有"无预设"（presuppositionless）的理解，因为所有的解读都会受其前理解的影响。① 此外，任何解读的行为都受限于解读者的历史性，只是有些历史描述所处的位置比另一些更为有利罢了。② 也就是说，相对于其他解读，有的解读更能经受住时间和论据的考验。因此，找到此前普罗塔戈拉（和其他智术师）残篇解读的预设，就可以避免某些曲解和时序混乱。同样，找到我自己的解读预设，也可以更好地评估自己研究的作用。本书的解读绝非是对普罗塔戈拉的最后定论，但我希望它能有助于智术师话题的持续对话——只要还有哲学和修辞研究，对话也将长久持续下去。

35

---

① Martin Heidegger, *Being and Time* (New York: Harper, 1962), 191~192.

② Charles P. Segal, "Literature and Interpretation: Conventions, History, and Universals", *Classical and Modern Literature* 5 (1984/5): 80~83; Edward Schiappa, "History and Neo-Sophistic Criticism: A Reply to Poulakos", *PR* 23 (1990): 307~315.

第三章

修辞的 "发明"

39　　本书的目标之一是讨论普罗塔戈拉对公元前5世纪修辞理论与实践的贡献。讨论之前，我们有必要厘清其相关的理论基础。就智术师修辞研究而言，其信息大多来自有关早期修辞理论与实践史的 "标准叙述"，[①] 其基本假设为：大约公元前466年，由于西西里僭主制的覆灭与民主制的建立，公民出于法庭和集会的需求，突然导致了修辞术教学的兴起。顺应这一需求，两位西西里人，科拉克斯（Corax）和提西阿斯（Tisias）写出了第一本《修辞的技艺》（*Art of Rhetoric*），从而 "发明" 了修辞学理论。科拉克斯和提西阿斯两人最基本的贡献是确立了法

---

① 据一项最近的研究报告，George A. Kennedy的*Classical Rhetoric and Its Christian and Secular Tradition from Ancient to Modern Times*（Chapel Hill：U. of North Carolina Press，1980）一书是关于早期古典修辞理论的研究生课程最常使用的二手文献［参Theresa Enos，"The Course in Classical Rhetoric：Definition，Development，Direction"，*RSQ* 19（1989）：45～48］。该书和他之前的 *APG* 一书已经成为古希腊早期修辞理论的标准参考书，其他参考文献均以此为参照，大多大同小异。正如Michael Gagarin所言，Kennedy是 "英语学界研究古希腊修辞最为重要的一位当代学者"［The Nature of Proofs in Antiphon，*CP* 85（1990）：23 n3］。因此，我对 "标准叙述" 的描述主要基于Kennedy的版本，对其更为详尽的描述和批判可参见我*The Beginnings of Rhetorical Theory in Classical Greece* 一书的第一部分（New Haven：Yale U. Press，1999）。

庭演说词（forensic speeches）的诸部分，并提出了"或然性论证"（argument from probability）的理论。到公元前5世纪末，对那些想要学习修辞技艺的人来说，各种技艺手册（为人熟知的 *technai*）已经相当普及。大约在同一时间，一种颇具竞争性的修辞术教学方法也出现在早期智术师中：学生通过模拟演讲词范本来学习修辞，智术师则作为巡回的演说家（orators）和修辞术教师挣到了相当数量的钱财。然而，由于智术师在教学上不求理论的深入，哲学上不求绝对，政治上强调成功高于一切，从而更刺激了柏拉图和亚里士多德将修辞作为一种技艺来进行哲学上的探讨。于是，可以看出公元前5至前4世纪存在着三种修辞理论传统：技艺性的、智术性的和哲学性的。 40

　　尽管上述说法相当流行，但我认为其几乎在每一点上都有不甚严密和谬误之处。本章提出的论点是，修辞作为一门学科，在柏拉图之前还没有得到承认和界定，因为在此之前，智术师在理论上关注的中心是 *logos*（逻各斯），因而其既是"哲学的"（真的追求）也是"修辞的"（成功的追求）。因此，第一章中基于柏拉图定义的智术师修辞理论在时间上有谬误之处。

　　在英语中，"修辞"一词可指涉某一特定的话语、一种技艺，甚或一种哲学。虽然该词由希腊词派生，但希腊词 *rhêtorikê*（ῥητορική）的原意却不尽相同。该词词根 *rhêtôr* 的意思是"公共演讲者（public speaker）"或"政治家（politician）"，*rhêtor-eia*［演说（oratory）］和 *rhêtor-ikê*（修辞）也属于两个具有特定专业意义的新词：演说作为 *rhêtôr* 的产品，而修辞则是 *rhêtôr* 的技艺或技能。因此，*rhêtorikê* 的出现标志着一个有别于其他语言技艺的新学科的诞生。尽管修辞史的"标准叙述"认为 *rhêtorikê* 的概念——修辞作为一门技艺——出现在公元前5世纪，然而恰恰相反的是，正如我后面将要讨论的，希腊文中 *rhêtoreia* 和 *rhêtorikê* 两词的出现时间是公元前4世纪，而并非公元前5世纪。

因此，当我们讨论智术师的教学与学说时，如果要避免某种归纳的方式，就必须讨论"修辞"这一相对晚近的新词；如果要更好地理解智术师的教学，就必须关注智术师在传统上对*logos*（逻各斯）的青睐远甚于神话-诗歌传统这一事实，而不是把公元前4世纪*rhêtorikê*的概念强加在公元前5世纪的实践与观念上。

是柏拉图新造的*rhêtorikê*？

本节提出的观点是，*rhêtorikê*一词可能是柏拉图在大约公元前385年写作《高尔吉亚》时新造的一个单词。我认为，虽然从上述历史叙述的推论看还远远不甚明显，但其依据则非常清楚。我这里提供两个论据来支撑柏拉图新造*rhêtorikê*的观点：第一是现有的例证表明该词在柏拉图的《高尔吉亚》中的用法尚属首次，第二是柏拉图偏爱生造以-*ikê*结尾的新词。从我下面的统计41 看，就像大多数其他表示特定语言技艺的术语一样，*rhêtorikê*一词由柏拉图新造是极有可能的。

第一个论据的依据很直接：*rhêtorikê*并未出现在公元前5世纪和前4世纪早期的文本中。如果该术语当时已有普通，或者特殊用法的话，那就理所当然会出现在上述文本中。当然，尽管在《伊利亚特》（9.443）中也可以找到*rhêtêr*这个单词，但现存*rhêtôr*一词的最早用法却是出现在公元前445年的《布里城法典》（*Brea Decree*）中。①从公元前5世纪后期直到公元前几乎整个

①　Stanley Wilcox, The Scope of Early Rhetorical Instruction, *HSCP* 46（1942）: 127; Josef Martin, *Antike Rhetorik: Tecknik und Methode*（München: Beck, 1974）, 2。有关Brea Decree中*rhêtôr*的使用情况，可参I. G. i3 46: 25 = Marcus N. Tod, *Greek Historical Inscriptions*, new ed.（Chicago: Ares, 1985）, 88~90; Russell Meiggs and David Lewis, *A Selection of Greek Historical Inscriptions to the End of the Fifth Century BCE*（Oxford: Clarendon Press, 1969）, 128~133。

4世纪，*rhêtôr*作为专用术语被用来特指那些在法庭和公众集会上提出动议的政治家。[①] 因此，到柏拉图写《高尔吉亚》时，*rhêtôr*就被认为只局限于用来划定一个非常特殊的群体——经常在法庭或公众集会上演讲的政治家。[②] 由此看来，如果我们认为指称作为一个*rhêtôr*的技艺或技能的术语应当早于柏拉图，这通常只能是一种想当然的一厢情愿，因为事实上并无任何证据支撑这一说法。

其实，任何公元前5世纪文本中都找不到*rhêtorikê*一词，如果它在当时是属于在用词汇的话，就有希望在文本中找到。我们曾在《古希腊文献总汇》（*Thesaurus Linguae Gaecae*）中收索所有词形上带*rhêtorik-*的词，但检索结果却表明该词现存最早的使用仍是从公元前4世纪开始的。[③] 在公元前4世纪之前，

---

① Mogens Herman Hansen, "Initiative and Decision: The separation of Powers in Fourth-Century Athens", *GRBS* 22（1981）: 368～370; Josiah Ober, *Mass and Elite in Democratic Athens: Rhetoric, Ideology, and the Power of People*（Princeton: Princeton U. Press, 1989）, 104～127; R. K. Sinclair, *Democracy and Participation in Athens*（Cambridge: Cambridge U. Press, 1988）: 136～137; S. Perlman, "The Politicians in the Athenian Democracy of the Fourth Century B. C.", *Atheneum* 41（1963）: 327～355。亦参Mogens Herman Hansen, "The Athenian 'Politicians', 403～322 B. C.", *GRBS* 24（1983）: 33～55; 及 "*Rhêtores* and *Stratêgoi* in Fourth-Century Athens", *GRBS* 24（1983）: 151～180。

② Werner Pilz, *Der Rhetor im Attischen Staat*（Weida: Thomas and Hubert, 1934）。有关《高尔吉亚》的写作时间，参E. R. Dodds, *Plato: Gorgias*（Oxford: Clarendon Press, 1959）, 18～30; Guthrie, *HGP IV*, 284～285; 及 Gerard R. Ledger, *Re-counting Plato: A Computer Analysis of Plato's Style*（Oxford: Clarendon Press, 1989）。

③ 1989年5月5日，TLG主任Theodore F. Brunner对TLG中所有已经校对和未经刊校的文本作了一次全面的计算机检索。检索结果与此前的假设一致，即*rhêtorikê*最早出现在公元前4世纪初（参本书附录二）。50多年前，Werner Pilz 曾顺便提及过"柏拉图之前还没有ῥητορική"（*Der Rhetor* 15 n1）。同样，Wilhelm Kroll也提到"ῥητορική的词义出自柏拉图"［"Rhetorike", *RE* supp. 7（1940）: 1039］。以下诸位也持此说: Josef Martin, *Antike Rhetorik*, 2; LSJ s. v. "ῥητορεία"; J. W. H. Atkins, "Rhetoric, Greek", *The Oxford Classical Dictionary*（Oxford: Clarendon Press, （转下页）

描述后来修辞内容的词是*logos*和*logein*，而两词的意思也都远较*rhêtorikê*宽泛。因此，*rhêtorikê*的出现标志着言辞技艺在概念和特征上的提升，因为在*rhêtorikê*一词出现之前，无论是智术师还是哲人，他们都宣称*logos*属于自己的研究范围。

　　公元前5世纪的戏剧也为*rhêtorikê*一词的"晚近说"提供了强有力的证据。一般认为欧里庇得斯在修辞上非常熟悉智术师的套路，但他通常用*logein*描述复数形式的演讲或演讲者，用*peithô*描述说服，用*logos*描述单数的论辩或演讲。① 阿里斯托芬在《云》中对智术师教学的那段著名的讥讽也从未用过一次*rhêtorikê*。他反复用*legein*表示"演说（oratory）"，用*logos*表示"论辩（argument）"或"演讲（speech）"，用*sophist*——而非*rhêtôr*——表示经过训练的演讲者（speaker）。②《云》的首演时间是公元前423年，其间，早期智术师早已成名，其教学实践也早已固定。如果*rhêtorikê*已为智术师所用甚至与其相关，

（接上页）1949），766；H. Hommel（and Konrat Ziegler），"Rhetorik"，*Der Kleine Pauly*（München：A. Druckenmüller，1972），4：1396。

　　① 如参《美狄亚》（*Medea*）（有关*logos*，参252，546，776，801，819，965；有关*peithô*，参802，941，944，964，984；有关*legein*，参316，475，522，580，585），以及《赫卡柏》（*Hecuba*）（有关*logos*，参130，250，271，294，334，840，1190，1239；有关*peithô*，参133，294，340，816，819，1205；有关*legein*，参257，293，1189）。有关欧里庇得斯与智术师，参Paul Decharme，*Euripides and the Spirit of His Drama*（New York：Macmillan，1906），34~42；T. B. L. Webster，*The Tragedies of Euripides*（London：Methuen，1967），22~23；R. G. A. Buxton，*Persuasion in Greek Tragedy：A Study of peithô*（Cambridge：Cambridge U. Press，1982）；Ann Norris Michelini，*Euripides and the Tragic Tradition*（Madison：U. of Wisconsin Press，1987），142~144。

　　② 有关*legein*，参239，260，430，486~487，1106，1211，1314，1334，1398，1422；虽然*logos*贯穿全剧，但应特别注意的是882~1104中两逻各斯之间的争辩。有关《云》的写作时间，参K. J. Dover，*Aristophanes：Clouds*（Oxford：Clarendon Press，1968），及Alan H. Sommerstein，*Aristophanes：Clouds*（Warminster：Aris and Phillips，1982）。有关Aristophanes 笔下未出现*rhêtorikê* 一词的讨论，亦参Henry Dunbar，*A Complete Concordance to the Comedies and Fragments of Aristophanes*（Oxford：Clarendon Press，1883）。

阿里斯托芬肯定会将其作为攻击目标。既然阿里斯托芬经常以取笑新词和专业术语为乐，那么，剧中从未出现过一次*rhêtorikê*的事实不正好形成了当时还没有这个词的有力证据吗？①

　　我们无法找到普罗塔戈拉使用*rhêtorikê*的记载，甚至在以他冠名的柏拉图对话中也没有。普罗塔戈拉本身的残篇里也清楚地表明了其关注点是在*logos*，高尔吉亚亦是如此（后面即将讨论）。在高尔吉亚的《论非存在》（*On Not-Being*）和《海伦颂》（*Encomium to Helen*）这两部很可能是讨论*rhêtorikê*的作品中，描述和盛赞的均为*logos*的力量，根本未提及*rhêtorikê*。同样，安提丰（Antiphon）、普罗狄科和希庇阿斯（Hippias）等其他智术师也未留下其相关的只言片语。② 希罗多德对智术师学说可以说是了如指掌，但其作品中既未提及*rhêtorikê*，也未提及*rhêtoreia*。③ 值得特别关注的是，公元前400年的《双重论证》（*Dissoi Logoi*）专论中有一段，④ 其中第8节特别提到了一个希望为城邦建言的人的特点："熟悉论辩（*logon*）技艺（*technê*）之人也应当知晓其在每一论题上何为正确的言辞

---

　　① J. D. Denniston, "Technical Terms in Aristophanes", *CQ* 21（1927）: 113～121。亦参 Charles W. Peppler, "The Termination –*kos*, as Used by Aristophanes for Comic Effect", *AJP* 31（1910）: 428～432。

　　② 后来的学者常常将早期智术师的教学与*rhêtorikê*扯在一起，但没有任何公元前5世纪的残篇中真正出现过该词。提及公元前5世纪智术师的关于*rhêtorikê*的手册之资料，都是几个世纪后的文献，而且很可能指涉的都是一些演说集或"陈词滥调（commonplaces）"。特别应注意的是，亚里士多德提及这些早期手册时将其名为*Technas tôn logon*（《修辞学》1354a12）。

　　③ Kennedy, *APG*, 44～47.

　　④ 有关《双重论证》（*Dissoi Logoi*）的写作时间，我遵循T. M. Robinson之说〔T. M. Robinson, *Contrasting Arguments: An Edition of the Dissoi Logoi*（Salem, NH: Ayer, 1979）, 34～41〕，传统观点已受到 Thomas M. Conley 的挑战（Thomas M. Conley, "Dating the So-called *Dissoi Logoi*: A Cautionary Note", *Ancient Philosophy* 5（1985）: 59～65。

（*orthos legein*）。"① 要做到言辞正确，就应当知晓其所言之事的法律和真理。如果真有人想从公元前5世纪后期的智术师话语中找到*rhêtorikê*，这一段当然算一个。

总之，如果*rhêtorikê*和*rhêtoreia*在公元前5世纪真的已经在普遍使用，抑或即使作为特殊用法，那么，在相关文献中无法找到它们就不能不说是一咄咄怪事。因此，如果要想得出*rhêtorikê*一词出自公元前5世纪而非公元前4世纪早期的结论，这也确实是让人难以苟同。

*rhêtorikê*一词不仅在公元前5世纪的文献中难以找寻，即使在公元前4世纪也少得惊人。我这里不得不再次重申，如果*rhêtorikê*真的已为人普遍使用或作为特用，那就理所当然应当出现在相关文献的书写中。在公元前4世纪，除了柏拉图和亚里士多德的著作，最为著名的修辞理论就当数阿那克西米尼（Anaximenes）的《献给亚历山大的修辞学》（*Rhetoric to Alexander*）和伊索克拉底的著作了。但令人遗憾的是，两人的书中都未能找到*rhêtorikê*。《献给亚历山大的修辞学》被认为是现存最早的长篇智术师修辞理论著作，远比伊索克拉底的还早，但该书第8章的参考文献提及的文献日期都晚于公元前341年，或许还更晚——我们由此可以断定该书的成书时间比《高尔吉亚》整整晚了一代多。② 此外，该书除书名之外，书中均未出现过*rhêtorikê*和*rhêtoreia*——书名肯定是后来整理为亚里士多德敬献给亚历山大时才添加上去的。作为术语，*logos*是用于描述书中所提及要改进的那种能力，如果*rhêtorikê*一词像柏拉图和亚里士多德所暗示的那样，属于用来指称某种业已成形的专业的话，那么，《献给亚历山大的修辞学》中的这类现象肯定就会让人觉得

---

① Trans. Robinson, *Contrasting*, 139.

② Kennedy, *APG*, 114~124; H. Rackham, introduction, *Rhetorica ad Alexandrum*（Cambridge, MA: Harvard U. Press, 1937）, 258~262.

百思不得其解了。

有关 "*rhêtoreia*" 或 "演说术" 使用的最早记载是在伊索克拉底的《驳智术师》（21）中。这一纲领性文献似乎可以追溯到伊索克拉底的学园建立之初，大约是公元前392年。不幸的是，留存下来的残篇仅有少数几页，不可能了解伊索克拉底的使用程度。该术语在伊索克拉底的其他著作中也仅仅出现过两次［《致菲利普》（26）；《泛雅典娜节演说词》（*Panathenaicus*）（2）］。此外，公元前374年发表的《致尼科克勒斯》（*Nicocles*）（8）和公元前354/3年《交换法》（*Antidosis*）（256）中出现过*rhêtorikous*，公元前346年的《致菲利普》（25）中又出现过*rhêtoreuesthai*。这种零零散散、频率极低的现象，正好证明其尚属新词，特别是当其与*logos*和*logein*相比时。然而，伊索克拉底在描述其教学时对*logos*和*logein*这两个词却情有独钟，在他现存的著作中，伊索克拉底将自己的教育描述为*logôn paideia*。其实，那些被译为话语、话语和演讲的词汇均出自希腊语的*logos*和*logein*（不含上面的举例）。

在《论交换》——这因他为自己一生所为的辩护而著名——中，伊索克拉底将自己的教学描述为*philosophia*，并称其为训练心智，有如我们训练体魄一样（181）。按照伊索克拉底的说法，哲学讲授各种形式的*logos*，因而可以使学生的思维更加敏捷（183～185）。当伊索克拉底盛赞语言是能够使人比动物高贵的技艺时，他颂扬的是*logos*的技艺（253～257）。毫无疑问，伊索克拉底讲授的是我们现在所理解的演说术和演讲术。然而，其作品中随处可见的*logos*与零零星星的*rhêtoreia*正好和缺位的*rhêtorikê*形成了鲜明对比，表明了伊索克拉底当时还未将*rhêtorikê*一词作为专业术语来使用。就像公元前5世纪的智术师一样，他传授的技艺仍是*logos*。

其实，虽然"修辞"作为术语在亚里士多德之后的文献中已相当普遍，但在公元前4世纪人们却很少使用。即使有关*rhêtôr*的参考文献日益增多，但作为*rhêtôr*的技艺——*rhêtorikê*——其概念内涵在公元前4世纪大多数时间仍然仅限制在指称柏拉图和亚里士多德两人上。

至此，我们能证明柏拉图最先发明*rhêtorikê*的依据均依然属于间接，换言之，似乎在《高尔吉亚》之前还尚未发现有关*rhêtorikê*使用情况的明确无误的记载。[①] 即使从用词方式看，柏拉图所有对话在使用*rhêtorikê*时的情况似乎都有类似的暗示。众所周知，尽管柏拉图在修辞学上与智术师的观点有过太多的交锋，但其著作中仍很少出现*rhêtorikê*，而*rhêtoreia*也仅出现过一次（《政治家》304a1），只是*rhêtorikê*的变体形式倒是时有零星散见。在《欧绪德谟》《泰阿泰德》《克拉底鲁》和《政治家》等中晚期对话中，*rhêtorikê*加起来仅出现过5次，[②] 而在《普罗塔戈拉》、《（大、小）希庇阿斯》和《智术师》中均无，即使在《斐德若》中，其出现的次数也仅仅超过12次多一点。但是，与之形成对比的是，该词在《高尔吉亚》中却几乎高达近90次——这是其最早有使用记载的地方，也是其用得最为广泛的地方。由此可见，最早使用*rhêtorikê*的地方也应当是最早对其进行理论界定和考量的地方。[③]

---

① 一个可能的例外是Alcidamas题为 *On the Sophists* 或 *On the Writers of Written Discourses* 的小册子，LaRue Van Hook 认为其"出版"时间为公元前390~380年。我认为Hook的估算时间有几十年的偏差。参本书附录二和LaRue Van Hook, Alcidamas versus Isocrates, *Classical Weekly* 12（1919）：89~94。

② 参Leonard Brandwood, *A Word Index to Plato*（Leeds：J. S. Maney and Sons, 1976），809。不蕴含"……技艺"的阳性形式不能作为"rhetoric"的例子。有关柏拉图对话的不同时期，参 Francis M. Cornford, The Athenian Philosophical Schools, *Cambridge Ancient History*（1927），6：310~332；及 Ledger, *Recounting Plato*。

③ 公元前5世纪文本中有关说服性逻各斯的讨论，最具理论价值的当数高尔吉亚的《海伦颂》，参Charles P. Segal, Gorgias and the Psychology of the Logos, *HSCP* 66（1962）：99~155。就某种意义而言，将高尔吉亚的《海伦颂》（转下页）

柏拉图给人的印象是，*rhêtorikê*一词在他那里似乎被当成了"概念常量"或"已知数"在使用。我们是否可以有理由认为，在我们所有人当中，正是柏拉图发明或在某种意义上赋予了*rhêtorikê*的概念？再有，为什么柏拉图要发明一个单词来指称他明显不相信的技艺呢？

虽然我们还不能结论性地证明是柏拉图新造的*rhêtorikê*，但归纳出的证据却支撑着这种可能。柏拉图对语言的创造性使用是早已为人们所公认的，正如他根据需要发明了很多贴切的"哲学"词汇一样。[①] 特别有意义的是，柏拉图还是一位多产的造词者，发明了很多以 "*-ikê*" 结尾的单词来指称"技艺"。这些词汇构成了柏拉图哲学分析中最基本的部分，用以分析*technê*和*epistêmê*——技艺和知识之间的关系。例如，在《高尔吉亚》、《欧绪德谟》和《智术师》等对话中，柏拉图就具体新造了几十个以 "*-ikê*" 结尾的术语。[②] 柏拉图正是通过这样的语言创新来

（接上页）作为探索智术师思维的线索是一种误导，因为公元前5世纪没有流传下任何其他有关话语的文本有类似的理论深度。我不认为这是因为文本的流失，相反，对说服性话语的理论探讨的兴趣，应当与公元前5世纪后期和公元前4世纪初期书写的兴起相一致。正如Kathy Eden 所言："无论是对修辞还是对其解释策略的讨论，我们都还没有确凿证据能证明其出现在公元前4世纪之前。"参Kathy Eden, Hermeneutics and the Ancient Rhetorical Tradition, *Rhetorica* 5（1988）: 59~86。

① Eric A. Havelock, *Preface to Plato*（Cambridge, MA: Harvard U. Press, 1963）.

② 我仅举出30个以*-ikê* 结尾（指某种*technê*）的词语，按照LSJ的说法，这些词语均是在柏拉图著作中首次出现的。《高尔吉亚》: *rhêtorikê* s.v. "*rhêtoreia*"（译按: 意指*rhêtorikê*一词见于LSJ的*rhêtoreia*这个词条中，下同）; *arithmêtikê* s. v. "*arithmeô*"; *logistikê* s. v. "*logisteia*"; *gymnastikê* s. v. "*gymnassidion*"; *stochastikê* s. v. "*stochazomai*"; *opsopoiêtikê* s. v. "*opsopoieion*"; *kommôtikê* s. v. "*kommoô*"; *sophistikê* s. v. "*sophisteia*"; *nomothetikê* s. v. "*nomotheteô*"; *kolakeutikê* s. v. "*kolakeia*"。《欧绪德谟》: *eristiê* s. v. "*eristês*"; *aulopoiikê* s. v. "*aulopoas*"; *basilikê* s. v. "*basileus*"; *thêreutikê* s. v. "*thêrepôdos*"; *kitharistikê* s. v. "*kithara*"; *lyropoiêtikê* s. v. "*lyropoiêtikos*"; *logographikê* or *logopoiikê* s. v. "*logopoieô*"; *skytikê* s. v. "*skytikos*"; *tektonikê* s. v. "*tektoneô*"; *chrêmatistikê* s. v. "*chrematagôgos*"。《智术师》: *mimêtikê* s. v. "*mimauleô*"; （转下页）

实现其概念的突破，用各类行为和职业的分类来连接知识与技艺之间的关系。

柏拉图不仅是一般意义上多产的造词者，他还特别爱用 "-ikê" 的结尾创造出一系列表示语言技艺的重要词汇。例如，表示"辩驳（eristic）"（eristikê）、"辩证"（dialektikê）和"反证"（antilogikê）等的希腊词均出自柏拉图的著作。因此，如果否认rhêtorikê不是出自柏拉图反倒还让人觉得有些奇怪。①

从形态学角度看，一俟 "rhê-"（演说）拓展成了 "rhêtôr"（演说者），那么，正如其在公元前5世纪中叶那样，再由 "rhêtôr" 拓展成rhêtoreia（演说词）和rhêtorikê（演说技艺）就当属非常简单的一步了。巴勒利（Renato Barilli）认为 rhêtorikê最初是由词根 "rhê-" 加上 "torikê" 构成，但我以上所举的那些现成哲学例证并不支持这一说法。② 因此，他所提出的结论，即rhêtorikê的原初意义是"话语技艺"的结论需要予以修正，因为出现rhêtorikê的时候，rhêtôr早已被用来指称那些在法45 庭和集会上提起动议的政治家了。由此可见，rhêtor-ikê的意思应当是 "rhêtôr的技艺"。

（接上页）poiêtikê s. v. "poiêseiô"；ktêtikê s. v. "ktêteos"；aspalieutikê s. v. "aspalieuomai"；halieutikê s. v. "halieuma"；plêktikê s. v. "plêkteon"；lêstikê s. v. "lêsteia"；andrapodistikê s. v. "andrapodessi" f；polemikê s. v. "polemêios"；dikanikê s. v. "dikanikos"。Pierre Chantraine认为，在柏拉图著作中的350多个以-ikos结尾的词汇中，有超过250个词汇均未出现在此前的文本中［Études sur le vocabulaire grec（Paris：Klincksieck，1956），97～171］。

① LSJ中收录的具体词汇是 "antilogeô"、"dialekteon" 和 "eristês"。此外，在TLG词库中的全面检索（包括校正和未经校正的文献）更加确认柏拉图的 "-ikê" 词形属于首创。有关柏拉图 "dialectic" 一词的讨论，参Richard Robinson，Plato's Earlier Dialectic（Oxford：Clarendon Press，1953），90～92。有关其著作中的eristic、antilogic和dialectic，参kerferd，SM，59～67；Robinson，Plato's Earlier Dialectic，84～92；Alexander Nehamas，"Eristic, Antilogic, Sophistic, Dialectic：Plato's Demarcation of Philosophy from Sophistry"，HPQ 7（1990）：3～16。

② Renato Barilli，Rhetoric（Minneapolis：U. of Minnesota Press，1989），vii–xi。

几十年来，多数学者都接受了*rhêtorikê*由*rhêtôr*派生的观点，并由此得出结论，认为*rhêtorikê*在公元前5世纪是用来描述智术师教学的词汇。然而，到目前还没有人举出智术师自身的权威话语，而威尔考克斯（Stanley Wilcox）等人也仅仅是从柏拉图的《高尔吉亚》摘出某些章节来"确认"派生的说法。因此，该词可能由柏拉图派生一说也还并未经过学者认真的论证。

其实，认为*rhêtorikê*一词出自柏拉图也自有其很好的理由。与《高尔吉亚》写于同一时间的还有《默涅克塞诺斯》（*Menexenus*）。在这篇对话中，尽管雅典人认为这里面有一篇很好的葬礼演说样本，柏拉图也照样对*rhêtorikê*进行了一番攻击。① 其实，《高尔吉亚》和《默涅克塞诺斯》共同的攻击目标正好是雅典城邦最为重要的公共演说实践，包括法庭辩护、集会演讲以及颂扬战争死者等重要政治行为。② 如果柏拉图能证明其敌手伊索克拉底所教的是些没有必要或不需要的东西的话，那么，其自身学园的声誉便会得到大大的改善。应当记住的是，高尔吉亚是伊索克拉底的老师，因此，当篇名冠以《高尔吉亚》并包含一些对伊索克拉底半遮半掩的指涉时，自然很容易就让人感觉其是在攻击伊索克拉底的教学了。③ 我想，很有意义的是，讨论"何为修辞"的那一段对话以高尔吉亚的学生（波卢斯和凯勒丰）和苏格拉底的交锋开始，或许这象征的正是伊索克拉底和柏拉图之间的论战。此外，篇中明显谈及*rhêtorikê*特性的地方都涉

① Guthrie, *HGP IV*, 312～323; Dodds, *Plato*：*Gorgias*, 23～25.

② Richard Garner, *Law and Society in Classical Athens*（New York：St. Martin's Press, 1987）, esp. ch. 2; Nicole Loraux, *The Invention of Athens*：*The Funeral Oration in the Classical City*（Cambridge, MA：Harvard U. Press, 1986）, esp. 264～270, 311～327.

③ 正如R. L. Howland 所言："（《高尔吉亚》中）对修辞的指责意在将伊索克拉底作为当时最有影响的修辞教师进行攻击。"参其 Attack on Isocrates in the *Phaedrus*, *CQ* 31（1937）：151～159; cf. Guthrie, *HGP IV*, 308～311。

及高尔吉亚，结束后他便逐渐由对话中淡出。这正如我所假设的，如果rhêtorikê属于与伊索克拉底的教学相关的新词，那么，高尔吉亚在449a5处明确宣称自己教授的是演说的技艺（art of oratory）（rhêtorikê）这一事实，无疑是在向公元前4世纪的读者明示其对话抨击的目标是伊索克拉底。

　　这或许还可以从更加理性的"哲学"角度来予以解读。毫无疑问，智术师logos技艺培训的价值特征之一在于其政治上的应用，因为公元前5至前4世纪的雅典是一个特别好诉讼的社会，职业和财产的输赢全在法庭。① 柏拉图在《高尔吉亚》中有关正义的辩论至少部分是意在证明智术师教学并非是必须的需求：最糟糕的事莫过于一个人可能遭遇不义而受到伤害，而在这种情况下他又并不比伤害自己的人心里更难受（468e～481b）。同样，柏拉图借苏格拉底之口总结说，集会上的演说家到头来比任何人的权力都小，这也是再次在印证公共演讲技艺的非必要性（466b～e）。由此可见，柏拉图造出rhêtorikê一词，其意图可能是想将智术师的logos技艺限制在处理法庭和公共集会事务上——按照柏拉图的观点，这类事务最终只能导致伤害。

　　出于实用和哲学的原因，柏拉图想要在自己的logos的"哲学"技艺和对手的之间划出一道严格界线。为了能让哲学训练和智术师有一个清晰的对比，柏拉图需要确定一个概念上的目标，以便厘清智术师与自己学园教学上的区别。《斐多》中有一段描述，讲的是苏格拉底将misologia（厌辩症），即对所有logoi（逻各斯）的厌恶都归罪于一种对logôn technê（逻各斯技艺）的不当认识。苏格拉底责备说，对辩论的厌恶是因为有那么一些人在推销反证（antilogikoi）的观念。柏拉图这里实际上是意指普罗塔戈拉和智术师等一帮人。柏拉图指出，他们传授的知识只

① Garner, *Law and Society*.

能导致一种沾沾自喜和对真理不严肃的态度，因为逻各斯中只有一部分属于真理，而作为哲学学生，其任务就是要学会区别好的和坏的逻各斯（《斐多》，89d1~91c5）。

对于《高尔吉亚》的正确解读，其历史语境起着至关重要的作用。《高尔吉亚》记录了柏拉图对公共事务的日益厌倦，按照格思里的说法，记录的是柏拉图由苏格拉底之死所经历的一场"情感危机"的结果。[1] 在此意义上，《高尔吉亚》不是对修辞的哲学讨论，而是更加宽泛意义上的对公元前4世纪政治生活的抨击。这一观点被苏格拉底阐述得非常明白："我们现在的论题是……一个人应当生活的方式：是否是你们要求我的方式，像你们一样，在公众集会上演讲，摆弄修辞，参与政治，或者如我一样潜心于哲学？"（500c1~8）[2] 正如我曾经所说，rhêtôr在公元前4世纪是指那些经常在法庭和公众集会上演讲的特殊群体。[3] 柏拉图反对把教育目的定位为培养这样的演说家，因为他不相信这样能培养出合格的政治家。因此，无论rhêtorikê一词是否出自柏拉图，对他来说都是区别伊索克拉底（还有其他智术师）与自己的教学的一个十分有效的标志。

和《高尔吉亚》相比，rhêtorikê在《斐德若》中的使用显得十分吝啬。值得注意的是，在对哲学修辞的可能性进行了简单勾画的《斐德若》中，柏拉图将自己的修辞概念同那些讲授"演讲技艺"的概念——logôn technê进行了一番对比

---

① Guthrie, *HGP IV*, 299.

② Trans. R. E. Allen, *The Dialogues of Plato*（New Haven：Yale U. Press, 1984）1：289。参《高尔吉亚》472c6~d1，487e7~488a4，492d3~5和柏拉图的《书信七》。E. R. Dodds有关《高尔吉亚》的经典研究记载了这样一个事实，即甚至最早的注疏家都注意到对话目的意在讨论政治的道德基础。按照Dodds的观点，到了492d3，"明显的修辞问题已消失在背景之中"（*Plato：Gorgias*, 299）。

③ 参注3中Hansen的文章；Sinclair, *Democracy*, Ober, *Mass and Elite*, Perlman, "Politicians"。

47 （266d~274c）。格思里很贴切地描述了柏拉图区分好坏逻各斯的意图："修辞技艺也被称为'逻各斯技艺'，其宽泛的意思（从说话或演讲到论证、推理和思维）使其可能用来讨论作为其主题的各不相同的技艺概念。柏拉图意在使其脱离那些肤浅说服者和特殊辩护人的掌控，并表明如果能恰当应用和基于真理知识的话，其用途将和哲学一样宽广。"①

在柏拉图的《高尔吉亚》中，修辞倾向于被看作已知概念。也就是说，通常假设有一组单独的行为或教育被默认为*rhêtorikê*并为柏拉图所批判。更为可能的状况是，柏拉图认为智术师的逻各斯技艺无所不在，因而需要在概念上严格界定。正如在《智术师》中，柏拉图将智术师作为"有智慧者"的前书写时期的概念一分为二，而在《高尔吉亚》中，他又探索着将理想的逻各斯技艺与*rhêtorikê*进行对比。

这一观点可以在《高尔吉亚》中找到文本上的支撑。苏格拉底问高尔吉亚："*rhêtorikê*能为知识提供些什么（*peri ti tôn ontôn estin epistêmê*）？"高尔吉亚的回答是*peri logous*。很多人都过于简单地将其翻译为"言辞"（449d9~e1）。接下来问的问题是"修辞关注什么样的逻各斯？"高尔吉亚极不情愿地承认并非所有类型的逻各斯都属于修辞关注的范围，他认为其中只有部分属于。虽然苏格拉底和高尔吉亚在有关*logein*和*peithô*（说服）技艺上的看法一致，但高尔吉亚还是向苏格拉底承认，如果不是全部，至少很多都涉及言说和说服技艺，包括医学、体育、数学、天文和工商等行业。最后，高尔吉亚的辩护便仅仅限于公共集会说服技艺培训的*rhêtorikê*上了。柏拉图在《高尔吉亚》和

_____

① Guthrie, *HGP III*, 177；参Plato《斐德若》261b6~7, 278b~d。甚至在亚里士多德笔下，修辞也一直被看成是一种逻各斯技艺。例证及分析可参 William M. A. Grimaldi, *Aristotle*, *Rhetoric*: *A Commentary*（New York：Fordham U. Press, 1980），1：6, 38~39, 93。

《斐德若》中的其余对话用不着在这里——讨论，但需要注意的一点是，柏拉图是怎样将讨论集中在rhêtorikê作为法庭和公共集会的逻各斯技艺来使用的聚焦过程。对伊索克拉底这位公元前4世纪的智术师后继者来讲，话语的技艺完全是在训练心智的思考，但对柏拉图来说，《高尔吉亚》中的修辞已经被缩减为了（不必要地）训练政治上的说服。

至此，rhêtorikê一词出自公元前4世纪早期的依据可做如下总结：该词作为术语并未出现在人们期待的公元前5世纪，而作为其最早有记载的使用则是出现在柏拉图的《高尔吉亚》中。该词在其某一著作中的频频出现应当是出于讨论的目的，因为柏拉图在其他对话中相对很少使用rhêtorikê，这一对比也恰好给人以该词远非常用的印象。此外，公元前400至前350年的文献中未发现有使用rhêtorikê的情况，这也进一步证明了该词应当属于公元前4世纪早期的派生。

对此持怀疑观点的或许可能提出，《高尔吉亚》自身便有证据指出其出现的时间或许更早。苏格拉底在448d9的对话中引出修辞话题的短语是"*tên kaloumenên rhêtorikên*"，通常翻译为"那些被称为修辞的东西"。稍后，柏拉图又提到高尔吉亚非常明确地宣称自己在教授rhêtorikê（449a5）。这些段落给人的印象是rhêtorikê早已是一个常用的术语了。[1] 然而，这些也还可从另外的角度予以不同的解读。

当然，不对《高尔吉亚》进行精确的历史比对也自有其充足的理由。柏拉图的目标并非是要准确描述高尔吉亚有关语言说服功能的看法——这一事实体现在高尔吉亚演讲中对逻各斯的辩护以及在柏拉图对话中的笨拙表现两者之间的差异。[2] 此外，苏格

---

[1] 感谢Malcom Scholfield（一个对本章早前版本持"怀疑态度的对话者"）指出这些段落的意义。

[2] Segal, "Gorgias"; Guthrie, *HGP IV*, 308~311.

拉底还很平静地宣称自己实践的是真正的政治技艺——*politikê technê*——因而是雅典唯一真正的政治家（521d6 ~ 8）。艾伦（R. E. Allen）认为该对话"有如此多的时序错乱，以致很难指派一个醒目的时间"。鉴于"有意和重复的时间矛盾"，艾伦相信该对话中"时态的区别早已丧失了其相关性"，① 而真正重要的是哲人生活和演说家生活之间的*agôn*（竞争）。如果柏拉图真的因为出于辩论的缘故有意借苏格拉底之口说出那些不合历史的话语，那么，他又为什么不能让高尔吉亚也如法炮制呢？

不管怎样，虽然还不能完全肯定地证明*rhêtorikê*出自柏拉图，但就目前所引的材料而言，其直接指向的结论均是该词在写《高尔吉亚》时尚属新词。再有，即使该词出自他人，但其仍还尚属不常用的新词，以至于需要用短语"*tên kaloumenên rhêtorikên*（那些被称为修辞的东西）"来引导。如果*rhêtorikê*不是出自柏拉图，但至少他认为该词属于一个重要和有用的术语，需要从自己的哲学角度加以界定（因而也需要加以限制）。作为对*rhêtorikê*的创新性分析，《高尔吉亚》无疑与高尔吉亚和伊索克拉底等人对逻各斯技艺的描述形成了一个鲜明的对比。

就我的观点而言，我认为我之前的一些学者，或许是多数学者，关于公元前5世纪都存在一个理论误区，因为"修辞"被他们不加批判地用来解读那一时期或有关那一时期的文本。由于随着专用词汇的发展，知识主体至少也在部分地产生变化，因此，如果现在被称为修辞理论的历史描述没有考虑从*logos*到*rhêtorikê*发展，就很可能导致其理论上的误区。② 至少可以这样说，在任何有关早期智术师的讨论中，甚至在有关公元前4世纪柏拉图的论辩对手的讨论中，如果将修辞的概念或内涵当成一已知项或概念常数的话，其观点很可能都需要进行修正，因为*logos*和*logein*

---

① Allen, *Dialogues*, 189; Dodds, *Plato: Gorgias*, 17 ~ 18.

② Shiappa, *Beginnings*.

决不能仅仅被简化成 *rhêtorikê*。如果要想不曲解或误解公元前5
至前4世纪发生在古希腊的那些事，前面谈论的那些术语就决不
能只是进行简单的置换。如果 *rhêtorikê* 的出处不能得以正本清源
的话，那么，就会有可能出现下面将谈及的种种误读。①

"发明"神话再思考

对"修辞"一词相对晚近一说的进一步探讨，缘起于人们对
"修辞"起源传统叙述自身的思考。传统叙述中最为流行的两种
说法是科拉克斯／提西阿斯说和亚里士多德提及的恩培多克勒
说，其考察不仅有助于厘清逻各斯技艺的发展脉络，也有助于了
解其始作俑者亚里士多德可能的意图。

科拉克斯／提西阿斯说最早的权威叙述是亚里士多德。虽然
柏拉图在《斐德若》中提到了提西阿斯（272e～274a），但他并
未宣称是提西阿斯发明了 *rhêtorikê*。事实上，柏拉图提到的只是
提西阿斯可能在 *technê logôn* 方面的创新（273d7）。亚里士多德
最先在现已失传的《修辞术汇编》（*Synagôgê*）中宣称科拉克斯
和提西阿斯是最早的修辞学者［西塞罗《布鲁图斯》（*Brutus*）
46］，然后他又在《论智术式辩驳》中提及提西阿斯是在追随佚
名的修辞学创始人（183b32）。此外，西塞罗［《论修辞发明》
（*de Inventione*），2.6］和昆体良（Quintilian）［《演说术原理》
（*Institutio Oratoria*），3.1.8］也将科拉克斯和提西阿斯看作修辞技
艺的创始人，但其看法或许是出于亚里士多德权威的原因。

在现当代学者中，杰布（R. C. Jebb）认为，"修辞作为一
门技艺的创始人是来自锡拉丘兹的科拉克斯"；和杰布一样，维

---

① 感谢David Sedley 和George A. Kennedy对"是柏拉图新造的 *rhêtorikê*"，这
部分初稿的评阅和批评意见。

罗尔（A. W. Verrall）在《科拉克斯和提西阿斯》一文中也接受
了亚里士多德的观点。① 另外，罗伯茨（Rhys Roberts）认为，
"在修辞技艺作为书面文本的发展中"，其创始人应为科拉克
斯和提西阿斯，弗利斯（J. H. Freese）在其为亚里士多德《修辞
学》所撰简介中也如是说。②

　　史密斯（Bromley Smith）继承了这一传统，其观点认为"修
辞学诞生于"西西里，③ 科拉克斯是修辞学的"创始人"，是
"他发现了修辞，写出了第一篇辩修辞技艺（*rhêtorikê technê*）
的文章"，并第一个"给出了修辞的定义"。④ 辛克斯（D. A.
G. Hinks）的《提西阿斯、科拉克斯和修辞的发明》一文在叙述
上仍遵循亚里士多德的思路，其文中的解读在有关科拉克斯和
提西阿斯的问题上已成为我们参考的范本。⑤ 此外，尽管道格
拉斯（A. E. Douglas）注意到亚里士多德的观点带有"极大的
倾向性"，但他还是完全接受了科拉克斯和提西阿斯的传说。⑥
对于更为靠后的学者来说，有人对该传说有所置疑，但也仅仅
限于其细节部分，例如，格思里、肯尼迪（Kennedy）、克洛
尔（Wilhelm Kroll）、布莱恩特（Donald C. Bryant）和默菲
（James J. Murphy）等，他们均承认科拉克斯／提西阿斯传说基

---

　　① A. W. Verrall, Korax and Tisias, *JP* 9（1980）：197~210；Richard C. Jebb,
The Attic Orators from Antiphon to Isaeos（New York：Russell and Russell, 1962）, 1：
cxxi。前面提及的*Beginnings*一书对科拉克斯和提西阿斯的神话做了更详尽考证。

　　② W. Rhys Roberts, The New Rhetorical Fragment in Relation to the Sicilian
Rhetoric of Corax and Tisias, *CR* 18（1904）：18~21；J. H. Freese, *Aristotle：
"Art" of Rhetoric*（Cambridge, MA：Harvard U. Press, 1926）, xii–xiv.

　　③ Bromley Smith, Corax and Probability, *QJS* 7（1921）：15.

　　④ 同上，16~18, 41。

　　⑤ D. A. Hinks, Tisias and Corax and the Invention of Rhetoric, *CQ* 34（1940）：
61~69.

　　⑥ A. E. Douglas, "The Aristotelian Συναγωγή Τέχνων after Cicero, *Brutus*
46~48", *Latomus* 14（1955）：536~539.

本的合法性，其著作也都被作为参考文献的范本和教材。①

尽管科拉克斯和提西阿斯一说有如此强大的传统阵容，但其仍存有两个方面的明显错误。其一，无论科拉克斯和提西阿斯教授的是什么，其教学都没有明确标示为rhêtorikê。另外，大多数资料都一致认为科拉克斯从事教学的时间是公元前5世纪上半叶，大约在公元前466年左右。② 如果科拉克斯或提西阿斯早在公元前466年就使用了rhêtorikê一词，该词就应当出现在其某一残篇上，或至少应当被那些熟悉他们公元前387年前作品的某人提起。我们或许可以推断，那些现存有关科拉克斯和提西阿斯的参考资料（柏拉图和亚里士多德出外）在将logos和logein作为科拉克斯和提西阿斯关注的对象时，完全代表的是一种习惯说法的使然。

那些有关科拉克斯和提西阿斯的传统叙事也可能存在观点上的谬误。有一种倾向是，由于一切皆以柏拉图和亚里士多德的言说为准，因而便想当然地认为科拉克斯和提西阿斯的technê具备两大特点：或然性（to eikos）和法庭培训。虽然两大特点其实都有其历史上的事实依据，但均遭到柏拉图和亚里士多德两人的歪曲。

即使假设eikos是科拉克斯和提西阿斯使用的术语，但问

① Donald Lemen Clark, *Rhetoric in Greco-Roman Education* (New York: Columbia U. Press, 1957), 25; Kennedy, *APG*, 58～61; Wilhelm Kroll, "Rhetoric", *RE* supp. 7 (1940): 1041～1042; Donald C. Bryant, *Ancient Greek and Roman Rhetoricians* (Columbia, MO: Artcraft Press, 1968), 30～31; Guthrie, *HGP III*, 178～179; James J. Murphy, *A Synoptic History of Classical Rhetoric* (New York: Random House, 1972), 6～7. 参Aulitzky, "Korax 3", *RE* 11 (1922): 1379～1381; Willy Stegemann, "Teisias 6", *RE* 5A (1934): 139～149; Jacqueline de Romilly, *Les Grands Sophistes dans L'Athènes de Périclès* (Paris: Éditions de Fallois, 1988), 92～94.

② Verrall, "Korax", 14; Jebb, *Attic Orators*, cxxi; Smith, "Corax", 15; Hinks, "Tisias", 62.

题是：该术语的意思是什么？在柏拉图的用法中，该术语有两个意思：在《泰阿泰德》中，该词被用来与几何论证比较（162e～163a），因而具有逻辑意义。但是，*eikos*在《斐德若》中又被说成是*plêthei dokoun*——"大多数人所认为的"——因而具有心理学意义（273b1～2）。当*eikos*到了亚里士多德笔下，它又被赋予了与确定性（certainty）相对，并可能存在于肯定前提或三段论中的专业的逻辑意义 [《修辞学》（特别是）1357a34；《分析前篇》（*Prior Analytics*），70a4]。①
然而，如果我们因此便认为科拉克斯和提西阿斯理解的*eikos*就是柏拉图和亚里士多德两人限定的意义，这便是一种毫无道理的推论，因为没有证据表明科拉克斯和提西阿斯是在构建一种
51 柏拉图和亚里士多德所寻求的知识学理论或逻辑学理论。在希罗多德（7.103）、修昔底德（1.121，4.17，6.18）、埃斯库罗斯（《阿伽门农》575）和索福克勒斯 [《菲罗克特忒斯》（*Philoctetes*），230] 等人笔下，*eikos*的意思是"可能的"、"恰当的"、"满足"、"正好"或"合理"。因此，正如哈夫洛克指出，一个词在句型结构中从作为形容词或副词向作为单数中性结构的转换（如中性单数加中性形容词或副词结构中用全称冠词），就可能标志着该词作为专用术语的专用意义的开始。②
但遗憾的是，我们无法找到科拉克斯和提西阿斯使用柏拉图和亚里士多德笔下的那种中性单数构词（*to eikos*）的证据。

正如史密斯和辛克斯指出，科拉克斯和提西阿斯其实并不可能提出一套优于缜密细致推理逻辑的"或然性"逻各斯理论，③

---

① William M. A. Grimaldi, *Studies in the Philosophy of Aristotle's Rhetoric* (Weisbaden: Franz Steiner, 1972), 104～115; Grimaldi, *Commentary*, 61～63.

② Eric A. Havelock, "Task", *Language and Thought in Early Greek Philosophy*, ed. Kevin Robb (LaSalle, IL: Hegeler Institue, 1983), 55; Bruno Snell, *The Discovery of the Mind* (Oxford: Basil Blackwell, 1953), ch. 10.

③ Smith, "Corax", 21～42; Hinks, "Tisias", 63.

同样不可能的是，就像格思里描述的那样，"修辞的发明是作为对'或然'而非'事实'的引进"。① 很可能科拉克斯和提西阿斯想要做的仅仅是教授那些未来的辩手怎样辩得合理，并进而怎样辩得令人信服。在如是努力中，逻各斯全新的理性主义精神无疑比史诗中的任何东西都更为有用。

　　第二个有关科拉克斯和提西阿斯的传统观点是，论辩技艺（*technai*）促成了庭辩培训手册的流行。问题是，那些早期著述是以何种方式提出了后来被我们称之为"法庭修辞"者的？现当代学者明显是受到亚里士多德《修辞学》关于法庭修辞观点的影响，认为那些早期著述在特点和功用上基本是一致的，也就是说，认为那些"小册子"的功用是作为"操作手则"来培训未来的诉讼当事人。克拉克（Clark）指控小册子代表了最坏的修辞学："整个修辞学的目的成了怎样去赢得诉讼，怎样以圈套或陷阱去赢得裁决。如果真理被如此践踏，将是最糟糕不过的了。"② 虽然并非所有关于早期修辞手册的评价都如克拉克一样严厉，但一般都认为就未来的诉讼当事人而言，言说的需求是明显和不言自明的，科拉克斯和提西阿斯正好填补和满足了这样的需求。

　　但是，常常被修辞史学家忽略的一个事实是，法庭主要创建于公元前5世纪。杀人案审理的法庭或许还更早一些，但审理财产纠纷的普通法庭的兴起大致和早期智术师的出现是在同一时间。③ 因此，法庭的出现和论辩技艺（*technai*）的兴起绝非一种严格的因果关系，而很可能是一种相互依存和互动发展的关系。换言之，那些通常被称作早期智术师的庭辩规则很可能仅仅是法

---

①　Guthrie，HGP III，178；强调为笔者所加。

②　Clark，*Greco-Roman*，25.

③　Garner，*Law and Society*，39～48。亦参Michael Gagarin，*Early Greek Law*（Berkeley：U. of California Press，1986）。

庭上的反证（*antilegein*）。哈夫洛克早就看到这种可能性，他认为柏拉图的《普罗塔戈拉》和公元前5世纪的文献暗含的意思是，智术师先制定的是政治话语的行为规则。[①] 这在现代人听来似乎有些奇怪，因为教学和法庭程序分属两个完全不同的领域。但是，两者在公元前5世纪还没有如此严格的区分。假设有这样一种情况，当普罗塔戈拉在公元前444年被伯里克利选来制定图利城的法律时，其他智术师完全有可能参与到编写法庭辩论程序的手册中来。例如，作为演讲分析和组织指南，即使被认为是科拉克斯和提西阿斯拟定的演讲基本结构，无论对听众还是演讲者来说都是大有用处的。[②]

前面的分析至少初步表明，一旦将科拉克斯和提西阿斯从柏拉图和亚里士多德传统中割裂开来考察，展现在我们面前的图景又是多么的不一样。因此，不仅称他们为 *rhêtorikê* 的发明人是一种误解，我们对他们所作所为的理解也会因标准叙述而被扭曲。

可能有人会提出的不同观点是，还没有明显的原因能够解释为什么亚里士多德要误导他的读者。然而，正如我们在第二章所提到的，亚里士多德一直企图将自己的哲学体系与前人进行对比，有时出于对比的需要，甚至还会不惜歪曲前人的观点。[③] 由此看来，亚里士多德将修辞的起源归为或然性研究就不足为怪了，因为他可借此将修辞史纳入自己的逻辑体系，并从而使自己的观点始终处于先在的位置。为使自己的观点成为定论，亚里士多德不惜虚构某些前苏格拉底哲学史的史实。同样，他把科拉克斯和提西阿斯设计为或然性修辞鼻祖的目的也可能是如出一辙，其动机是能让自己的《修辞学》成为学科发展中的终结性著作。另

---

① Eric A. Havelock, *The Liberal Temper in Greek Politics* (New Haven: Yale U. Press, 1957), ch. 8.

② Smith, "Corax", 19~20.

③ Harold Cherniss, *Aristotle's Criticism of Presocratic Philosophy* (New York: Octagon Books, 1935); Havelock, "Task".

外，由于集理论大成为一体的《修辞术汇编》也收录了科拉克斯和
提西阿斯的，这一事实也使得我们对其动机的推测显得更为合理。

此外，亚里士多德在失传的《智术师》对话中也将前苏
格拉底时期的恩培多克勒（公元前494～434年）尊为修辞学
创始人［塞克斯都·恩皮里柯《反逻辑学家》（*Against the* ₅₃
Logicians），I.6；昆体良，3.1.6；DL 8.57］。现代学界对此的
评价存有较大分歧：奥布里恩（D. O'Brien）在自己的书中强
调了亚里士多德史料的可信，但却只字未提其有关恩培多克勒和
修辞学的观点。① 对此持极度相左观点的是兰布里迪斯（Helle
Lambridis），他强调自己对亚里士多德观点的拒斥，是因为他
认为修辞学"是用看似理性的论据来掩盖无知；简而言之，修辞学
是一门欺骗的技艺"。修辞学家"无信仰可言，也无自己的理论阐
述"。由于兰布里迪斯认为恩培多克勒是一位"执着追求真理的哲
人"，因而也拒绝承认存在恩培多克勒创建修辞学的可能性。②

另外两项有关恩培多克勒的研究则提供了较为中庸的观点。
格思里未对亚里士多德的观点做什么评价，但他提到高尔吉亚据
说是恩培多克勒的学生（DK 82 A3，A11），并指出"高尔吉亚
是通过实例而不是条文来教授（修辞），因为他的经历和他的诗
歌都印证着有关他是一位杰出的演说家的评价"。③ 赖特（M. R.
Wright）对此也明显持同样的观点，但他同时也注意到恩培多克
勒在阿克拉加（Acragas）明显是代表民主派在进行说服演说，
并取得了成功。由于没有尚存的残篇，因而也无从评价其"发明
或创建的"是什么。④

---

① O'Brien, *Empedocles' Cosmic Cycle*（Cambridge：Cambridge U. Press，1969）.

② Helle Lambridis, *Empedocles*（University，AL：U. of Alabama Press，
1976），25～26.

③ Guthrie, *HGP II*, 135.

④ M. R. Wright, *Empedocles：The Extant Fragments*（New Haven：Yale U.
Press，1981），6～9.

同科拉克斯和提西阿斯说一样，无论恩培多克勒教授的是什么，其所传授的东西在当时都完全不可能叫作修辞。若是如此，那么，亚里士多德又是以什么理由要认为恩培多克勒创建了修辞学呢？或许问题永远不会有肯定的答案，但要做出某些解释却并非不可能。按照格思里的观点，亚里士多德的对话有可能是柏拉图同名对话的扩充或解释，"意在使柏拉图的观点更加与时代合拍"。[1] 如果亚里士多德在《智术师》中真是想让柏拉图的定义升级合拍的话，他肯定也评价过普罗塔戈拉和高尔吉亚等公元前5世纪的著名智术师。由于修辞学到亚里士多德的时代早已是有明确定义的学科，他肯定是想通过高尔吉亚的老师恩培多克勒的讨论，给修辞学一个更加荣耀的名分，因为恩培多克勒是他一向尊重和评价极高的哲人。[2] 确实，恩培多克勒当时在诗歌上有所创新，作为一位成功的演说家在说服上也极负盛名。因此，两者的结合可以让人更加相信他是修辞学发明者当仁不让的候选人，因为修辞是带有诗歌风格的逻辑话语，这一风格后来又在高尔吉亚等人的写作中得到进一步的发展。这样的解释虽然有悖于亚里士多德在科拉克斯和提西阿斯说中的解读，但除此之外，我们也很难找到其他什么两全其美的解释了。

智术师教学再思考

当然，同公元前4世纪的"修辞"相比，逻各斯远远是一个更为宽泛的术语。事实上，其宽泛程度似乎使得要在早期智术师教学上区别逻各斯和修辞已显得没太大的意义了。然而，如果把逻各斯看成某一经过严格限制和清晰定义的技艺，其界定也必

---

① Guthrie, *HGP VI*, 55.

② O'Brien, *Cosmic Cycle*, 72.

然会存在某种时序上的混乱。正如哈夫洛克指出，"如果将古希腊早期的思想史叙述成一场解决那些早已给定并呈现在我们面前的问题的思想游戏，而不是将其看成是一种新的语言探索"，那么，这样的解读"不经意间便会扭曲古希腊早期的思想。其实，在这一探索过程中，随着语言自身从口传诗歌传统中的解放，其存在的类似问题自然会慢慢地浮现出来"。①

当然，那种不假思索、武断地认为智术师教授的就是修辞的看法，其自身亦很难自圆其说，因为一旦有人说智术师是修辞教师，其话语中暗含的倾向便往往可能是，智术师行为的方方面面或许都与修辞有关。斯图亚特（Douglas J. Stewart）为普罗狄科残篇撰写的简介便是其中一例。他断言"智术师主要专注于"修辞，并且还赞同"流行的观点"，认为修辞是所有智术师的"真正兴趣"所在。所以，"他们对科学、历史或政治问题的观点和著述通常被看成是一种手段和立场，一种与其首要目的紧紧捆绑在一起的手段和立场，也就是假以教授学生怎样在文化和政治上保持机敏"。②同样，克拉森也对智术师有关语言的残篇做了一番解释："智术师的语言研究并非是出于哲学的目的，不是去考察命题表达的方法，而是出于修辞的目的去考虑怎样成功地说服他人，甚至不惜以真理为代价；如果这也能产生某些具有重要哲学意义的结果的话，那往往都是由于某种偶然性。"③肯尼迪曾经也认为，在诸如高尔吉亚等一类智术师的小册子中，"谈论的主题明显不是真正重要的东西——其随意性也是苏格拉底极力

---

① Havelock，"Task"，57。比如，Felix Heinimann对智术师意义上的*technê*的描述，归给了它一套超出现有证据可支持的发展得更为充分的专业语汇［"Eine vorplatonische Theorie der τέχνη"，*Museum Helveticum* 18（1961）：105～130 = Classen，*Sophistik*，127～169］。

② Rosamond Kent Sprague，ed. *The Older Sophists*（Columbia：U. of South Carolina Press，1972），70～71.

③ Classen，*Sophistik*，246～247；强调为笔者所加。

反对的。对智术师而言，技巧代表一切：智术师是纯粹的修辞学家"。①

55   对智术师做如是的解读明显是一种误导，因为其预设的前提是修辞学有如今天某些人所相信的那样，其地位和功能在公元前5世纪早已明显属于众所周知的东西了。这样的说法不仅忽略和低估了智术师概念的创新和知识的宽度，留给我们的智术师印象也明显随着修辞学价值的贬低而带上了偏见。金波尔的《演说家与哲人：博雅教育思想史》（*Orators and Philosophers*：*A History of the Idea of Liberal Education*）属于其中一例："因此，智术师更多关注的是说服技巧的设计，而不是真实论据的寻求。这种道德上的忽略加剧了传统伦理的分裂，也导致了对智术师的谴责。"② 即使当某位学者对修辞学赞赏有加时，但一旦当其纳入了对智术师的评价体系，其评价便会趋于过于简单化。例如，肯尼迪宣称"智术师在很大程度上是修辞学这样一门更为古老和更具生命力的技艺的产物"。③ 贡贝尔茨在其经常被人举例的书中则走得更远，以至于认为智术和修辞应完全等同。但吊诡的是，在他所经常举例的无论公元前4世纪还是公元前5世纪的残篇中，谈论的均是*logos*，而非*rhêtorikê*。④ 持同样观点的还有克洛尔（Wilhelm Kroll），他认为修辞学教学"像一道红线"贯穿了整个智术师运动。⑤

---

① George A. Kennedy, "The Earliest Rhetorical Handbooks", *AJP* 80（1959）：170.

② Bruce A. Kimball, *Orators and Philosophers*：*A History of the Idea of Liberal Education*（New York：Teachers College Press, 1986）, 17.

③ Kennedy, APG, 26.

④ Gomperz, *SR*, esp. 35～49。Gomperz 指出，普罗塔戈拉所教授的一切均来自于其所谓的"修辞中心"——*rhetorischen Mittelpunke*,（*SR*, 282）.

⑤ "So verschiedene Gesichter nun die älteren Sophisten auch zeigen, so zieht sich doch ihre Tätigkeit als Redelehrer wie ein roter Faden durch die ganze sophistische Bewegung hindurch"（Kroll, "Rhetorik", 1043）.

其实，甚至连对智术师一贯做正面描述的柯费尔德，其观点在论及修辞时也受到现代偏见的影响。在现存的早期智术师残篇中，他声称"我们已经具有不亚于现代广告技术的修辞理论元素"。按照柯费尔德的观点，智术师"启动"的修辞理论最好应理解为涵盖"整个公共关系和形象展示的技艺"。[①] 虽然柯费尔德对智术师的总体评价属最好的，但单就智术师在修辞理论历史发展中的贡献而言，我们的理解框架也并未因为此类的比较而有所进展。

然而，一旦我们接受了智术师的理论构建是 *logos* 而非 *rhêtorikê* 的观点，智术师的教学就会呈现出一幅完全不同的图画。智术师代表的是一场智识主义的运动，关注抽象思维甚于哈夫洛克所说的诗学心灵。智术师运动是前苏格拉底哲人所发动的那场"运动"的继续和延伸，是在前书写时代的思维模式仍然盛行的文化中所进行的教学和言说。[②]

智术师提出的逻各斯无论在内容还是风格上都对诗歌话语发起了挑战。具体而言，智术师引入的新话题定型成了后来的规则，[③] 而对这些话题的不同思考方式又进一步促进了风格的变化。例如，当普罗塔戈拉想要试图悬置诸神存在的问题时，他既是在挑战 *mythos*（秘索斯）的传统地位，也是在为我们现在称为神学的人类学方法做准备。在这一过程中，他需要的是论辩（arguing），而不仅仅是叙述（telling）。这种对传统思维模式的具体挑战带来的是一种全新的人文主义的逻各斯。

如前所述，智术师也促进了传统风格的具体变化，特别是智术师帮助引进和提升了作为教育媒介的散文的地位。在口传主

56

---

① Kerferd, *SM*, 82.

② Kavelock, *Preface*, 41.

③ 同上，303。

导的文化中，"游吟诗人也是教师"。[①] 但是，智术师的兴起至少部分结束了诗歌对知识的霸权，因为风格从诗歌向散文的转换并非仅仅意味着是形式上的转换。大量迹象表明，早期智术师通过对逻各斯的关注，捍卫着新生的并与神话—诗歌传统形成竞争态势的人文主义。值得注意的是，为数很少中的有那么一次，柏拉图在《王制》中将智术师称为自己的盟友，并对诗人发起了他最为彻底的攻击（600c6及c6后）。[②] 另外在《普罗塔戈拉》中，苏格拉底和普罗塔戈拉还一道分析了诗人西蒙尼德（Simonides）的一首诗（338e～348a）。人们常常把苏格拉底对诗歌的令人难以容忍的（错误）解读看成是柏拉图对诗歌和诗歌解读的不信任，[③] 但该章节也同时提及了有关普罗塔戈拉的线索："好像是看到文学批评的重要性在于批评才能的发展和语言的准确使用，而不是诗歌欣赏和理解自身的提升。"[④] 普罗塔戈拉在分析中还指出了西蒙尼德诗中矛盾的地方，并宣称如果当有人问及诗歌时能给出评价并说出理由（logos），这才是最重要的（339a）。尽管普罗塔戈拉在某种程度上容忍了柏拉图的曲解，但他还是完成了从诗歌的吟诵到批评分析上至关重要的一跳。他的分析属于元诗歌（metapoetic）意义上的分析，即诗歌已成为研究对象，而不是仅仅作为理解世界的媒介。

　　亚里士多德也为普罗塔戈拉的诗歌批评方法提供了依据，他在《论智术式辩驳》中提到普罗塔戈拉很关注语词的正确性属

---

① 同上，47。

② Michael Gagarin认为《普罗塔戈拉》意在表明苏格拉底与普罗塔戈拉在智慧和知识的重要性上观点一致；参 "The Purpose of Plato's *Protagoras*"，*TAPA* 100（1969）：133～164。

③ Guthrie，*HGP IV*，227；C. C. W. Taylor，*Plato：Protagoras*（Oxford：Clarendon Press，1976），141～148。

④ Taylor，*Plato*，141。有关智术师对诗人的分析，亦参Rudolf Pfeiffer，*History of Classical Scholarship from the Beginnings to the End of the Hellenistic Age*（Oxford：Clarendon Press，1968），32～37。

（173b17；《修辞学》，1407），在《诗学》中又提到普罗塔戈拉批评荷马在《伊利亚特》开篇应当用祈使式而不应当用命令式（1465b15）。阿摩尼阿斯（Ammonius）在批评分析《伊利亚特》中的另一章节时也引用了普罗塔戈拉的话（DK 80 A30）。《梵蒂冈逸事集》（*Gnomologium Vaticanum*）*中记载了下面这个小故事："当一位诗人由于其诗作得不到普罗塔戈拉的认同而诅咒时，普罗塔戈拉的回答是：'我尊敬的先生，我宁愿忍受您的抱怨也不愿忍受您的诗歌。'"（DK 80 A25）总之，种种迹象均表明普罗塔戈拉通过将诗歌作为批评分析对象而完成了与诗歌传统的决裂。当然，文化传统的决裂明显是不够彻底的，因为各类神话-诗歌传统的书写习惯对普罗塔戈拉和他同时代的智术师都有着极大的影响，甚至在亚里士多德的著作中，荷马的影响也清晰可见。但是，从对诗人一般意义上的抱怨（赫拉克利特）到对其诗作的批评分析和评价（普罗塔戈拉），这无疑是迈出了意义重大的一步。

　　虽然普罗塔戈拉似乎是第一个抛弃神话-诗歌传统的智术师，但事实上所有智术师都是如此，他们对逻各斯都是情有独钟。例如，高尔吉亚在《论非存在》中高调宣称自己的理性主义传统（作为对帕默尼德的回应），并将自己与神话-诗歌传统对立起来；①他在《海伦颂》中也盛赞逻各斯的力量，并将诗歌尊为"带音步"的逻各斯（DK 82 B11，第9行）。高尔吉亚可能还以普罗塔戈拉同样的方式，用某些"科学"理论批判性地分析了荷马（DK 82 B5，B27，B31），②斐罗斯特拉托斯也宣称高尔吉亚创建了即席演讲（extemporaneous oratory）。虽然高尔吉亚

　　＊　（译按）*Gnomologium Vaticanum*是拜占庭时期出现的一部关于古希腊哲人及其他名人的言论和逸事的汇编集。

　　①　Kerferd, *SM*, 93~100.

　　②　Segal, "Gorgias".

著名的风格是那种明显带有神话-诗歌传统的强节奏句式，但对其教学和实践，几乎没有人置疑过他在转向中的代表性地位。

对其他的智术师而言，普罗狄科的兴趣是在*orthos logos*、*orthotês onomatôn*和*orthoepeia*等语言的正确使用上，① 希庇阿斯则是以记忆的天才见长。虽然其记忆放在人人都能熟记荷马和赫西俄德的时代可能算不了什么，但其天才可能在于他对非诗歌话语的记忆，因而也算得上某种有意义的成就。当然，也有人指出希庇阿斯是第一位"系统编撰"或收集前辈学者观点的人。② 总之，散文的兴起使得诗歌和神话首次成为知识的对象得以保存、处理和重组，以便日后进行批评分析。

58　　如果我们将智术师看成某种承上启下的形象，或许其话语可以得到更好的理解：他们对逻各斯偏爱有加，但自身又无法完全摆脱神话-诗歌传统的影响。正如康纳斯（Robert J. Connors）在分析公元前5和前4世纪的演说家时指出，智术师的演讲仍然受制于前书写时期的听众听的需求。例如，高尔吉亚的"宏大风格"在大约公元前350年后的读者看来似乎有些不可思议和做作，因为那时书写已经非常普遍。但是，这种风格在公元前5世纪又会让人感到印象深刻和富有魅力，其原因部分是因为口传文化在那时仍然盛行，诗歌的句型和风格能让人重新唤起游吟诗人的那种"魅力"。③ 在尚存的智术师残篇中，特别是高尔吉亚和普罗塔戈拉的残篇中，神话-诗歌文化的印迹还清晰可见。因此，看到亚里士多德在《修辞学》中说散文最先都像高尔吉亚的那样带有诗歌风格的评论也就不足为怪了（1404a24）。当然，即使希庇

---

① DK 84 A9；Plato，《普罗塔戈拉》337a；《欧绪德谟》277e；Kerferd，*SM*, 68 ~ 77。

② Bruno Snell, Die Nachrichten über die Lehren des Thales, *Philologus* 96（1944）：119 ~ 128（= Classen, *Sophistik*, 478 ~ 490）；Kerferd, *SM*, 48 ~ 49.

③ Robert J. Connors, Greek Rhetoric and the Transition from Orality, *PR* 19（1986）：46 ~ 49.

阿斯和高尔吉亚穿上游吟诗人的紫色红袍也不会让人感到惊讶，因为从某种意义上来说，智术师就是散文中的游吟诗人，其话语既有教育也有愉悦（DK 82 A9）。像其他前苏格拉底哲人一样，公元前5世纪的智术师"游弋于书写与非书写之间"，[1] 既受制于耳朵和诗歌句法及风格的需求，也享受着发展和推进口头散文的自由。正因为如此，才有了逻各斯技艺的引入。我们在下一章讨论的话题将是最近学术上关注的智术师对修辞和逻各斯的理论化思考。

---

[1] Havelock，"Task"，9。有关高尔吉亚散文风格的详细分析，参Schiappa，*The Beginnings of Rhetorical Theory in Classical Greece*（New Haven：Yale U. Press，1999）一书第6章。

第四章

理解智术师的修辞理论

　　就智术师与修辞的关系而言，尽管现有资料表明，智术师并未使用过 *rhêtorikê* 来描述自己的学说，但这并不妨碍我们还原其修辞理论的可能性，也不能就此便断定其不值得一试：可能性在于公元前5世纪智术师的 *logos* 和公元前4世纪的 *rhêtoreia* 和 *rhêtorikê* 明显有（尽管不完全限于）先后和承续的关系；值得一试则在于，哪怕出于历史的原因，我们也应当对智术师的所为以及其后解读上的扭曲做进一步了解。

　　本章的重点仍然放在智术师有关话语的理论的实践上。我试图通过甄别两种不同的解读方法和纠正某些我认为唐突的结论，进一步还原其修辞理论，并从历史的角度解读智术师对早期修辞理论史所做的贡献。

历史重构与当代挪用

　　在过去的30年中，人们对智术师与修辞学关系的兴趣与日俱增。贡贝尔茨1912年出版的经典《智术师与修辞》（*Sophistik* *und Rhetorik*）最近得以再版，《双重论证》的首次完整研究也已问世。① 柏拉图传统对智术师的忽视已部分让位于人们对智术师修辞理论中美学和哲学层面的尊重。例如，人们已开始追问智术师风格与古希腊文化转型的关系，并且也在论证亚里士多德《修辞学》中的智术师影响，② 波拉克斯颇具创新意义的《走向智术师的修辞定义》一文也在试图厘清智术师有关修辞技艺的"具体观点"。③ 另外还有多篇文章也考察了智术师修辞的哲学层面，包括高尔吉亚和普罗塔戈拉等人的哲学层面。④ 其他还有一些堪称范例的单个智术师研究，包括安提丰对论证与司法辩护的贡献、高尔吉亚的《海伦颂》，以及普罗塔戈拉关于"强/弱"逻各斯残篇等的研究。⑤

---

① T. M. Robinson, *Contrasting Arguments*: *An Edition of the Dissoi Logoi* (Salem, NH: Ayer, 1979).

② Robert J. Connors, Greek Rhetoric and Transition from Orality, *PR* 19 (1986): 38～65; Richard L. Enos, "Aristotle's Disservice to the History of Rhetoric" (Paper presented at the Speech Communication Association Convention, Washington DC, 1983), 及 "Aristotle, Empedocles, and the Notion of Rhetoric", *In Search of Justice*: *The Indiana Tradition in Speech Communication*, ed. R. Jensen and J. Hammerback (Amsterdam: Rodopi, 1987), 5～21; John Poulakos, "Aristotle's Indebtedness to the Sophists", *Argument in transition*: *Proceedings of the Thord Summer Conference on Argumentation*, ed. David Zarefsky, Malcolm O. Sillars, and Jack Rhodes (Annandale, VA: Speech Communication Association, 1983), 27～42。

③ John Poulakos, Toward a Sophistic Definition of Rhetoric, *PR* 16 (1983): 35～48.

④ Richard A. Engnell, Implications for Communication of the Rhetorical Epistemology of Leontini, *WJSC* 37 (1973): 175～184; Richard L. Enos, "The Epistemology of Gorgias' Rhetoric: A Re-examination", *SSCJ* 42 (1976): 35～51; Bruce E. Gronbeck, "Gorgias on Rhetoric and Poetic: A Rehabilitation", *SSCJ* 38 (1972): 27～38; David Payne, "Rhetoric, Reality, and Knowledge: A Re-Examination of Protagoras' Concept of Rhetoric", *RSQ* 16 (1986): 187～197。亦参Michael Gagarin, *Antiphon the Athenian* (Austin: U. of Texas Press, 2002); Bruce McComiskey, *Gorgias and the New Sophistic Rhetoric* (Carbondale: Southern Illinois U. Press, 2002); Scott Consigny, *Gorgias*, *Sophist and Artist* (Columbia: U. of South Carolina Press, 2001)。

⑤ Richard L. Enos, "Emerging Notions of Argument and Advocacy（转下页）

　　智术师研究中有一部分新的兴趣聚焦在有关智术师的洞见与当代修辞理论的契合上。司各特（Robert L. Scott）颇具影响的《论作为知识论的修辞学》一文将图尔敏（Stephen Toulmin）与高尔吉亚和普罗塔戈拉放在一起，提出了近几十年来最具争议的修辞理论解读。① 更晚近的还包括智术师讨论所激发的很多新的研究视角，其中包括编年史、政治理论、"可能性修辞"的存在主义式理论、"人文科学修辞学"、写作理论、意识史以及文化批评的意识形态基础等。②

　　就智术师研究的解读方式而言，颇为重要的一点是其概念的定位问题。简而言之，我认为就是当我们阅读或写作时，应当时时清楚自己的所为，以及确认自己的方法与目的是否契合等。对

（接上页）in Hellenic Litigation: Antiphon's 'On the Murder of Herodes' ", *Journal of the American Forensic Association* 16（1980）: 182～191; Michael Gagarin, The Nature of Proofs in Antiphon, *CP* 85（1990）: 22～32; John Poulacos, "Gorgias' 'Encomium to Helen' and the Defense of Rhetoric", *Rhetorica* 1（1983）: 1～16; Alexander Sesonske, To Make the Weaker Argument Defeat the Stronger, *JHP* 6（1968）: 217～231.

　　① Robert L. Scott, On Viewing Rhetoric as Epistemic, *CSSJ* 18（1967）: 9～16; Michael C. Leff, "In Search of Ariadne's Thread: A Review of Recent Literature on Rhetorical Theory", *CSSJ* 29（1978）: 73～91.

　　② Susan C. Jarratt, Toward a Sophistic Historiography, *Pre/Text* 8（1987）: 9～26; John S. Nelson, Political Theory as Political Rhetoric, *What Should Political Theory Be Now?* ed. Nelson（Albany: SUNY Press, 1983）, 169～240; John Poulakos, "Rhetoric, the Sophists, and the Possible", *CM* 51（1984）: 215～226; Michael C. Leff, Modern Sophistic and the Unity of Rhetoric, *The Rhetoric of the Human Sciences*, ed. John S. Nelson, Allan Megill, and Donald N. McCliskey（Madison: U. of Wisconsin Press, 1987）, 19～37; Richard L. Enos, "The Composing Process of the Sophist: New Directions for Composition Research", *Occasional Paper*（Berkley: Center for the Study of Writing, 1989）; Susan C. Jarratt, The Role of the Sophists in Histories of Consciousness, *PR* 23（1990）: 85～95; John Poulakos, Sophistical Rhetoric as a Critique of Culture, *Argument and Critical Practices: Proceedings of the Fifth SCA/AFA Conference on Argumentation*, ed. Joseph W. Wenzel（Annandale, VA: Speech Communication Association, 1987）, 97～101.

研究修辞的人来说，特别重要的是应区别古希腊智术师研究中的两种不同路径，这就是新智术师修辞理论和批评的构建，以及智术师学说的历史重构。

其实，在当代修辞理论和批评与历史重构之间，仍存在着一个很重要的区别，因为虽然两者都涉及解读，但前者是智术师理论的现代应用和延伸，后者则是偏重历史的事实。再有，虽然两者都值得一试，但只有将两者加以区分，我们的讨论才可能具有价值。

罗蒂（Richard Rorty）在历史重构和理性重构（或"当代挪 66 用"）之间划出了一道十分有用的分界线。① 就古代哲学而言，历史重构要求忠实于古典语文学的方法与实践，因为该方法试图用前辈哲人自己的话语和知识语境尽可能地重构其思想。正如麦金（Stephen Makin）所言："历史重构在于描述某位前辈哲人对他或她的同代人已经或将要进行的言说。这位先哲也用不着削足适履，以适应我们的话语和立场。"与此相反，"理性重构则是将某位思想家（多数情况已经过世）纳入我们自己的哲学框架。在对某位哲人思想的理性重构中，我们甚至还可能构建出某些连哲人自己都未提出的法则"。②

当代挪用与历史重构的区别在于其方法和目的不同。由于历史重构的目的是尽可能捕捉过去的历史本身，因此，历史学家和语文学家的方法，特别是语文学家解读经典著作的方法就再合适不过了。相反，当代挪用的目的是为当代学者提供一种批评视角，因此，在解读前辈作者怎样通过其文本向当代读者言说的过程中，读者的价值需求便使其更加注重解读的创新而非过于严格

---

① Richard Rorty, "The Historiography of Philosophy: Four Genres", *Philosophy in History*: *Essays on the Historiography*, ed. Richard Rorty, John B. Schneewind, and Quentin Skinner (Cambridge: Cambridge U. Press, 1984), 49~75.

② Stephen Makin, "How Can We Find Out What Ancient Philosophers Said?" Phronesis 33 (1988): 122; 强调为笔者所加。

的字句解读。

历史重构和当代挪用在修辞研究上的区别，可从对亚里士多德《修辞学》一书的不同解读方法中得到展示。例如，诸如像格里马蒂（W. M. A. Grimaldi）的《亚里士多德〈修辞学〉的哲学研究》（*Studies in the Philosophy of Aristotle's Rhetoric*）和他有关《修辞学》的评论等一类著作，其目的明显是想让现代读者的理解更加贴近历史语境中亚里士多德的原初思想解读。① 尽管当代学者一般都尽可能在回避作者的"意图"，但实际存在的情况却是，历史重构往往都要求其还原和重构作者或作者同时代人当时对文本的理解和解读。

与此相反，新亚里士多德理论和批评则是让亚里士多德适应现代人的语境，因而只能部分承诺对亚里士多德《修辞学》的历史解读。② 有鉴于此，新亚里士多德理论只能归入一种以修辞批评为目的的当代挪用。虽然新亚里士多德理论有时也对亚里士多德的意图有不同争议，但大多数学者都一致认为，亚里士多德根本没有让其著作成为修辞批评指南的意图。此外，在叙述当代修辞理论和批评时，也鲜有新古典主义者觉得有义务必须紧扣亚里士多德的《修辞学》文本。③ 新亚里士多德理论无疑是受到了某

67

---

① William M. A. G. Grimaldi, *Studies in the Philosophy of Aristotle's Rhetoric* (Wiesbaden: Franz Steiner, 1972), and *Aristotle's Rhetoric: A Commentary*, 2 vols. (New York: Fordham U. Press, 1980, 1988)。亦参 Keith V. Erickson, *Aristotle: The Classical Heritage of Rhetoric* (Metuchen, NJ: Scarecrow Press, 1974), and Aristotle's Rhetoric: Five Centuries of Philological Research (Scarecrow Press, 1975)。

② Sonja K. Foss, *Rhetorical Criticism: Exploration and Practice* (Prospect Heights, IL: Waveland Press, 1989, 71~80。有关古典修辞学在当代理论思考中的应用以及误用，可参Kathleen E. Welch, "A Critique of Classical Rhetoric: The Contemporary Appropriation of Ancient Discourse", *Rhetoric Review* 6 (1987): 79~86。

③ G. P. Mohrmann and Michael C. Leff, "Lincoln at Cooper Union: A Rationale for Neo-Classical Criticism", *QJS* 60 (1974): 459~467.

种特定历史观的影响，但重要的是这种历史观即使有，也很少作为新方法的评价基础。其实，布莱克（Edwin Black）对新亚里士多德批评的批评能获得首肯，其部分原因也是因为新亚里士多德批评误读了亚里士多德。布莱克一直坚持的批评观点是，从实践的角度看，新亚里士多德理论已再无法满足今天的修辞理论和批评了。①

如果我们能分清新亚里士多德修辞批评与亚里士多德修辞理论的历史重构之间的区别，我们自然也就能分清智术师修辞理论中的当代挪用与历史重构的不同了。例如，勒夫（Michael C. Leff）的《现代智术与修辞的整合》和加纳特（Susan C. Jarratt）的《走向一种智术师式的历史书写》等文章明显是智术师理论古为今用的尝试，② 这些文章属于当代挪用的例证，其关注更多偏重的是创新和现代整合，而不是严格意义上的历史精准。与此相反，埃诺斯（Richard L. Enos）、柯费尔德、格思里和肯尼迪等人，则无疑代表着历史重构的努力。

就价值判断的意义而言，历史重构不仅有其内在价值，也有其工具意义上的价值。内在价值在于历史知识的出发点是理解特定人物、地点和事件自身的独特性。如果智术师有研究的价值，那么，也就是说其自身便具有值得研究的可取之处。罗蒂认为，"重新复原古人当年的知识场景是十分有用的"，因为"只有当我们用括号尽可能地把我们自己的历史语境加以悬置，才有可能获取存在的知识——历史知识"。③ 恰如其分的历史重构"有助于辨认那些不同于我们自己的知识及生活形式"。④ 只有这样，我们才可能知道"什么是必然和仅仅出于我们自身偶然性的非必

---

① Edwin Black, *Rhetorical Criticism*：*A Study in Method*（New York：Macmillan，1965）.

② Jarratt，"Historiography"；Leff，"Modern Sophistic"．

③ Rorty，"Four Genres"，50.

④ 同上，51。

然之间的区别"。认识到这一点是"意识自觉的关键所在"。①

　　如果仅仅是为历史而历史还不太具有说服力的话,我们还可以从工具理性的角度来看历史重构的意义。历史研究的目的在于启迪我们对现实的理解,因此,严肃地对待过去则会给我们带来更多和更好的启迪机会:"如果思想不能冲破现实的束缚,则将永远是禁闭在原地的囚徒。"② 从现当代的视角看,这些历史上的问题或许可能是最为烦味和最没兴趣的,但又正是这些问题自身却最具启迪意义,"因为它们包含的元素或许对某一个时代具有特殊的意义,虽然对后世来说或许是索然无味的。"③ 因此,在我们"用"历史之前,首先应当正确地理解历史。④

　　我这里并非只是看好历史的重构而排斥当代的挪用。和罗蒂一样,我认为两者皆可为但又不能同时为之。⑤ 如若不然,历史描述往往会成为某些时髦哲学理论早期预测的自我断言。有一种倾向是,我们可以通过古希腊哲学的寻根来提升当前的理论威望,这在智术师问题上尤为盛行。因此,作为群体的智术师已经被看作诸多思想的先行者,包括"反唯心主义、实证主义、自由主义、唯物主义,无论是辩证的还是其他的唯物主义,等等"。⑥ 普罗塔戈拉的情况则更具代表性,因为他被冠以各种头衔,从怀疑论到实证主义(见第一章)。普罗塔戈拉的例子正好见证了布卢姆(Allan Bloom)的话:"如果我们按照自己的个

---

① Quentin Skinner, Meaning and Understanding in the History of Ideas, *History and Theory* 8 (1969): 52 ~ 53.

② Allan David Bloom, The Political Philosophy of Isocrates (Ph. D. diss., University of Chicago, 1955), 233.

③ 同上。

④ Alasdair MacIntyre, Whose Justice? Which Rationality? (Notre Dame: Notre Dame U. Press, 1988).

⑤ Rorty, "Four Genres", 49.

⑥ Kerferd, *SM*, 13.

人好恶来研究历史，那么，随处见到的都将是我们自己。"①

　　其实就某种意义而言，前一章中的论述本身就是对智术师话语的历史重构和还原的进一步论证：希腊文中修辞（*rhêtorikê*）一词出现于公元前4世纪初，因此，任何宣称公元前5世纪（早期智术师时代）便有修辞学定义和理论的观点肯定都应当受到置疑，除非其修辞学不是我们所说的有严格固定概念和学说的语言技艺。

　　持不同意见者可能会说，*rhêtorikê*一词的缺位并无大碍，即使没有*rhêtorikê*这个单词，自觉意识的演讲实践仍然存在，即使在今天仍不乏有讨论的意义。正如一位学者所言，史前时期没有表示引力的单词，这并不意味着史前时期就不存在这类引力。当然，我们可以认为在*rhêtorikê*出现之前，早就存在着我们现在称之为"修辞"的推论实践。虽然*rhêtorikê*的缺位并不影响我们从现代修辞学的角度（通过当代挪用）来审视智术师的思维，但术语相对出现较晚的事实却使我们不得不从历史的角度去考察有关语言早期的理论描述，因为专业术语往往是伴随着学科的出现应运而生的。因此，任何对古希腊早期修辞理论发展的历史重构，都必须严肃面对*rhêtorikê*出现时间相对较晚这一事实。② 为此，我将特别转向波拉克斯有关智术师修辞定义的讨论，以便阐明与此相关的一些问题。

---

　　① Bloom, "Isocrates", 233.

　　② 科学史的类比有助于从历史和理性重构的不同视角阐明某一概念词汇演进的意义。今天我们所说的氧气对18世纪研究燃素（phlogiston）的人来说是"抽去了燃素的空气"。从现代化学的角度看，为了理解当时研究燃素的人到底在做什么，用现代化学理论来"理性重构"燃素理论也是百无一害的。然而，从"燃素"到"抽去了燃素的空气"再到"氧气"的理论过渡，理当引起化学家史家的注意。从历史的角度看，如果我们强行要用后来才有的概念取代历史上的概念，我们就无法完全理解这一化学上的理论演化过程。

波拉克斯的智术师修辞定义

为展示有关区别历史重构与当代挪用的重要性，我在本章节将重点考察智术师修辞理论中一个最新和最为流行的观点。[①] 我的论点是，虽然有好些波拉克斯的著作被尊为新智术师修辞批评的样本，但如果从历史重构的视角看，这些同样的著作中也存在需要修正的地方，其中明显涉及的一个问题是：如果我们将波拉克斯这一颇有影响的讨论判定为历史重构，我们的这一判断是否公正和合适？这是一个很重要的问题，其原因在于时序的错置对当代批评来说虽然并无大碍，但对历史研究来说却至关重要。我认为随后论及的事实将足以表明，由于波拉克斯至少有部分时间是花在历史重构上的，因而在方法论上对其做如是的评判将是可行的；或者我们至少应当明白的是，就其观点的评判而言，波拉克斯需要在概念上予以厘清。

波拉克斯在《走向智术师的修辞定义》一文中提出："我们必须重新考察尚存的智术师及有关智术师的残篇，寻找其可能表达的修辞学观点。这正是本文的目的。特别应当指出的是，本文意在衍生出'智术师'关于修辞的定义，并讨论其中蕴含的某些重要的言外之意。"[②] 此外，文章的绝大部分篇幅都是在对智术师的所教、所想和所为进行特定的历史表述，在论及智术师以某种特定的方式构思修辞时也都一一举出了具体事例：安提丰谈风格，特拉绪马科斯（Thrasymachus）论写作，高尔吉亚谈说服，普罗狄科论修饰，希庇阿斯谈吟诵，克里蒂亚论言说，普罗塔戈拉则在坚持着某些立场。文中还称"时间问题"是智术师的

---

① Poulakos关于智术师及修辞的研究获得全国性研究奖，便足以证明其研究的重要性。参 "SCA Awards Presented at Annual Meeting", *SPECTRA Newsletter* 22：1（Jan. 1986），1。

② Poulakos, "Toward", 35.

"兴趣所在"，并由此"导出'适当'（*to prepon*）这一相关概念"。波拉克斯在文中还明确拒绝承认自己"在修辞领域引入了新的概念"，他把自己的所为仅仅描述为意在表达和强调"我们现有的某些有关修辞的概念来自智术师"。[①]当然，波拉克斯的 70 这篇文章并非是要描述一个现代版本的智术师理论，而是想通过一系列描述来还原历史上智术师有关修辞的所言和所为。波拉克斯另一篇相关的文章还考察了早期智术师和亚里士多德之间的历史和理论上的渊源，并指出了某些由智术师"专为修辞设计的概念"。这些由智术师"提出"的概念也是意在为话语结构"设置规则"。[②]波拉克斯最后的结论是，无论从历史还是理论的角度看，亚里士多德都受惠于智术师。根据以上的描述，我认为将波拉克斯定位于历史重构是公正的。但尽管如此，就其目的和方法而言，其中仍有很多模棱两可和闪烁其词的地方值得我们展开进一步的讨论。[③]

　　一旦定位于历史重构，我们便可以从理论和具体的角度来切入波拉克斯智术师定义的讨论了。从理论的层面看，我认为波拉克斯传承的是一种已不再适用于早期古希腊思想研究的概念传统。该传统被罗蒂描述为"学说汇编传统"（doxography）。罗蒂抱怨说很多哲学的历史叙述都是将讨论的话题看成是已知或概念常数。罗蒂将这种倾向归结于一种代表哲人对待其分析对象

---

　　① 　同上，46。

　　② 　Poulakos, "Indebtedness", 31.

　　③ 　Poulakos的闪烁其词正好显示了其研究中历史目标与当代目标之间的紧张。在一篇讨论高尔吉亚《海伦颂》的文章中，Poulakos列出了一系列特殊的历史条件，来证明高尔吉亚的演说意在巧妙间接地为公元前5世纪的修辞技艺进行辩护。但是，他在文章的结论处又说不管高尔吉亚的目的如何，演说的解读应当固守其现存的文本本身。如果在*rhêtorikê*的时间问题上我的观点正确，那么，Poulakos认为海伦代表*rhêtorikê*的阴性形式（正如Penelope在高尔吉亚笔下的其他地方代表*philosophia*一样）则完全不可信，虽然其仍然委婉地表明演说可根据情况做相应解读。参Poulakos，"Gorgias", 4～7, 15～16。

的自然态度："这种观点将'哲学'看成是一种自然类别的名称——一种学科的名称，一种在所有时间和所有地点都设法挖掘同样深度和同样基础问题的学科的名称。"[①] 因此，标准的哲学史叙述的是不同的哲人有关X的研究或理论——其中X可以是知识论、存在论、修辞学，等等。其实，大多数修辞史也都以此同样的方式在切入各自的主题。肯尼迪那本颇有影响的修辞史便是其中一例，书中论及技艺的、智术师的和哲学的三种传统，代表了持续贯穿于修辞史乃至"整个西欧历史"的组成部分。[②] 但是，这样的分类存在着一个明显的问题，其过于严格的三分模式可能会低估历史上某些特定的细微差别，[③] 传统之间的共同之处没有得以强调，而原本需要强调的某些特定历史语境也可能被随之遗漏。[④]

　　虽然波拉克斯对肯尼迪的智术师理论提出置疑，但其置疑的方式仍保留了肯尼迪三分模式的完整性。波拉克斯坚持认为，修辞中存在着一种明显不同的智术师修辞观，它可与其他相左观点进行比较并形成对比。[⑤] 我接下来将就狭义的智术师修辞观内涵展开讨论，看其是否真属于修辞学本身的一个部分。其实，智术师的修辞理论最好不要理解为对"何为修辞"这一问题的笼统回答，而应看成是对逻各斯与外在世界之间关系问题的追问过程。我们断不能认为早期智术师都是从同一个特定的视角来看修辞技艺的，相反，我们应当考察的是，智术师怎样为后来的修辞学奠

71

---

　　① Rorty, "Four Genres", 63.

　　② George A. Kennedy, *Classical Rhetoric and Its Christian and Secular Tradition from Ancient to Modern Times* (Chapel Hill: U. of North Carolina Press, 1980), 3 ~ 7.

　　③ Edward Schiappa, *The Beginnings of Rhetorical Theory in Classical Greece* (New Haven: Yale U. Press, 1999).

　　④ Carole Blair and mary L. Kahl, Revising the History of Rhetorical Theory, *WJSC* 54 (1990): 149 ~ 152.

　　⑤ Poulakos, "Toward", 37.

定了理论基础。正如哈夫洛克的评论所说："所谓早期的希腊哲学史并非是一种思想体系的历史，而是一种语言的追寻史。他们试图寻找一种原初的语言，用以表达任何体系的思想。"[①] 因此，要说肯尼迪和波拉克斯的"学说汇编"方法有错，便是错在了其预设有一种明显不同于他者的智术师修辞观的存在，错在了将修辞学认定为一门出现在公元前5世纪并已被认可有自身学说的技艺。

其实，我要表达的意思并不是说不可能归纳出智术师有关说服和话语的观点。我的立场是：（1）有关智术师的个体研究在逻辑上应先于整体观念的构建；（2）智术师早期的努力与修辞学后期的推进之间，存在着一种微妙但又具有历史意义的区别。早期的努力是在构建有关逻各斯与世界之间关系的理论，后期的推进则是将推理的策略完善为独立并有明确概念的修辞技艺的一部分。简言之，区别的展示取决于工作投入的多少。我希望接下来的讨论能为我们展示，细致的历史方法可以带来什么样的多种解读。

特别要强调的是，我认为波拉克斯提出的很多历史观点其实都没有现成的证据支撑。波拉克斯将下面这段话作为智术师的修辞学定义："作为一门技艺，修辞意欲在适当的时机抓住合适的事理并指出其可能性。"波拉克斯对智术师修辞理论的解读包括五个要素："作为技艺的修辞，作为个人表达的风格，*kairos*（时机），*to prepon*（适当性）和*to dunaton*（可能性）。"[②]

波拉克斯认为"智术师首先将修辞学看成一门*technê*（技艺）"。但问题是，*rhêtorikê* 这一术语的出现时间不是公元前5世纪，而是公元前4世纪。智术师在公元前4世纪之前使用的关键术语通常是*logos*，有时也用*logein*——其内涵远比*rhêtorikê*宽

---

① Eric A. Havelock, Linguistic Task of the Presocratics, *Language and Thought in Early Greek Philosophy*, ed. Kevin Robb（La Salle, IL: Hegeler Institue, 1983）, 8; 强调为笔者所加。

② Poulakos, "Toward", 36.

泛。如果智术师没有将自己的学说看作修辞技艺，那么，波拉克
72 斯提出智术师认为修辞的"媒介是逻各斯"，以及修辞的"双重
目标是*terpsis*（美学愉悦）和*pistis*（信念）"等均是一种误导，
因为还没有足够的证据来证明，修辞学对智术师来说已是一门有
着自己的方法和目标概念的独立技艺的结论。因此，构建智术师
修辞定义的努力只能是现代新智术师修辞理论的尝试，决不能看
成是一种历史重构。

　　波拉克斯提出的第二个要素是风格的问题。波拉克斯坚持认
为智术师是"特别擅长语言技艺之人"。这一看法就风格而言
是无可挑剔的。但是，当他又提出智术师风格是基于美学的考
虑，这就需要稍加论证了。康纳斯在《古希腊修辞与口传模式的
转换》一文中指出，早期智术师极度诗化的风格其实是公元前5
世纪口头创作模式的直接反映。[①] 如果智术师的话语在现代读者
（或书写化程度略高一点的公元前4世纪读者）读来有故意做派
的感觉的话，那是因为我们不熟悉口传文化（神话-诗歌）为主
导的思维和言说模式的缘故。康纳斯指出，以书籍为定位的书写
模式的兴起与早期智术师"宏大风格"的衰落有着直接的对应关
系。因此，智术师风格的创新直接关系到句型、词义和表达方式
的转变，标志着生活方式由神话-诗歌向理性和书写模式的转换。

　　索姆森（Friedrich Solmsen）对修昔底德不同话语风格的分
析，也为我们提供了一种颇为有效的方法来理解智术师在风格
上的贡献。[②] 索姆森认为，在公元前5世纪后期，人们便开始在
尝试使用三种表达风格的手段：对偶（antithesis）、词汇的选择
和中性词的应用。对偶形式的发展对应于对立形式的概念化方

---

　　① Connors, "Greek Rhetoric"; Tony M. Lentz, *Orality and Literacy in Hellenic Greece* (Carbondale: Southern Illinois U. Press, 1989).

　　② Friedrich Solmsen, *Intellectual Experiments of the Greek Enlightenment* (Princeton: Princeton U. Press, 1975), 83～124.

式——这是早期希腊哲学的一个主要话题。[①] 对偶的创新既见于智术师残篇，也见于前苏格拉底、伊索克拉底和柏拉图等的残篇和著作。至于词汇的选择和中性词的使用，索姆森支持的观点是，风格的变化是论题的抽象化和形式化的直接结果。因此，智术师问题的历史解读必须要处处留意公元前5世纪后期文本的形式和内容，因为两者的关系是如此紧密。如果将智术师描述成自觉的风格大师，就有可能潜在地模糊和淡化了这一问题。[②]

　　波拉克斯的智术师修辞第三要素是 *kairos*（时机），或者说 73 "机遇性的时刻"。在波拉克斯提出的五个要素中，*kairos* 是智术师话语中出现频率最高的术语。在高尔吉亚和伊索克拉底现存的文本中可以找到 *kairos*，还有普罗塔戈拉——这可以在受其影响而编撰的小册子《双重论证》中有关 *kairos* 的讨论得以进一步证实。波拉克斯承认，*kairos* 的概念可追溯到诗人和悲剧作家的用法。[③] 然而，倘若说所有的智术师都是在某种专业意义上使用

---

　　① G. E. R. Lloyd, *Polarity and Analogy*（Cambridge：Cambridge U. Press, 1966）.

　　② Poulakos, "Indebtedness", 31~32; "Toward", 37~38。在两种意义下可以说一个人具有某种"自觉"的审美意识：1）正如Carroll Arnold向我指出，就一般意义而言，所有使用语言的人都会凭"听起来正确"的经验来指导自己的口头讲述和书面写作。如果这就是Poulakos意欲追求的意义，那么，我此前的批评便偏离了目标［"Neosophistic Rhetorical Criticism or the Historical Reconstruction of Sophistic Doctrines？" *PR* 23（1990）：202~203］。然而，这样的一般意义也会产生让Poulakos的评论变得琐屑的效果。如果所有演说者和作家都具有风格批评的自觉意识，那么，Poulakos也会被步步紧逼去寻找某种独特的智术师审美意识。2）就其更为特殊的意义而言，风格的自觉意识又会给Poulakos带来另一不同问题。正如我此前已提及过的，散文话语风格的变化并不能归之于智术师对某种偏离内容的风格的喜好。我们不能剥离开时间来假设公元前5世纪的希腊也存在明显对立的审美意识，就像我们今天所说的洛可可技艺与抽象技艺之间的对立选择。参Barbara Hughes Fowler, *The Hellenistic Aesthetic*（Madison：U. of Wisconsin Press, 1989）。在此我还要感谢Wynne Wilbur在这一问题上对我的帮助。

　　③ Poulakos, "Indebtedness", 31, 41 n34。亦参William H. Race, *The Word Καιρός in Greek Drama*, *TAPA* 111（1981）：197~213。

kairos，其证据又会略显不足。因此，说某些智术师最先在其口述散文中赋予了该术语 "专业意义" 的提法是合适的。鉴于智术师使用该词的专业意义时都直接指向了逻各斯，我们也可以稳妥地得出该术语的专业意义形成于公元前5世纪的最后25年的结论。[①] 在智术师之前，*kairos*有着较为宽泛的意义，在不同的语境中可含有"适量"、"适度"和"均衡"等意义。因此，智术师文本中"适时性"的意义代表了其分析作用的某种抽象的提升。*kairos*的智术师定义指出了话语存在的适时性，虽然持这样的观点明显带有现代赋予的色彩，但*kairos*属于修辞理论发展早期的术语确实是清楚可辨的。[②]

波拉克斯提出的第四要素是*to prepon*（适当性）的概念。从公元前5世纪智术师文本中的出现频率看，作为一种自觉理论概念的*to prepon*远远要低于*kairos*。其实，波拉克斯自己也承认，*kairos*和*to prepon*在智术师理论中从未被明确称为"演讲中最为基本的价值标准"，[③] 也没有任何证据表明作为群体的智术师曾将话语理论提升到了波拉克斯所暗示的那种抽象层面。如前所示，词性的转换是一个重要的语言标记：一个词在句中从作为形容词或副词（如*prepontos*）向带全称冠词的中性单数加中性形容词或副词（如*to prepon*）的转换，标志着具有抽象意义的专业术语的出现和该词专业化过程的完成。[④] 公元前5世纪残篇或文本中*to prepon*的使用情况便很好地展示了当时智术师理论的状况，

---

① Richard C. Jebb, *Sophocles: The Plays and Fragments*, part 6（Cambridge: Cambridge U. Press, 1894）, 174 ~ 175.

② Poulakos, "Toward", 40。有关作为 "适时性"的*kairos*讨论，参Race, "*Kairos*", 211 ~ 213。

③ Poulakos, "Indebtedness", 31.

④ Havelock, "Task", 55; Bruno Snell, The Discovery of the Mind（Oxford: Basil Blackwell, 1953）, ch. 10。参Andreas Graeser, "On Language, Thought, and Reality in Ancient Greek Philosophy", *Dialectica* 31（1977）: 360。

因为中性单数结构*to prepon*只出现在先于伊索克拉底和柏拉图的高尔吉亚的文本中。因此，尽管*to prepon*让我们能洞察高尔吉亚丰富的理论层面，但若要将其看作公元前5世纪智术师修辞理论的普遍现象，就不可能那么完全可靠和理直气壮了。我不否认*kairos*和*to prepon*两词均可作为较为合适的术语来描述智术师在演讲实践中所做出的选择，但问题是智术师是否将有关话语的理论提升到了亚里士多德《修辞学》中使用术语的专业高度。现有证据表明，只有*kairos*，没有*to prepon*。

　　如果说是智术师抛出的话题碰撞出了后来演化成为修辞理论的火花，或许这也算是对他们原创性的足够褒奖了。因此，没有必要认为公元前5世纪智术师在修辞技艺上就有自己清晰的观点，当然更用不着强忍着要去接受这样的观点了。① 正如波拉克斯所承认的，智术师对待话语的方式"就像一个一代一代传下来的故事，一份遗产"，而不是一份完整的文献或文本。② 还应当补充的是，这份遗产中并不包括有一个清晰的修辞学定义，包括的仅仅是各种尚处于萌芽状态的话语理论。

　　波拉克斯提出的最后一个要素是*to dunaton*的概念，被他解读为"可能性"。在《修辞、智术师和可能性》一文中，波拉克斯提出了三个论点：第一，亚里士多德的修辞学"偏爱事实甚于可能"；第二，"智术师的修辞理论则展示出其对可能性的偏爱"；第三，在海德格尔的著作中，至少部分可以看出有讨论"可能性修辞"的意愿。③ 作为新智术师修辞理论，波拉克斯对

---

① Poulakos, "Toward", 37.

② Poulakos, "Indebtedness", 30.

③ Manfred S. Frings, "Protagoras Rediscovered: Heidegger's Explication of Protagoras' Fragment", *JVI* 8（1974）: 112~123。有关对古典修辞后现代解读效用的置疑，参George A. Kennedy, Some Reflections on Neomodernism, *Rhetoric Review* 6（1988）: 230~233, and Robert L. Scott, "Non-Discipline as a Remedy for Rhetoric?" *Rhetoric Review* 6（1988）: 333~337。

智术师的海德格尔式解读或许有潜在价值，但是，无论波拉克斯对可能性修辞的描述多么具有创新和诱惑，我们都完全有理由拒绝承认智术师曾经提出过哪怕是近似的*to dunaton*观点。

其实，波拉克斯并没有提供智术师任何具体言说的只言片语，以表明他们在公元前5世纪曾使用过中性单数结构的*to dunaton*（比较DK 87 B 44, col. 2）。此外，即使有些智术师将*dynamis*用作"力量"或"能力"的意思，但也还没有任何证据表明其意思与*energeia*（现实性）形成对立。在亚里士多德之前，*dynamis*和*energeia*两词还没有被当成相互对立的终极术语（polar term）。事实上，*energeia*一词明显是由亚里士多德本人新造，甚至在他的著作中，*dynamis*和*energeia*两词某些含义还可能相互重合。① 作为哲学意义上对立的"可能"与"现实"这一对概念均出自亚里士多德，时间大约是在早期智术师兴盛期过后的一个世纪。② 总之，非但智术师不可能将*to dunaton*看作某种修辞理论的一部分，而且也完全不可能存在他们是在有意识地守75 持着一种观点，以展示出他们对可能性的偏爱明显甚于现实性。

我们可以想象，为波拉克斯辩护的人会说，即使智术师不在概念层面上坚持*to dunaton*，他们的话语也可以在重构中提取一种有效视角，一种与亚里士多德依重现实性的修辞学形成对比的可能性修辞学视角。如果对比有足够的文本依据，进行如此的辩护当然亦在情理之中。但是，通过分别细读智术师和亚里士多德并考察其"可能"和"现实"的相关证据，就会发现如果从历史的角度切入，这样辩护是不合适的，因为虽然其辩护牵涉到新亚里士多德和新智术师之间的理论对比，但他们对智术师与亚里士多德之间的历史冲突却几乎是闭口不谈。

① LSJ s. v. *energazomai* and *energos*；Daniel W. Graham, *Aristotle's Two Systems*（Oxford：Clarendon Press, 1987）。

② Guthrie, *HGP VI*, 119~129。

论及亚里士多德对事实的依重，波拉克斯提供的证据涉及一系列的章节：其一是亚里士多德形而上学语境中的*energeia*和*dynamis*，其二关涉修辞技艺。当注意到亚里士多德所说的现实在定义、时间和本质上均先于可能后，波拉克斯便由此推断出亚里士多德认为*dynamis*次于*energeia*的结论。[①] 其实，这样的概括不经意间便扭曲了亚里士多德的形而上学，因为*dynamis*和*energeia*在亚里士多德看来是密不可分的。"现实"是"可能"的实现形式："两者仅仅是同一事物的不同视角。"[②] 亚里士多德在其他地方也曾说过，"只有当物质具备可能性，形式才具备现实性"（《论灵魂》（*On the Soul*），412a9～11）。在亚里士多德的形而上学理论中，我们发现两者总是形影相随，同时出现。因此，即使两者中其一被认为先于另一，也不能等于波拉克斯所说的另一就次于其一。波拉克斯列举的有关修辞学章节也并不比形而上学的章节更有说服力。事实上，虽然所列章节确实展示出亚里士多德运用不同词形的*energeia*来鼓励演讲人在演讲中多用事实，但篇章的语境并不支撑波拉克斯的解读，也就是说，并不认为亚里士多德的修辞学为依重现实性而抛弃可能性。相反，所举章节均有以下的暗含：1）演讲者应当知晓演讲话题所关涉的事实；2）事实易于使演讲话题得以论证；3）庭辩的演讲者应将自己囿于事实之内。如果这三点被转述为公元前5世纪的术语，前两点肯定会得到智术师的认同。其实，《双重论证》的作者在大约公元前400年就认为，演讲者需要具有"每一话题的知识"，包括法律、公义和"事实"。[③] 至于第三点，如果将其解读为亚里士多德有反对某些不切实际的修辞学的言外之意，这实则是曲解了文本的原意。更为合理的解读应当是他对法庭滥用

① Poulakos，"Possible"，217～218.

② Guthrie，*HGP VI*，123.

③ Robinson，*Contrasting Arguments*，137～141.

事件的回应，包括陪审团成员的受贿、无关证据的引入和随意性指控的泛滥等。[①]

就话语的目的而言，智术师与亚里士多德共享的观点远远大于波拉克斯所提及的那些论点。[②] 其实，比较不应当置于亚里士多德对有关篇章结构的建议（方法）与智术师修辞理论所倡议的目的（即结果）之间来进行，这样的比较注定使得亚里士多德的《修辞学》在伦理层面显得次之。事实上，亚里士多德，以及至少还有一些早期智术师，他们都会认同修辞学应当用以使事物朝着更好的方面改变。普罗塔戈拉提倡用好的逻各斯替换那些不受欢迎的逻各斯，[③] 亚里士多德则提倡要让那些可能具有美德的人成为真正具有美德的人（《尼各马可伦理学》，1103a23~b2）。[④] 当然，智术师与亚里士多德在哲学上无疑有着诸多实质上的不同，但其差异也并非如波拉克斯所指出的那样。波拉克斯认为："智术师对可能的偏爱是因为他们在现实的视域中看到的是痛苦、悲伤和苦难；相反，只有在可能性的范围中才能找到高兴、愉悦和幸福。"但是，当波拉克斯做如是的解读时，他肯定不希望我们相信，亚里士多德对前者的偏爱甚于后者。[⑤]

以上分析意在展示区分历史描述与新理论构建之间异同的重要性。虽然波拉克斯在讨论智术师与"可能性"的文章中指出历史重构与当代挪用之间的界线可以较为模糊，但这并不意味着两者之间界线的划分没有必要。相反，模糊则更加强调了其区分在目的和方法上的需求和必要。波拉克斯认为智术师在修辞学上对

---

① Richard Garner, Law and Society in Classical Athens（New York: St. Martin's Press, 1987）, 59~71, 139.

② Poulakos 在其 "Indebtedness" 一文中承认亚里士多德在某些问题上的观点来自智术师。

③ 参本书第6章。

④ Guthrie, *HGP VI*, 345~349.

⑤ Poulakos, "Possible", 221.

可能性有一种理论的偏爱。从历史重构的视角看，这一看法明显存在问题。但是，如果对其予以修正，并将其看作是一种朝着存在主义的新智术师修辞理论的努力，那么，其结论可能就会要好一些。

　　当然，我也并不是说当代挪用完全不受有效历史记录的限制。一位批评家如果在历史描述时没有史料的支撑，他或她的可信度明显将大打折扣。麦金认为，好的"理性重构"依赖于有效的历史重构，但我仍然认为他低估了历史文本创新和有效阅读的价值。[①] 以韦弗（Richard Weaver）对柏拉图《斐德若》的解读为例，[②] 虽然韦弗的文章饱受史料不实的非议，但作为不带偏见的读者，几乎没有人会否认其作为当代修辞理论成功范例的地位。韦弗以他自己的方式紧扣时代的问题，使《斐德若》得以重生。当然，如果要从严格的历史视角来考察，韦弗的解读无疑会是很困难的。因此，尽管作为历史的构建，韦弗的解读还有不少瑕疵，但我仍然相信文章显示了其作为新柏拉图理论对文本解读的有效性。

　　同样，波拉克斯《作为文化批评的智术师修辞》一文也当属新智术师修辞理论的创新批评典范。[③] 为展示批评家应当怎样看待话语、权力与文化之间的关系，波拉克斯有意在文中将历史上智术师的话题同当代理论家的讨论交织在了一起。文章未按传统的历史或哲学套路对智术师进行讨论，意在要打破学科之间樊笼的限制。就韦弗的讨论而言，历史学家或许会在细节上喋喋不休地争个不停——但人们对波拉克斯新智术师批评的兴趣却几乎是毋庸置疑的。

78

---

① Makin, "How Can We? "

② Richard Weaver, *The Eyhics of Rhetoric*（Davis, CA：Hermagoras Press, 1953）, ch. 1.

③ Poulakos, "Culture".

走向智术师个体的研究

综上所述，波拉克斯有关智术师修辞理论的历史描述仍需要进行修正。虽然智术师明显对逻各斯感兴趣，但从历史的角度看，如果我们因此便得出他们在修辞技艺上持有某种共同观点的结论，那就显然是不够准确的。此外，有关*to dunaton*在智术师思维中的角色地位并没有文献记载，智术师风格在部分意义上也仍属表达方式由神话–诗歌向更为理性模式转换的结果。虽然*to prepon*或许是高尔吉亚修辞理论的一部分，但我们没有足够证据表明其属于整个智术师共享的修辞理论的一部分，而作为"时机性"的*kairos*则代表的是公元前5世纪的智术师在逻各斯理论上的纯粹概念的发展。

由于事实上我们现在还无法确认公元前5世纪智术师是否都享有某种共同的修辞观点，因此，更为恰当的说法或许应当是指其"对世界的看法"或"教育倾向"，而不是某种特定的修辞定义或理论。要确认智术师在修辞理论发展中的贡献，最好的方法是通过早期智术师的个体考察，承认其众多而不是单一的修辞理论尚处于发展的萌芽阶段，只有这样，才能提升作为群体的智术师研究的整体水准。

对波拉克斯的细读可以发现，他对智术师修辞理论的描述绝大部分都来自高尔吉亚现存的文本解读。但是，如果对其观点做两点修正，换言之，如果将历史的范围限于高尔吉亚，并且不涉及*rhêtorikê*—词的描述，那么，要在波拉克斯的智术师修辞定义和五要素中挑出什么毛病可能就不会那么容易，并且其修正后的观点也许还会更适合现存的历史依据，因为我们不得不承认智术师很可能本身就不存有什么共同的学说或理论。更为恰当的说法或许应当是智术师中间存在不同的哲学、不同的实践和不同的学说，而并非仅仅只是某种特定的修辞理论。因此，从逻辑角度看，对个体的智术师进行细微考察应当先于构建其整体的话语理论。

波拉克斯在讨论智术师修辞的文章中开出了一份传统的早期智术师名单，包括普罗塔戈拉、高尔吉亚、普罗狄科、特拉绪马科斯、希庇阿斯、安提丰和克里蒂亚等。[①] 即使在这份有限的名单中，我们仍可以发现其观点上差异的端倪。因此，对这七位智术师做一简要的回顾将有助于展示其思想的广度和差异。[②]

首先，这七位智术师都致力于我们现在称之为科学问题的讨论，包括物理学和生物学等方面的问题。普罗塔戈拉、安提丰和希庇阿斯对数学表现出极大的兴趣，后两位还为几何学做出过原创的贡献；普罗塔戈拉、高尔吉亚、普罗狄科和特拉绪马科斯据说讨论过情感的问题；克里蒂亚、安提丰、普罗塔戈拉和高尔吉亚都留有直接讨论埃利亚学派哲学的残篇；至少普罗塔戈拉、普罗狄科和克里蒂亚还从人类学角度解读过宗教问题。所有这七位智术师都在继续着前苏格拉底时期早期哲人语言改革的努力，对散文形式的偏爱甚于诗歌。但是，和其他前苏格拉底哲人一样，他们也都受限于口传文化的影响，其结果便是其话语实践与理论的混杂，以至于我们很难从中归纳出某个单一的话语或修辞理论。

其次，智术师在风格问题上也存在着极大差异。例如，残篇显示普罗塔戈拉喜好用易于记忆的格言形式；如果柏拉图在《普罗塔戈拉》中的描述准确的话，那么，神话和叙事也应当是他喜欢使用的写作形式。此外，普罗塔戈拉在话语上还享有众多的"第一"：他第一个运用苏格拉底的方法，即辩驳术（eristic），第一个运用问答的方式，以及第一个运用辩论或

79

----

① Poulakos, "Indebtedness", 40 n2; "Toward", 47 n1.

② 接下来有关早期智术师的讨论基于保存在DK中的文本和残篇，见Rosamond Kent Sprague, ed. *The Older Sophists*（Columbia：U. of South Carolina Press, 1972）。同Sprague书中观点一样，我认为智术师安提丰和演说家安提丰为同一人。

"反证"。对于高尔吉亚，他除了以诗歌的宏大风格著称外，还被认为是即兴演讲的发明人。再有，虽然普罗狄科强调正确的措辞（*orthoepeia*）——逻各斯的新理性方法——但是在他的《赫拉克勒斯的选择》这篇由色诺芬转述的演讲中，又明显与神话-诗歌传统有着难以割舍的关系。至于特拉绪马科斯，我们仅存有一些二手资料，其中有的说他很好地"综合"了朴实和宏大的风格，也有的说他"用词精练"。我们还可以看到，希庇阿斯的写作形式多样，其作品包括诗歌、史诗、悲剧和散文等，据说他还喜欢用很新奇的形式写散文，包括第一本论文汇编、第一份奥运获奖者名录，还有可能包括第一本词源学的研究等。安提丰是第一位用书面形式写演讲的人，其目的是为他人能在法庭上使用。此外，他还以生造新词著称，或许还是最先将话语运用于我们现在所说的咨询和治疗目的的人。克里蒂亚既写诗歌也写散文，或许还写过戏剧，有一本格言集据说也是他所写。另外，他还像安提丰一样以生造新词著称。总之，智术师擅长各种形式的话语，除此之外，他们每一位还对各种新的话语形式的推进都有所贡献。假使公元前5世纪的雅典正处于由神话-诗歌向理性传统转换的转型期，那么，智术师各异的风格正反映出他们面对转型所持的各异的态度以及对逻各斯偏爱的程度。例如，普罗塔戈拉、高尔吉亚和克里蒂亚分析过史诗，并且还可能批评过史诗诗人，但目前还没有证据表明其他四人也持同样的态度。

智术师在有关修辞的问题上也是态度各异。例如，普罗塔戈拉、高尔吉亚和克里蒂亚把kairos和公共演讲拉到一起讨论，但没有证据表明其他智术师也是如此。各种广为流传的说法是智术师发表的都属于一些"大实话（commonplaces）"，但这在公元前5世纪很可能并非真是大实话。最接近所谓大实话的一本书或许就是安提丰有关法庭演说使用的套话简介。

有一种倾向认为，由于亚里士多德将修辞划分为法庭

（forensic）、政治（deliberative）和典礼（epideictic）三大类型，智术师有关话语的看法也可依次做同样的划分。然而，这种按图索骥的方法明显有悖于时间的先后顺序，忽略了智术师作为个体的原创性。例如，各种资料，既有古代的（虽然是公元前5世纪后）也有现代的，都认为智术师的兴趣主要在法庭修辞。为此，威尔考克斯（Stanley Wilcox）从智术师的教学和实践中举出其他两种类型的例证，对上述观点做出了较为详尽的回应。[①]但令人遗憾的是，威尔考克斯的回应仍存在不足之处，其不足之处在于他仍然认可了公元前4世纪对其公元前5世纪的那种分类的套用。如果我们对智术师后来称之为庭辩修辞的不同观点做一概述，正好可以看到这种套用所带来的混乱。

　　就普罗塔戈拉而言，他没有留下过任何直接涉及法庭的残篇，尽管我们知道的事实是他与伯里克利关系甚笃，伯里克利在其政治生涯中也是靠诉讼取得了极大的成功。此外，柏拉图笔下的普罗塔戈拉也显示出法庭上的成功至少部分应归于他对公民整体的美德教育。但是，所有这些都无法拿出依据，证明普罗塔戈拉曾提出或发表过有关法庭演说的理论，或曾将法庭诉讼看成是一种特殊类型的话语。

　　在高尔吉亚方面，其唯一涉及与法庭关系的依据也同样属于间接，并且也无法推论出他曾将辩护看作一种逻各斯的特殊类型或形式。柏拉图在《高尔吉亚》中的依据不太可信，现存的《帕拉墨德斯之辩》（*Defense of Palamedes*）在高尔吉亚教育中的具体作用也尚难确定。此外，我们没有直接证据提到普罗狄科或希庇阿斯曾教授过法庭修辞，最多从柏拉图那里可找到一些特拉绪马科斯的相关描述。但即使如此，其真实性也尚未确认。安提丰和克里蒂亚是唯一来自雅典的智术师，因而有可能会在法庭演

80

说，至少克里蒂亚在临死之前可能还曾为自己进行过辩护。但尽管如此，其进一步的庭辩修辞理论和实践却不得而知。此外，安提丰是第一位为他人写法庭诉状的人，因而肯定也会在法庭上做法庭演说。当然，据说有好些智术师都讨论过有关正义的话题，但是，目前还尚无证据表明在柏拉图之前他们曾尝试过对其给出系统的定义。[①]

因此，将智术师教学概括为主要对法庭话语的关注明显是一种过于简单化的误导，因为智术师对逻各斯的兴趣各异，其有关话语的讨论中也没有前述修辞形式的分类。由此可见，辨别每一个早期智术师所聚焦的主题或术语，可以展示出他们各自对逻各斯的兴趣所在，以及对尚处萌芽状态的修辞观念各自的取向：

81

普罗塔戈拉	双重逻各斯 /《双重论证》（*Dissoi Logoi*）
高尔吉亚	作为诡辩的逻各斯（*Logos* as *apatê*）
普罗狄科	正确的措辞（*Orthoepeia*）
希庇阿斯	博学（Polymathy）
安提丰	反证（*Antilogiae*）
克里蒂亚	逻各斯与思想（*Logos* and thought）
特拉绪马科斯	逻各斯与权力（*Logos* and power）

以上是有关智术师及各自关注的兴趣，其观点均已得到学界的认可。上述的列表同时也表明，要描述智术师的修辞思想很难仅仅囿于从某一种方法的切入。就像所有古希腊哲学研究一样，智术师研究的目的并非是要褒扬或贬低某一位智术师，其研究的目的在于通过现有资料允许范围的全面综合考察，以还原每一位

---

① Eric A. Havelock, *The Greek Concept of Justice*（Cambridge, MA：Harvard U. Press, 1978）.

智术师本真的思想。因此，如果我们仅仅对资料进行选择性的解读，不管是出于褒扬还是出于贬损，其同样都会导致一种误读。我们需要的是更多的资料，以及尽可能在其本身的语境中对其思想进行解读的努力。正如柯费尔德所言，对作为个体的智术师进行研究，是克服历史强加在其身上的负面偏见的最好办法：

> 或许过去太多的注意力都放到了解读智术师总体特征和智术师运动的尝试上。其谬误之处在于总体特征解读本身就不恰当，因为总体的描述必须基于真实个体相关证据的详尽考察，而这些证据往往又是缺损的、不恰当和难以解读的。前苏格拉底的情况总体来说也似曾相识，但其详尽的学术考察和重构并未受到太严重的干扰。因此，智术师的个体研究同样也需要这种详尽的考察，因为只有这样，才可能绕过传统的接受并挖掘其背后的深意。[①]

波拉克斯对公元前5世纪和公元前4世纪的智术师进行了仔

---

① Kerferd, *Legacy*, 3。对此持异议的人或许会说，对个体智术师的研究与我们回归其思想在哲学史上的地位所做的种种努力相悖而行。正如Poulakos所言，亚里士多德对智术师的攻击主要是作为一整体类群而非单独的个体，"这就使得现当代读者可以将其任何一员要么看成例外要么看成典型案例"（"Possible"，215）。这一异议可以从多方面来应答：首先，我们不能确保智术师总体意义上的讨论能够避免以偏概全的负面描述。相反，Kerferd列举了大量文献来展示各种总体意义上的描述最终都落入了过度简单化和负面图式化的巢穴中（*Legacy*，1~6；*SM*，4~14）。对智术师修辞理论的总体描述同样也可能将其某一理论与柏拉图和亚里士多德的理论对立起来，凡此种种努力往往青睐于某些与柏拉图和亚里士多德对立的细节，从而弱化了与其相同之处。其结果便是为顾及整体而失之准确。或者更为通俗地说，为勾勒一个整体上似乎次于柏拉图或亚里士多德的修辞理论而失之偏颇。此外，如果没有对所有智术师做一总体研究，作为个体的研究也将只能是一例外。然而，由于传统列出的早期智术师名单仅有七位，在进行了一系列个体研究之后，要对早期智术师做一总体评价也并非是一件很难的事情。或许，如果辩证地来看总体与个别的关系，无论哪种研究，在研究的准确性和范围上，其价值前景都是值得乐观的。

细区分——这样的区分如克拉森所指，也见于亚里士多德的著作。① 该区分接受了并非所有智术师都是千人一面的前提，因而也进一步论证和支撑了智术师需要进行个体考察的结论。本书后面的章节将通过对普罗塔戈拉具体残篇的分析，总结其对早期希腊哲学和修辞学的贡献，以便为上述方法提供具体的例证。②

① C. J. Classen, Aristotle's Picture of the Sophists, in Kerferd, *Legacy*, 7 ~ 24.

② 有关Poulakos对我评论的回应，可参其 "Interpreting Sophistical Rhetoric: A Response to Schiappa", *PR* 23（1990）: 218 ~ 228。我在 "History and Neosophistic Criticism: A Reply to Poulakos" 一文中也做了回答 ［ "History and Neosophistic Criticism: A Reply to Poulakos, " *PR* 23（1990）: 307 ~ 315］ 。

第二部

普罗塔戈拉主要残篇义疏

第五章
双重逻各斯残篇

我所指的双重逻各斯（two-*logoi*）残篇的希腊文原文如
下：*Καὶ πρῶτος ἔφη δύο λόγους εἶναι περὶ παντὸς πράγματος ἀντικειμένους ἀλλήλοις*（DL 9.51）。奥斯本（Osborne）担心所谓残篇常常是
被人改写过的文本，具体到双重逻各斯残篇，这也并非不无道
理。[①] 毕竟，残篇的出处距普罗塔戈拉已有6个多世纪，而在
公元前5或前4世纪时，其引用程度也远远无法与"人是尺度"
或"关于诸神"等残篇相比。尽管如此，我还是坚持自己的
看法，认为还是完全有理由相信第欧根尼·拉尔修（Diogenes
Laertius）的转述是忠实于普罗塔戈拉原意的。因此，我仍将遵
循传统的观点，将其看成是普罗塔戈拉的残篇之一。

第欧根尼·拉尔修在介绍残篇时所用的引语是"他是第一
位说（*kai prôtos ephê*）"，其暗含的言外之意是后面所要表述
的应当是大家都耳熟能详的内容。亚历山大的克雷芒（Clement
of Alexandria）认为，双重逻各斯一类的说法对古希腊人来说
实在是再熟悉不过的了："遵照普罗塔戈拉的说法，希腊人认

---

① Catherine Osborne, *Rethinking Early Greek Philosophy*（London：Duckworth,
1987），1~9。亦参William W. Fortenbaugh 在本书第1版的书评中对我的讨论所做的有
益评论［AJP 114（1993）：624~626］。

为每一个论题（*panti logoi*）都有其相对应的反论题。"① 同样，塞涅卡（*Seneca*）也认为"普罗塔戈拉宣称，我们可以从问题正反的任何一方面切入，并能成功地予以论证"［《书信》（*Epistles*）88. 43］。② 此外，还有一本名为《矛盾论证》（*Contradictory Arguments*）的书也被认为系普罗塔戈拉所作，虽然对此我们还尚难肯定其真伪（DK 80 A1，B5）。

90 　　在我看来，这段残篇中非常重要的观点是，相对于每一"事物"（*pantos pragmatos*）都存在着正反两方面的逻各斯。即使第欧根尼·拉尔修提供的残篇真属于改写，普罗塔戈拉的原文中肯定还是包括了以下三个关键的概念：逻各斯、对立和事物（*pragmata*）。鉴于阿里斯托芬在《云》中也描述了处于正反对立的双重逻各斯，以及双重逻各斯与强／弱逻各斯残篇之间的相互印证，我们就更没有理由怀疑普罗塔戈拉提出的上述三个概念的真实性了。因此，我对残篇的分析将聚焦于这三个概念，以及公元前5至前4世纪的人们对这三个概念的理解。

主观解读与赫拉克利特式解读

　　现有的翻译通常分为两大类：主观解读与赫拉克利特式解读。主观解读主要见于奥布里恩、希克斯（R.D. Hicks）、贡贝尔茨、史密斯（Bromley Smith）、威塞尼耶（Lazlo Versényi）

---

① 　DK 80 A20的原文如下："Ἑλληνές φασι Πρωταγόρου πορκατάρξαντος παντὶ λόγωι λόγον ἀντικεῖσθαι"。H. Gomperz将其译为 "Jeder Rede steht eine andere Rede entgegen"（*SR*，130）。

② 　Richard M. Gummere, *Seneca ad Lucilium: Epistulae Morale*（Cambridge, MA: Harverd U. Press, 1920），2: 374～375:"Protagoras ait de omni re in utramque partem disputari posse ex aequo et de hac ipsa, an omnis res in utramque partem disputabilis sit"。

和格思里等人的翻译和解读，大致有以下这样一些译法："On every issue there are two arguments opposed to each other"（奥布里恩）；"There are two sides to every question, opposed to each other"（希克斯）；"On every question there are two speeches, which stand in opposition to one another"（贡贝尔茨）；"On every question there were two sides to the argument, exactly opposite to one another"（史密斯）；"There are two sides, opposed to each other, to every question"（威塞尼耶）；以及"There are two opposite arguments on every subject"（格思里）；等等。[1]

上述的这类翻译将普罗塔戈拉残篇简化成了这样一个命题，即辩论可以在任何话题上展开。或者也如肯尼迪所言，"每一个问题都可以从正反两面找些说辞"。[2] 似乎与其同出一辙的解读是，所有智术师的教学都可归结为修辞教学。就其实用的效果而言，虽然双重逻各斯或许可能算得上我们现在称之为辩论的推进，但如果对残篇进行严格意义上的"修辞"解读，则会使普罗塔戈拉学说的哲学内容大打折扣。

主观解读与赫拉克利特式解读的区别往往指向*logos*和*pragmata*这两个关键词的翻译。在主观解读中，*pragmata*通常被翻译为"issue（议题）"、"question（问题）"和"subject（话题）"。这类词汇从主观角度搅乱了*pragmata*的时序，因为议题和问题明显掺杂有人的因素，其进一步的言外之意则是双

---

① In Rosamond Kent Sprague, ed. *The Older Sophists*（Columbia：U. of South Carolina Press, 1972）, 4；R. D. Hinks in DL, 463；Theodor Gomperz, *Greek Thinkers*（London：John Murray, 1901）, 1：462；Bromley Smith, "The Father of Debate：Protagoras of Abdera", *QJS* 4（1918）：202；Lazlo Versényi, *Socratic Humanism*（New Haven：Yale U. Press, 1963, 18；Guthrie, *HGP III*, 182。Dupréel 的译文是："Sur chaque chose il y a deux discours en opposition l'un avec l'autre"（*Sophistes*, 38）。

② Kennedy, *APG*, 31.

重逻各斯——对立的双方、话语或论题——纯粹出自论辩者，而不是出自论辩对象的客观存在层面。与此相对的是我称为赫拉克利特式解读的例子，包括翁特斯泰纳、柯费尔德和格思里等人的翻译："In every experience there are two *logoi* in opposition to each other"（翁特斯泰纳）；"There are tw *logoi* concerning everything，these being opposed to each other"（柯费尔德）和 "Of every thing two contrary accounts can be given"（格思里）。①

值得注意的是，柯费尔德的残篇译文随着时间的推移有所变化。他1949年的译文是 "On every question there are two accounts opposed to one another"，但到了1967年，其翻译又成了 "There are two *logoi*，or accounts，to be given about everything"。② 1981年，他又用 "argument" 取代了1967年译文中的 "account"，但对其他部分未作任何更改。③ 在我看来，上述字词的更换其实正好折射出主观解读朝向赫拉克利特式解读的迁移，其变化正是基于人们对 *logos* 和 *pragamta* 等关键词哲学意义的认识的不断增长。

从上述的译文看，*pragmata* 并未被翻译为语义相关的 "issue" 或 "question"，相反，它在绝大多数时间却被翻译为普罗塔戈拉时代的文献中常用的 "thing"。当然，我们找不出任何理由来反驳为何在普罗塔戈拉残篇中就不能译为 "thing"，因为在我们大脑的记忆中，"thing" 一词既可以包括行为、事件，也可以包括行动（就像 "it seemed thing to do" 和 "did you go to that thing last night" 中前者指 "行为"、"行动"，后者指 "事

---

① Untersteiner, *Sophists*, 19；Kerferd, *SM*, 84；Guthrie, *HGP III*, 182n。Untersteiner的译文是："Per primo sostenne che intorno a ogni esperienza vi sono due logoi in contrasto fra di loro"。

② G. B. Kerferd, Plato's Account of the Relativism of Protagoras, *Durham University Journal* 42（1949）：20，及 "Protagoras"，*Encyclopedia of Philosophy*（New York：Macmillam，1967），6：506。

③ Kerferd, *SM*, 84.

件"）。翁特斯泰纳将*pragmata*解读为"经验"（*esperienza*）的原因就在于取其词义涵盖的广度："普罗塔戈拉将其探索目光和批评力度转向了各个方向：更多的涉及神界与人世间困难的问题，以及涉及人们政治、社会和伦理生活等相关理论与实践行为等的问题，都统统归结到了涵盖所有一切经验的双重逻各斯的解构力名下。"[①]

非常清楚，*pragmata*的主观解读和翻译是一种误导，因为其暗含了"议题"或"问题"的某种现代主观意识。现代哲学意义上的主客观分野在公元前5世纪的雅典还不很清晰。即使有，普罗塔戈拉也一定是将其所有的事物都收归到了*pragmata*的名下——既包括我们现在所说的主观创造，也包括客观的展现。正如罗宾逊（T. M. Robinson）在分析双重逻各斯残篇时所言，在普罗塔戈拉看来，*pragmata*一词意味着一种广义上的"现实（reality）"。[②]

其实，在一段很短的翻译中，*logos*实在是一个很难处理得恰如其分的词，以至于翁特斯泰纳就直接选择保留原文。柯费尔德在最后的那次翻译中也是保留*logoi*，然后再在后面加注括号，用"论题"一词加以说明。这种犹豫不决的处理是可以理解的，因为在公元前6至前4世纪，*logos*是一个被过度使用的词，其意 92 义只能从具体的语境中得出。但是，即使是有非常清楚的特定语境，如果某一单个的单词同时有多重意指，其翻译也是很难定夺的。正如柯费尔德在论及早期智术师使用*logos*的情况时所言：

首先，这些属于语言和语形范围内的（意思），于是便

---

① Untersteiner, *Sophists*, 19.

② T. M. Robinson, *Contrasting Arguments*: *An Edition of the Dissoi Logoi* (Salem, NH: Ayer, 1979), 90n. 有关亚里士多德在《修辞学》中*pragma*一词用法的讨论，可参William M. A. Grimaldi, "A Note on the ΠΙΣΤΕΙΣ in Aristotle's *Rhetoric*, 1354～1356", AJP 78 (1957): 188～192。

有了言语、话语、描述、陈述和（由语词表达的）论题等；其次是思想和大脑的范围，于是便有了思维、推理、解释、说明（参*orthos logos*）等；第三是世界，我们言说和思考的外在世界，于是便有了结构原则、公式和自然法则等，只要它们在上述的任一范围内被认为是真实在场并在世界的过程中得以展现。①

如果沿着上面这段话的意思来重新解读，普罗塔戈拉残篇就不仅是对人的论辩过程的描述，也是对有关外在世界的解读。"现实"（*pragmata*）是如此的存在，以至于可以有两种对立的方式（*logoi*）来描述、说明或解释任何假定的经历。因此，还原普罗塔戈拉双重逻各斯残篇意义的第一步，就是要将主观解读作为对*logos*和*pragmata*不忠实的解读而搁置在一旁。

我的观点是，普罗塔戈拉的双重逻各斯残篇最好可以解读为赫拉克利特的逻辑延伸，因为赫拉克利特的观点在现代普遍被解读为"流动不居说"和"对立统一说"。此外，他的双重逻各斯和尺度残篇还可以创造性地解读为对埃利亚学派的回应，因为埃利亚学派的某些理论也涉及解读人类正确理解和言说"何为是"的能力。

赫拉克利特的"对立统一说"是公元前6至前5世纪众多的对立学说之一。人作为一种特殊的种属，自身便有双眼、双耳、双臂、双腿，还有男女两个性别，因而在大多数文化中被赋予"双和对"的特殊地位也就不足为怪了。在古希腊文化中，名词、动词和形容词曾经一度有三种可能的结尾，分别表示单数、复数和双数。这一现象也见证了双数在古希腊文化中的影响力。

双数在前苏格拉底哲学中通常有两种常见的特征：第一，每

---

① Kerferd, *SM*, 83.

一成对的事物都被认为处于某种矛盾和对立中，尽管对立的程度和类型各异；第二，通常对立的两事物中必有其一被认为优于另一，这就是为什么在赫西俄德的诗中黑夜总是与白昼对立；就像黑夜吞食白昼的光芒和人的视野一样，死亡吞食着人的生命　93（《神谱》，748～757）。

对于前苏格拉底有关对立理论的演进，学界仍存在着极大的分歧。亚里士多德宣称所有先于他的哲人都持有某种偏爱对立的观点。[①]但是，又有人争辩说亚里士多德太过于夸张，对前苏格拉底哲学中对立作用的讨论也过于简单化。[②]对于古代和现代学者来说，由于亚里士多德是有关前苏格拉底哲学的主要信息来源，因此，在诸如谁于何时创建了何种学说、处于何种概括和抽象层面，以及用过何种例证等问题上，现在仍然还几乎未达成任何共识。

一个不容争辩的事实是，很多前苏格拉底哲人都很关注对立问题，包括阿那克西曼德（Anaximander）、阿那克西米尼、赫拉克利特、帕默尼德、阿那克萨哥拉、恩培多克勒、阿尔克迈翁（Alcmaeon）和麦里梭等。他们都致力于用理性解读神话描述的世界，努力克服荷马和赫西俄德诗歌中带来的神学解读模式。例如，前苏格拉底时期最早有关矛盾对立的残篇是阿那克西曼德："因为他们显示出正义（dikê），并依照时序的原则对相互的冒犯（adikia）做出补偿。"[③]正如格思里等人指出，几乎很

---

①　Aristotle，《物理学》，188a19. 188b27；《形而上学》，1004b29. 1075a28，1087a29。

②　Harold Cherniss, *Aristotle's Criticism of Presocratic Philosophy*（New York：Octagon Books，1935），354～370；Eric A. Havelock，"The Linguistic Task of the Presocratics"，*Language and Thought in Early Greek Philosophy*，ed. Kevin Robb（LaSalle，IL：Hegeler Institue，1983），7～82.

③　DK 12 A9，B1，trans. Jonathan Barnes, *The Presocratic Philosophers*（London：Routledge and Kegan Paul，1982），29；参KRS，106～108。

少有文字记载的证据表明阿那克西曼德提出过某种对立理论的观点，[1] 因为在其残篇中没有出现过任何表示对立的单词，也几乎没有任何涉及抽象的征兆。[2] 阿那克西曼德描述的是我们现在称之为物理变更的行为，因为他指涉的是法律上具体的互换，并指出了其"给予／拿取"的互换是具体可感的。[3]

从阿那克西曼德到普罗塔戈拉，有关对立的理论日渐充实和概念化。到了普罗塔戈拉时代，由于"分离"出了一种更为原初的物质，于是在理论上便提出了诸如水、火等基本的对立物来作为该物质的构成要素。[4] 基本对立项的辨识最初是一些人们遇到的自然现象（如水、火等）。后来，当它们被中性形容词（如冷、热）加以描述后，便成为了更加抽象的概念。到了普罗塔戈拉时代，中性形容词又被冠以中性全称冠词，如英语中的"the hot"和"the cold"，于是，便出现了进一步的概念化和分析处理。[5]

最有意义和最为著名的对立理论是赫拉克利特的对立论。在前苏格拉底哲学中，没有人比他提出过更多的不同类型的对立体了。在现存的残篇中，他既列举了人世间也列举了宇宙中的各种对立现象，包括白昼与黑夜、陆地与海洋、温暖与凉爽、干与湿、神性与人性、健康与疾病、饥饿与饱足、疲备与休息、正

94

---

① Havelock，"Task"，60，72～73；亦参Barnes，*Presocratic*，29～34；Guthrie，*HGP I*，78～83。

② KRS，120.

③ Eric A. Havelock，*The Greek Concept of Justice*（Cambridge，MA：Harvard U. Press，1978）263～264.

④ Guthrie，*HGP I*；Charles H. Kahn，*Anaximander and the Origins of Greek Cosmology*（New York：Columbia U. Press，1960）；G. E. R. Lloyd，"Hot and Cold, Dry and Wet in Early Greek Thought"，*Studies in Presocratic Philosophy*，ed. David J. Furley and R. E. Allen（New York：Humanities Press，1970），255～280.

⑤ Bruno Snell，*The Discovery of the Mind*（Oxford：Basil Blackwell，1953），ch. 10；Havelock，"Task"，55～56；Andreas Graeser，"On Language, Thought, and Reality in Ancient Greek Philosophy"，*Dialectica* 31（1977）：360.

义与不义、死亡与永生、长与幼、上与下，以及冬与夏等。① 赫拉克利特也最先提出了对立统一的观点，② 其中一段残篇有这样的记载："赫西俄德是大多数人的老师。他们将他尊为知识最为渊博的人，但也正是他却无法辨识昼与夜：两者可合归为同一。"③ 这是众多残篇中赫拉克利特提出对立在某种情况下可归为一的那段，其同时也记录了前苏格拉底哲学用新的思维模式来抵制诗歌模式所做出的努力。④

亚里士多德（或许有时序的错乱）从普罗塔戈拉双重逻各斯残篇的广度出发，解读了赫拉克利特的对立统一论："赫拉克利特的观点（是）一切事物（*panta*）既是又非是。"⑤ 巴恩斯指出，赫拉克利特的言外之意是"每一对对立的事物在某种程度上都存在共生的现象，每一个对象至少都有一对共生的对立之物"。⑥ 很明显，赫拉克利特的对立统一论与普罗塔戈拉双重逻各斯残篇的逻辑有着极大的相似性。用巴恩斯的话来说，每一"事物"至少都共生着一对对立的逻各斯。

我们还可以从古代学者那里找到另一些证据来支撑普罗塔戈拉的赫拉克利特式解读模式。塞克斯都（Sextus）提到，普罗塔戈拉认为"所有现象（*phainomenôn*）的原因（*logoi*）都存在于物质中"（《皮浪学说要旨》（*Outlines of Pyrrhonism*），1.218）。亚历山大的克雷芒也写道："希腊人说，遵照普罗塔戈拉的看法，每一个逻各斯都有其对应的另一个逻各斯"（DK

---

① Charles H. Kahn, *The Art and Thought of Heraclitus*（Cambridge：Cambridge U. Press, 1979），28~85.

② G. E. R. Lloyd, *Polarity and Analogy*（Cambridge：Cambridge U. Press, 1966），17.

③ Kahn, *Heraclitus*, 37（fr. 19）.

④ 同上，107~110。

⑤ Aristotle,《形而上学》，1012a24~25；强调为笔者所加。

⑥ Barnes, *Presocratic*, 70.

80 A20）。普罗塔戈拉式的《双重论证》这本小册子大约写于公元前400年，其中不少的观点和词汇用法都带有赫拉克利特的影响。此外，柏拉图在《泰阿泰德》中讨论普罗塔戈拉的知识理论时，也把赫拉克利特（包括恩培多克勒）作为持相同观点的人来予以举证，认为："如果你说某物大，它也可能显得小；如果你说某物重，它也可能显得轻；一切皆亦如此。"[①] 最后，亚里士多德有一段描述普罗塔戈拉的话几乎和他前面提及赫拉克利特时的话完全相同："于是同一事物既是又非是，既坏又好，因为 95　所有陈述对立面的内容都为真。"（《形而上学》，1062b）因此，我们完全有理由说，双重逻各斯残篇是普罗塔戈拉对赫拉克利特世界观的推进和发展。

对赫拉克利特思想的发展

　　作为赫拉克利特思想的逻辑延伸，普罗塔戈拉在古希腊思想的推进和发展上起到了至关重要的作用，包括有关语言与现实、事物与其谓词修饰或属性等之间关系的思考。

　　其实，前苏格拉底哲学的思想史就是一段提出新问题并给出其解答模式的发展史。莫拉维奇斯克（Julius M. Moravcsik）指出，前苏格拉底哲学"经历了三个阶段的解释模式，包括依据于起源的解释、依据于材料或构建要素（constituency）的解释，以及依据于实体及其属性的解释"。[②] 在此之前，起源解释属于有神论或神话的解释模式，西方哲学的诞生点便普遍被认为是始于某些古

---

　　① 152d, trans. John McDowell, *Plato: Theaetetus* (Oxford: Clarendon Press, 1973), 17.

　　② Julius M. Moravcsik, "Heraclitean Concepts and Explanations", *Language and Thought in Early Greek Philosophy*, ed. Kevin Robb (La Salle, IL: Hegeler Institute, 1983), 134.

希腊人为起源提供了另一种解释，即基于自然或科学的解释。

莫拉维奇斯克将第二阶段称为构成（compositional）解释，"它来自哪里"这一问题被"它如何构成"和"它的材料是什么"这类问题所取代。这类问题所要求的分析层面，是神话-诗歌文化很少触及的。此外，这类问题的回答也需要新的思维和言说方式："诸如'x由y构成'和'一切事物都由y构成'等一类公式需要我们将我们调查的自然元素解读为复合物，同时也需要在词汇上予以延伸，因为除了要增加表示类别（kind）的术语外，我们还得增加表示各构建要素之间关系的术语。"①

构成解释有很多类型，前苏格拉底哲学的成名也正是于此。据信，前苏格拉底哲学认为世界存在诸如空气或水等各类基础"材料"，也存在涉及诸如衰减和浓缩这样的转换过程。当然，他们也就其转换的对立物提出了自己的看法。

事物到了第三阶段，就完全被按照我们现在称为性质（qualities）或质性（properties）的方法进行分析了。莫拉维奇斯克将其称为属性（attributional）层面的分析，而在希腊人的思考中，这种分析直到柏拉图和亚里士多德那里才真正清晰起来。② 在柏拉图看来，属性或性质已成为形式（Forms）本身。对某一实体的分析就是对其一系列属性提供例证。因此，某对象为美，全在于其"分有"了绝对美的形式（《斐多》，100d）。对柏拉图来说，虽然对立面不是统一的，但却代表了不同的形式自身，不管它们在日常经验中以何种方式具体呈现出来（《王制》，476a）。

亚里士多德对属性的处理方式被莫拉维奇斯克形象地描述为"衣挂说"："我们认为，属性依附在某一给定的事项上并不仅仅是一串属性的组合；它更像是一个用来挂'外套'，即属性的

96

---

① 同上，136。

② 同上，137；亦参Cherniss, Aristotle's, 367；Graeser, "On Language", 372。

衣挂。"① 此外，"外套"还可以更换。对立项被亚里士多德解
释为某可能给定事项的潜在或现实属性：一个没有胡须的年轻人
随着年龄的增长可能会长满胡须；一个满头黑发的人也有可能成
为秃顶。此外，亚里士多德的"四因说"也为属性的消长提供了
分析的框架。② 最为重要的还是亚里士多德将客体或实体与性质
或属性相剥离的分析性步骤，这是构成其物理学和形而上学理论
思考之整体的重要一步。

　　柏拉图和亚里士多德两人的共同之处在于，在解释模式从第
二阶段往第三阶段的演进过程中，两人代表了概念化抽象过程中
所必须的"量的飞跃"（quantum-jump）。③ 这是十分困难的
一步。柏拉图在《泰阿泰德》中非常清楚地阐明，名称和性质的
抽象概念是很陌生的（182a）；在《王制》中，他又毫不隐晦地
说他并不希望公众理解何为形式（493e）。柏拉图的悲观情绪不
难理解，因为抽象属性概念的理解需要与尚属主流的神话-诗歌
思维和言说方式彻底决裂。柏拉图新创的句法结构，也是意在使
事物自身的抽象概念——这是单一、不可见的——与诗歌生活世
界的具体的场景逻辑形成对比。④ 在此意义下，柏拉图的形式理
论不光是与神话-诗歌思维习惯的决裂，也是与尚处于构件成分
分析阶段的前苏格拉底哲学的决裂，因为对大多数前苏格拉底派
而言，抽象性质的概念仍然还很陌生："在所有前苏格拉底派看
来，我们称为性质的东西还不具备可以单独分割的特点。"⑤

　　莫拉维奇斯克曾认为，在古希腊思想的解读模式从第二往第
三阶段的演进过程中，赫拉克利特起到了至关重要的转型作用。

---

　　① Moravcsik, "Heraclitean", 137.

　　② Guthrie, *HGP VI*, 119~129, 223~233.

　　③ Moravcsik, "Heraclitean," 138.

　　④ Eric A. Havelock, *Preface to Plato* (Cambridge, MA: Harvard U. Press, 1963), 256~257.

　　⑤ Cherniss, *Aristotle's*, 362.

但具体事实却是，他在强调赫拉克利特的同时却忽略了普罗塔戈
拉的贡献。莫拉维奇斯克的第一个论点是，赫拉克利特的知识论
暗中将理性观察与理智提升到了感性知觉之上。[①] 然而，莫拉维
奇斯克的此番解读既有时序性谬误，也缺乏现成证据的支撑。动
词 *aisthanomai*（用身体感觉）和抽象名词 *aisthêsis*（感觉）是在
赫拉克利特之后才出现的，而作为理智的对立项，两词表示感觉
的哲学用法直到柏拉图时才有记载。[②] 此外，与莫拉维奇斯克某
一残篇翻译所暗示的相反，赫拉克利特从未使用过表示感觉或可
感觉的词汇。[③] 事实上，莫拉维奇斯克所提及的那段残篇反倒可
用以支撑相反的结论："不管是来自视觉或听觉，知识来源于经
验：这是我更喜欢的。"[④] 正如卡恩所指出的，一种更为可靠的
解读是，同诗人的吟唱相比，经验是更好的老师——这是前苏格
拉底哲学常见的主题。[⑤] 赫拉克利特曾说过"自然喜好隐身"，
他也曾提到过对立项不是可以完全观察得到的，这些刚好为他自
己的哲学提供了一个独特的知识论观察视角。似乎莫拉维奇斯克
本人也承认，这类论题肯定并非仅仅限于赫拉克利特。[⑥]

　　莫拉维奇斯克的第二个论点涉及语言与现实（realitys）的关
系。作为思考差异性与同一性概念的先驱，赫拉克利特很多残
篇都持对立面统一的观点，其著名的"一个人不能两次踏进同
一条河流"的论断挑战了人们对持续性与差异性的思考。[⑦] 莫拉
维奇斯克所提出的这些都是较为通行的看法。但是，莫拉维奇
斯克认为赫拉克利特对命名／标记的所指（designatum）理论提

---

① Moravcsik, "Heraclitean", 142～147.

② Havelock, "Task", 59；参 LSJ 的 *aisthanomai* 和 *aisthêsis* 两个词条。

③ Moravcsik, "Heraclitean", 143, fragment B55.

④ Kahn, "*Heraclitus*", 35.

⑤ 同上，106。

⑥ Moravcsik, "Heraclitean", 144.

⑦ 同上，147～150。

出了挑战时，这一说法明显就证据不足了——这一理论认为：
"每一表示类属（species）的术语都对应一单个的实体，更为泛指的（generic）术语则用以标记那些由单个实体组合而成的复合体。"[①]事实上，赫拉克利特残篇关注的是大多数人在理解外在世界时的那种无能为力，如对立项的变动不居。他并未将语言本身作为探讨的对象，他对人们言说方式的逆向推理（negative inference）也仅是泛泛而谈。因此，赫拉克利特任何有语言所指理论的批评最多也只是一种很潜在的暗中批评。

其实，在解释模式从第二往第三阶段的演进过程中，普罗塔戈拉倒不失为一个较好的例子。文献记载他是第一位将语言本身作为讨论对象的思想家，也是第一位使用动词时态和区分不同语态或语式的人（DL 9.53～54）。文献还记载他是最先注意到单词结尾的性属并加以评论的人。[②] 此外，还有多处参考文献提及他曾就荷马的语言使用提出过批评（DK 80 A29，30）。基于普罗塔戈拉业已证明的对语言的兴趣，以及他身上明显的赫拉克利特的影响，我们完全有理由将他的双重逻各斯残篇解读为赫拉克利特思想向现在我们所说的语言理论领域的延伸，[③]双重逻各斯的观点也有助于使语言自身能顺应分析和理论的探讨。如果回到残篇本身，有关普罗塔戈拉转型性角色的讨论还可以进一步深入。

翻译和解读

残篇无疑是有关语言与现实事物之关系的讨论。假设普罗塔

---

① 同上，148.

② Aristotle，《修辞学》，1407b；阿里斯托芬在《云》中对其进行了一番嘲弄（《云》，658）。

③ Kerferd, *SM*, 71.

戈拉的兴趣真在语言，我们就完全有理由认定，其双重逻各斯残篇是对语词和逻各斯概念进行技术性和专业性探讨的早期尝试，因为很明显的是，残篇在*logos*和*pragmata*的讨论上不分伯仲。但是，大多数翻译都回避了这一事实，将*duo logous einai*翻译成"there are two *logoi*"。上述翻译的问题在于其将*einai*看成了纯粹的系动词，但这可能犯了时序错误。[1]如果普罗塔戈拉真的使用了*einai*这个词（或许他并未使用），其用法更多可能是表位性的（locative）。因此，上面这句话应当翻译成"two *logoi* are present"。[2]再做一种解读，则可以将*einai*置放于"人是尺度"这一命题的"to be"用法中，这种解读可能性较小，但也不无在理——依照这种解读，*einai*属于断真性（veridical）用法。[3]于是，上面这句话又可以译成"two *logoi* are true"或"are the case"。总之，两种解读均见证了双重逻各斯残篇是将逻各斯的两种状态作为其讨论主题。

双重逻各斯残篇设定的论题是，就世间的"事物"而言，存在着两种相互对立的逻各斯。在此意义上，普罗塔戈拉比赫拉克利特更有资格被尊为第一位直接挑战朴素的命名/所指理论的人了。

其实，普罗塔戈拉也有可能是将相互矛盾的逻各斯看成是"p"与"非p"这一逻辑形式的最原初版本。支撑这一假设有两个论证：第一个论证源自对"人是尺度"残篇的考察，其解读明显表明了普罗塔戈拉对否定这一逻辑概念非常熟悉，因而也使得双重逻各斯残篇的如是之解显得符合情理。[4]

第二个论证基于*logos*（逻各斯）一词的含义。在该词的多种含义中，不断重复出现的是语言（language）与理性

[1] Charles H. Kahn, "The Greek Verb 'to be' and the Concept of Being", *Foundations of Language* 2（1966）：245~265，及*Verb*.

[2] Kahn, "Concept", 257; Havelock, *Justice*, 237~238.

[3] Kahn, "Concept", 249~250.

[4] Kahn, *Verb*, 367~368.

（rationality）这两个相关概念。① 于是，在普罗塔戈拉的用法中，赫拉克利特的对立便开始以一种非构成分析的方式来进行讨论，也就是逻辑意义上的矛盾对立（contrariety）和互补对立（contradiction）取代了原来严格意义上的自然力量的对立。换言之，自然世界的观察方式变成了一种诸如"作为p"和"作为非p"这样的更加抽象的逻辑表达模式。将对立看作基本的语言表达（*logoi*）是迈向概念更加抽象化的必须一步，也是迈向对立作为"事物"之可被述谓的属性的关键一步。虽然亚里士多德有一段话提到这一点，但普罗塔戈拉具体做到了什么程度，目前还尚难证明："在所有的事物中，你对某物既赞同（*kataphêsai*）又拒绝（*apophêsai*）是同样可能的。……这一前提必须为那些持普罗塔戈拉观点的人所接受"（《形而上学》，1007b21~23）。上面这种主观的解读虽然也应当被视为有意义的解读，但决不能视为残篇意义的全部，因为残篇已被完全限制在纯粹的语言解读之中。但不管怎样，普罗塔戈拉的双重逻各斯残篇包含的某些观点完全可归为第三阶段的属性解释模式。正如莫拉维奇斯克所说："只有当我们将这些视为抽象元素，或者至少视为自然实体的抽象属性，我们才可以以逻辑法则来讨论对立项，而不仅仅是以因果法则来讨论。……从统领着对立力量的因果法则，到关于否定和矛盾的逻辑法则，这确实是跨度很大的一次飞跃。"② 普罗塔戈拉可能正好完成了这次飞跃，或许至少可以说他帮助提供了概念框架来充实这次飞跃。

最后，我们还有一点也可以举证其转型的角色意义。一般来说，普罗塔戈拉在后世学者眼中总是游弋于第二和第三阶段之间。塞克斯都认为普罗塔戈拉的观点是逻各斯"存在于物质中"，亚里士多德的解读则是"同一事物既是（is，存在）亦不

---

① 同上，403。

② Moravcsik, "Heraclitean", 139.

是（is not，不存在）"，两者均属于对普罗塔戈拉的构成性解释；相反，克雷芒的"每一逻各斯都有其对立项"和柏拉图的"如果你说某物大，它也可能显得小"则无疑是将逻各斯解读为游离于其指称物之外的事项——谓词或属性。[①] 其实，这类不同的解读正好说明了其残篇在转型期间的贡献，同时也让人可以按照各自的需求和兴趣来决定解读模式。[②]

总而言之，对双重逻各斯残篇的主观性解读／翻译本身是不充分的，因为它并未忠实翻译*logos*和*pragmata*这两个关键词。相比之下，赫拉克利特式的解读／翻译则不失为一种较好选择，　100
因为这一残篇与赫拉克利特的对立统一观有共鸣之处。其实，残篇本身就代表了赫拉克利特思想的逻辑延伸，特别是有关语言与现实之关系的讨论。因此，普罗塔戈拉的观点标志着构成解释和属性解释这两种模式／逻辑之间的转型。最终，双重逻各斯残篇在翻译时既可有用地强调表位性，亦可有用地强调断真性（我更倾向于前者）。强调表位性的译法为："Two accounts（*logoi*）are present about every 'thing', opposed to each other"［关于每种事物都存在着两种解说（逻各斯），两者互相对立］，强调断真性的译法则为："Two contrary reports（*logo*i）are true concerning every experience"［对于每种经验的两种矛盾叙述（逻各斯）都是真的］。

---

① Cherniss，Aristotle's，369。有关公元前5世纪智术师对逻各斯的理论思考引发了关于言辞与事物的新的思考阶段之讨论，可参Manfred Kraus，*Name und Sache*，*ein Problem im frühgriechischen Denken*（Amsterdam：Grüner，1987）。亦参G. B. Kerferd 为Kraus所写的书评。

② 关于普罗塔戈拉之前与之后的哲人对事物和性质的不同界定，Kurt von Fritz 在讨论这些不同如何反映在柏拉图对普罗塔戈拉"人是尺度"残篇的处理上时，提出了和我类似的观点，参其载于*RE* 23的有关普罗塔戈拉的文章［*RE* 23（1957）：914］。

第六章

强／弱逻各斯残篇

　　强／弱逻各斯残篇的希腊文本全文见于亚里士多德的《修辞学》：*καὶ τὸ τὸν ἥττω δὲ λόγον κρείττω ποιεῖν τοῦτ' ἔστιν*（1402a23）。除去"这正好是说明……（的例证）"的引语，残篇剩余下的部分便是*ton hêttô de logon kreittô poiein*。这段残篇的翻译和解读有两种类型：第一类可标示为亚里士多德式的贬损解读（后面均简称"贬损解读"），第二类则为赫拉克利特式的正面解读（后面均简称"正面解读"）。

　　残篇最为任意的一种版本出现在库珀（Lane Cooper）的翻译中："making the worse appear the better cause"。[①] 真要是做这样的解读，那么，若要用其点明毫无道德廉耻可言的修辞学家意味着什么，那就几乎再没有比这更好的例子了。事实上，这句话早就是一句暧昧的流行口号，据说戳到了智术师运动最为让人诟病的地方，或许修辞技艺本身亦是同样如此。埃瑞克森（Keith V. Erickson）称这句话代表了"最为著名的修辞批评"对"智术最根本的指控"，塞森斯科（Alexander Sesonske）也认为这十

---

　　① Lane Cooper, *The Rhetoric of Aristotle*（Englewood Cliffs, NJ：Prentice-Hall, 1932），177。有关其译文质量的讨论，参Thomas M. Conley, "*The Greekless Reader and Aristotle's Rhetoric*", *QJS* 65（1979）：74～79。

分贴切地"概括了柏拉图对智术师的抱怨"。此外，格思里也指出，即使在古代，普罗塔戈拉的这句残篇也通常被理解为"智术师教学的最为基本的本质"。[①] 其实，哪怕此类评价只部分可信，我们也可从中窥出在普罗塔戈拉所谓的"许诺"中浓缩着什么样的智术师教学的道德目的和教育取向。因此，要确切理解残篇的本意，就离不开对整个智术师理论的全面理解。

贬损解读

贬损式的翻译在三个方面是不恰当的。首先，选择"cause（理由）"来翻译*logon*无法传递逻各斯一词的丰富内涵；第二，插入"appear（看起来）"也不恰当。真要如此，库珀的译文就需要增加原文中本来没有的一个词（*phainetai*或*aisthanomai*）来表示现实／现象的区别，这是普罗塔戈拉本身并未提及的。[②] 当然，库珀并非是贬损解读的唯一代表，弗利斯（J. H. Freese）和罗伯特（Rhys Robert）两人虽然在译文上有所改进，但也仅仅是体现在用"argument"来取代了"cause"，[③] 而塞森斯科的文章《让弱论证击败强论证》在讨论残篇时始终插入了"defeat"这个词。[④]

---

① Keith V. Erickson，*Plato：True and Sophistic Rhetoric*（Amsterdam：Rodopi，1979），10~11；Alexander Sesonske，"To Make the Weaker Argument Defeat the Stronger"，*JHP* 6（1968）：218；Guthrie，*HGP III*，377.

② Gregory Vlastos，*Plato's "Protagoras"*（Indianapolis：Bobbs-Merrill，1956），xiii.

③ J. H. Freese，*Aristotle*，*"Art" of Rhetoric*（Cambridge，MA：Harvard U. Press，1926），335；Robert 的译文载Jonathan Barnes，*The Complete Works of Aristotle*（Princeton：Princeton U. Press，1984），2：2235。

④ Sesonske，"To Make the Weaker Argument Defeat the Stronger"，Dupréel的法文转述是："Protagoras recommandait son art comme le moyen de faire en （转下页）

　　贬损式翻译的第三个问题是，用"better"和"worse"来对应"*krettô*"和"*hêttô*"是否妥当尚值得商榷。虽然后来在柏拉图和亚里士多德时代，"*krettô*"和"*hêttô*"暗含有道德上的"较好"和"较坏"，但在普罗塔戈拉时代，两词还尚无此类含义。再者，尽管两词的用法据词汇学文献记载可追溯到荷马时代，但"*krettô*"在荷马史诗中的用法通常指涉战场，意思是"更强"、"更壮"或"更有力量"，而"*hêttô*"在荷马时代其用法的字面意思除"更弱"外，还包括"退让"、"放弃"和"无法反抗或抗争"等。此外，从荷马到柏拉图，在我们所能查找到的文献中，"*krettô*"和"*hêttô*"均被记载为一对相互对应的术语，表示的意思是"stronger（较强）"和"weaker（较弱）"。例如，在《伊利亚特》中，阿波罗将赫克托尔和他人的力量进行比较时用的是"*krettô*"和"*hêttô*"（16.722）；在公元前5世纪的《论骨伤》（*On Fractures*）一书中，作者用同样的词汇来描述"一个较弱的人拽住了一个较强的人"（3.15）；柏拉图的《蒂迈欧》在描述元素的搏斗时用了"*hêttô*"和"*krettô*"："弱者在同强者搏斗"（57a）。此外，在公元前5世纪的希波克拉底文集中，两词又是作为量词在使用："*krettô*"表示较少，"*hêttô*"表示较多。尽管如此，当两词一起使用时，其量词意义又不甚明显。总而言之，"*krettô*"和"*hêttô*"的用法在当时根本没有指涉伦理道德意义上的较好和较坏。

　　其实，用指涉力量的词来修饰逻各斯本来是不该让人觉得意外的，因为意为身体搏斗的词常常被用来描述言论上的交锋。普罗塔戈拉据说也曾写过一本名为《论角力》（*On Wrestling*）的书（DK 80 A1，B8）。在《云》中，当两个交锋的逻各斯其中

105

（接上页）sorte que 'le discours le plus faible devint le plus fort'"（*Sophistes*, 39）。

的一个在开始回合得了分后，"它"就说："我紧紧抱住你的腰部使你无法逃走。"① 鉴于上述"*hêttô*"和"*krettô*"在历史上的用法，特别是当两词同时出现的时候，普罗塔戈拉残篇中最好的译法理所应当是"较弱"和"较强"。

当然，由于残篇的语境是亚里士多德，普罗塔戈拉的简短"许诺"中几乎每一个词在翻译时都被取其贬义也就不足为怪了。② 再有，亚里士多德书中提及普罗塔戈拉时，其前面是一段从"可能性"角度讨论滥用论证的话，因此，科珀（E. M. Cope）在评论中除了将残篇翻译为"making the worse appear the better argument"外，他还依照给定的亚里士多德语境进行了一番解读："也就是说，使'优'让位于'次'，让位于可能程度并不看好的论证，并使其反过来压住真正的'优'，压住程度上可能更加看好的论证。"③ 其实，亚里士多德的《修辞学》在引用了残篇后接下来还有这样一段话："因此，人们有理由反对普罗塔戈拉在培训中对他们的教育，因为它是一种欺诈，它所谈论的可能性不是纯粹的而是虚假的，除了修辞和辩驳外，它别无招

---

① Line 1047, trans. Alan H. Sommerstein, *Aristophanes*：*Clouds*（Warminster：Aris and Phillips, 1982）, 111. 对普罗塔戈拉《论角力》一书的讨论，可参Erst Heitsch, Ein Buchtitel de Protagoras, *Hermes* 97（1969）：292～296（= Classen, Sophistik, 298～305）。

② 由于译者意在反映亚里士多德为普罗塔戈拉的"许诺"提供的上下文语境，其翻译多从贬损之意也就不足为怪，很少有人像Freese那样给译文加上某种限定性说明："This utterance of Protagoras gave particular offence as apparently implying that the weaker cause was really identical with the worse, so that to support it was to support injustice. But, considering the high moral character ascribed to Protagoras, it seems more probable to take the formula as a statement of the aim of all ancient orators——how to overcome stronger arguments by arguments weaker in themselves."（Freese, *Aristotle*, 334n）。

③ E. M. Cope, *The Rhetoric of Aristotle with a Commentary*（Cambridge：Cambridge U. Press, 1877）, 2：321. Cope有关智术师的观点，可参其发表在*Journal of Classical and Sacred Philology*上的文章［*Journal of Classical and Sacred Philology* 1（1854）：145~188；2（1855）：129~169；3（1856）：34~80, 252~288］。

摇的市场"（1402a4～28）。不难看出，亚里士多德的解读是
由于他始终用自己的哲学体系去过滤普罗塔戈拉学说的结果。正
如我前面所言，亚里士多德的叙述总是将智术师的观点与自己的
体系形成对照，使其（如果用现代的术语来表述）在知识论、存
在论和伦理学等诸多方面都显得处于劣势地位，而贬损翻译则刚
好与亚里士多德本人对残篇的理解相一致，虽然我们没有理由认
为他的解读就详尽无遗或必然高于其他解读。因此，亚里士多德
的解读并非与残篇毫无关系，其关联在于它为我们提供了一个有
价值的视角去了解普罗塔戈拉之后人们对其残篇理解的态度。此
外，如果我们能较好地了解到亚里士多德对普罗塔戈拉和其他公
元前5世纪的智术师的态度，就有可能分辨亚里士多德及其之前
的解读，以便能跟踪从普罗塔戈拉到亚里士多德的那100年中，
残篇意义的演进脉络。①

    在亚里士多德之前的文献中，有两处提及强／弱逻各斯残
篇，虽然这两处都均未直接道明残篇出自普罗塔戈拉。在柏拉
图的《申辩》中，苏格拉底列举出别人对他的间接指控，其中
之一便是他"使较弱的论证击败较强的论证"（19b5～6）。
该句的希腊原文几乎和亚里士多德书中的完全相同：*ton hêttô
logon kreittê poion*。乔威特（Benjamin Jowett）将其译为 "make
the worse appear the better cause"，福勒（H. N. Fowler）在
洛布（Leob）版中则将其译为 "making the weaker argument
stronger"。② 在柏拉图的《申辩》中，对苏格拉底的指控并非
特指其来自他最初的原告美勒托（Meletus），而是来自苏格拉
底本人所指的阿里斯托芬剧中的诽谤（19c）。苏格拉底并没有
直接说出指控，所以，我们对柏拉图《申辩》的兴趣仅仅限于其

---

① C. J. Classen, Aristotle's Picture of the Sophists, in Kerferd, *Legacy*.

② Benjamin Jowett, *The Dialogues of Plato*（London: Macmillan, 1892），
402；H. N. Fowler, *Plato*（Cambridge, MA: Harvard U. Press, 1914），1：75.

进一步确认了残篇*ton hêttô logon kreittê poiein*的完整。① 因此，从另一角度看，阿里斯托芬的描述反倒显得既有用又很重要。

阿里斯托芬的《云》将苏格拉底描述为智术师的主要领袖，并称其学园在教授两种逻各斯："*hêttô*" 和 "*krettô*"。② 由于阿里斯托芬在剧中将苏格拉底作为中心人物主要是出于戏剧的需要，因此，人物的刻画就没有必要追求历史的精准。大多数评论者对此也都表示认同。③ 再有，由于苏格拉底一直生活在雅典，雅典的观众对他都非常熟悉，所以，舞台上出现的必定是一个非常清楚的形象："扁平的鼻子，鼓凸的双眼，摇摆的走路姿态，喋喋不休，似乎永不满足地在提问题。"④ 此外，苏格拉底与其他智术师关系密切，在很多问题上都有共同志趣，这些都是不争的事实。因此，苏格拉底被描述为智术师的代表也就再自然不过了。但是尽管如此，我们也没有必要非得认为苏格拉底也持有与*ton hêttô logon kreittê poiein*相同的学说。至少，除了阿里斯托芬在剧中的描述外，我们还没有找到其他依据。

阿里斯托芬的戏剧值得关注的原因在于其描述了（虽然很随意）普罗塔戈拉的双重逻各斯观点和强／弱逻各斯"许诺"。⑤《云》最开始谈论的两个逻各斯依次被称为 *hêttô* 和 *kreittê*（112），大多数评论者都认为此处指涉的是普罗塔戈拉。⑥ 罗杰斯（B. B. Rogers）指出，如果将一位外邦来访的智术师作为

---

① 比较Sesonske，"To Make"。

② B. B. Rogers, *Aristophanes*（Cambridge, MA：Harvard U. Press, 1924），1：275.

③ 同上，263～264；W. Arrowsmith, *Aristophanes：The Clouds*（Ann Arbor：U. of Michigan Press, 1962），3；K. J. Dover, *Aristophanes：Clouds*（Oxford：Clarendon Press, 1968），xxxii–lvii；Sommerstein, *Clouds*, 3。比较W. J. M. Starkie, *The Clouds of Aristophanes*（London：Macmillan, 1911），xlvi–l。

④ Guthrie, *HGP III*, 371.

⑤ Dover, *Clouds*, lvii.

⑥ Guthrie, *HGP III*, 371；Sommerstein, *Clouds*, 165～166；Starkie, *Clouds*, 37.

整个喜剧嘲弄的靶子，或许会显得过于粗鲁，所以，苏格拉底便成了嘲弄的对象。当然，为何要选择苏格拉底，至少有可能是因为他大家都熟悉，也很容易模仿。[①]

107　　在对普罗塔戈拉残篇有了一个较好的理解后，我将重新返回到阿里斯托芬的《云》，尽可能找出隐含于其中的普罗塔戈拉的真实元素。就目前而言，我们注意到传统解读方式所依赖的来源对智术师都不够友好，因而都不能被认为是对其思想完全可靠的历史解读。能了解到这一点就已经足够了。阿里斯托芬一生奉行保守观点，对于智术师向传统发起的挑战他是竭尽反对之能事，因而便写了一部格调低下的滑稽剧来加以嘲讽。因此，他所描述的言行和相关的报道或许都是歪曲和夸张的来源。此外，柏拉图和亚里士多德也都是透过各自哲学的"术语视屏"来看待普罗塔戈拉，其表述当然不会同普罗塔戈拉的观点相一致。[②] 因此，为什么对普罗塔戈拉残篇的传统解读总会趋于贬义，也就不难理解了。尽管如此，一旦了解柏拉图和亚里士多德的偏见，也追溯到了残篇希腊文原文的本意，我们就有可能对其做出另外一种完全不同的解读。

正面解读

我称为正面解读的这类翻译将残篇译为"to make the weaker argument stronger"。[③] 这样的翻译也使得残篇的解读在公元前5

---

① 有关Rogers的观点和Guthrie的回应，参Guthrie, *HGP III*, 371 n3。

② Kenneth Burke, Terministic Screens, Language as Symbolic Action（Berkeley：U. of California Press, 1966）, 44~62.

③ 很多译文，包括本书第1版中我自己的译文，均添加上了认为应当有的第二个隐含的定冠词，"to make the weaker argument *the* stronger"。正如Michael Gagarin所言，较弱的逻各斯可能会被较强的征服（如在阿里斯托芬的《云》中），（转下页）

世纪思想的语境中显得更容易理解，特别是当其被看作为双重逻各斯的姐妹篇时。在相互对立的双重逻各斯中，不管何时何事，必有一方强势或居高临下，而另一方则身处弱势或卑微。普罗塔戈拉宣称要传授的是由弱变强的本领，换言之，他要挑战的是相互对立的两个逻各斯之间的强弱关系。

　　残篇的正面解读与亚里士多德颇带恶意的有意贬损格格不入。贬损解读设定普罗塔戈拉有一个不可告人的动机——他之所以有意选择一些他本人熟悉的论证为基础，仅仅是为了使其看起来更为光鲜。利尔（Giovanni Reale）将残篇译为"make the stronger argument weaker"，正好反映出他对这种动机的深信不疑，虽然他在翻译时按自己的观点对词序做了调整（要不然整个译文还是足够忠实于原文的）。事实上，我们所知晓的普罗塔戈拉的一切（包括亚里士多德提到的那些）都显示出他在伦理方面是保守和恪守传统的。因此，尽管柏拉图在总体上是反对智术师的，但在以他为主角的两个对话中，柏拉图对他还是无不充满敬意。[①] 如果普罗塔戈拉不是一个道德高尚的人，或者如果他在教学中鼓噪某种超越道德的相对概念，其对手肯定会抓住机会在公开场合大肆攻击。[②] 相反，柏拉图在自己的书中让苏格拉底注意到普罗塔戈拉的教学成功地持续了40年，而且声誉还一直不减（《美诺》，91e）。简言之，就我们所熟悉的常识而言，从普罗塔戈拉的观点、词汇的使用，以及历史上的普罗塔戈拉本人等

108

（接上页）但普罗塔戈拉可能是出于教学的兴趣来让较弱的逻各斯变强，而不在乎其最终结果如何。参其*Antiphon the Athenian*（Austin：U. of Texas Press，2002），24～26。比较Michael J. O'Brien在*The Older Sophists*中的译文［*The Older Sophists*，ed. Rosamond Kent Sprague（Columbia：U. of South Carolina Press，1972），21］；Kathleen Freeman，*Ancilla to the Presocratic Philosophers*（Cambridge，MA：Harvard U. Press，1978），126。H. Gomperz将残篇译为"die schwächere Rede zur stärkeren zu machen"（*SR*，135）。

① Guthrie，*HGP III*，37，39n.

② Theodor Gomperz，*Greek Thinkers*（London：John Murray，1901），1：473.

诸多方面看，亚里士多德对强／弱逻各斯残篇的描述均无法与其保持一致和自圆其说。

其实，就普罗塔戈拉的强／弱逻各斯残篇而言，其最为明显的影响还是赫拉克利特，特别是当其与赫拉克利特的"流变说"放在一起时，两者之间的联系就变得再清楚不过了。按照威尔赖特（Phillip Wheelwright）对赫氏残篇重构的描述，赫拉克利特认为"万物皆流，一切皆无法抗拒；万物皆会消失，不会保持不变"。① 赫拉克利特 *panta rhei*（万物皆流）最著名的例子是他宣称"一个人不能两次踏进同一条河流"，因为"当他踏进同一条河流时，流淌的已经是新的水流"。② 对赫拉克利特来说，事物的自然状态是对立物的斗争或矛盾，这被现代学者解释为变化："对他来说，每一变化都是对立着的本体的某一方被击败；在这场争斗中，没有任何事物在逻辑上可以被认为站在场外做裁判——无论是柏拉图的更高的形式，还是亚里士多德的'位于下面的实体'。"③ 但是，正如哈夫洛克所言，从某种程度上来说，将赫拉克利特残篇解释为有关变化过程的观点有时序上的错误，因为作为术语，表示变化的词汇到柏拉图和亚里士多德时代才开始使用："虽然抽象变化过程的概念似乎还处于非常初级的状态，对其进行的阐述会显得呈现出某种困难。"④ 到普罗塔戈拉时代，作为对立项的转移或交换的变化概念，已经有了萌

———

① Philip Wheelwright, *Heraclitus*（New York：Atheneum，1974），29；亦参 Jonathan Barnes, *The Presocratic Philosophers*（London：Routledge and Kegan Paul，1982），65。

② Charles H. Kahn, *The Art and Thought of Heraclitus*（Cambridge：Cambridge U. Press，1979），166～169（fr. 50）.

③ Wheelwright, *Heraclitus*，34；亦参Kahn，*Heraclitus*，204～210。

④ Eric A. Havelock, "The Linguistic Task of the Presocratics"，*Language and Thought in Early Greek Philosophy*，ed. Kevin Robb（La Salle，IL：Hegeler Institute，1983），33.

芽。① 赫拉克利特有一段很典型的话，表示了他对变化的理解，其中没有动词，大意是"冷到暖，暖到凉，潮湿转干燥，干燥转潮湿"。②

后来，变化（或互换）是对立的斗争结果这一概念已广为希腊人接受，包括柏拉图和亚里士多德。在赫拉克利特的影响下，很多公元前5世纪的医学家也认为健康是对立平衡的保持，疾病则是对立中错误的一方占了上风："例如，饥饿是一种疾病，因为使人痛苦的都叫作疾病。那么，什么是饥饿的治疗？使饥饿终止就是治疗，就是进食。所以通过进食饥饿可得到治疗。依次类推，饮水可以止渴，消耗可以消除饱胀，消耗靠进食补充，疲劳靠休息恢复。总之一句话，对立靠对立来消除。"③ 同样，另一位希波克拉底式的作者将医学中的"新"理论描述为，处方教治疗者"用热来对抗冷，用冷来对抗热，干燥对抗潮湿，潮湿对抗干燥"；由于疾病"是由对立的一方所致，其特定的治疗就应当由其另一方来充当"。④

普罗塔戈拉与上述医学家的平行关系在逻辑上十分突显。虽然他们并未使用普罗塔戈拉同样的词汇，但在治疗理论与让弱者变强的观点之间仍有一种类似的关系。确实，医学家在治疗理论上远不可能完全一致，就像智术师在讨论逻各斯问题上也不可能完全一致一样。⑤ 尽管如此，公元前5世纪的医学文本在强／弱逻各斯残篇的赫拉克利特式解读的可能和合理性上，还是为我们提供了丰富的佐证。

---

① 同上，33～37。

② Kahn, *Heraclitus*, 165～166.

③ *Breaths* 1, trans. W. H. S. Jones, *Hippocrates* (Cambridge, MA: Harvard U. Press, 1923), 2: 229; 强调为笔者所加。

④ *Ancient Medicine* 13, 同上, 1: 35。

⑤ Charles H. Kahn, *Anaximander and the Origins of the Greek Cosmology* (New York: Columbia U. Press, 1960), 130～133.

就目前所引的证据而言，普罗塔戈拉在强／弱残篇所折射的观点，实际上是在相同经验中对自己所倾向的一方的逻各斯的加强，尽管与不太倾向的另一方（暂时强势）相比，这一方还尚处于相对弱势的地位。普罗塔戈拉在《泰阿泰德》中的申辩便是该解读的强有力证据，也更进一步展示了他与同时代那些医学家之间的关系：

> 我所说的聪明人是指这样的人，他能改变我们中的任何人。当某物看起来坏并呈现在他面前时，他能使其在他面前看起来变好。……对一位病人来说，他的食物看起来酸，并且也真的是酸，但对健康的人来说，可能就正好相反。……这时要做的仅仅是向另一种状态改变，因为另一种状态更好。……医生靠药物来改变，智术师则靠话语（逻各斯）。（《泰阿泰德》，166d～167a）

普罗塔戈拉残篇的正面解读得到了较多现代学者的支持。柯费尔德提出假设，认为"有可能普罗塔戈拉的双重逻各斯原则同亚里士多德强加给他的'强／弱'预设确有关系，这可能也是智术师在改变他人的观点时所希望的"。① 翁特斯泰纳也对残篇做出了自己正面的解读，这反映在他将残篇翻译为"to change the lesser possibility of knowledge into a greater possibility of knowledge"中。② 其实，翁特斯泰纳的这段话与其说是翻译，还不如说是现代解读更为合适。然而，注意到其解读中的问

110

---

① G. B. Kerferd, "Protagoras", *Encyclopedia of Philosophy*（New York：Macmillan, 1967），6：506。Adolfo虽然没有直接讨论强／弱逻各斯残篇，但他仍然认为普罗塔戈拉坚持的观点是"修辞的功能是用好的法则来取代那些欠佳的"［"The Ethical and Social Thought of Protagoras,"*Mind* 49（1940）：302］。

② Unresteiner, *Sophists*, 53. 意大利原文是："ridurre la minore possibilità di conoscenza a una maggiore possibilità di conoscenza"。

题之所在是颇具启发意义的：通过对残篇知识论阅读的特别强调，翁特斯泰纳也间接对过度的存在论阅读方式敲了警钟。事实上，两种阅读都是一种误导，因为对古希腊人来说，"知晓"（knowing）和"存在"（being）都是相互渗透的概念。[1] 现代学界倾向于将认知、感知和经验划分为不同的类别，因而也冒着某种疏漏的风险，未能注意到用一种逻各斯去替换另一种逻各斯也可适用于更大范围的"替换"——包括从改变有关何为正义的群体观念到有关食物的个体经验等。

　　科尔（A. T. Cole）对普罗塔戈拉残篇的解读亦属正面解读。按照他的看法，让逻各斯由弱变强意味着让某一论证压倒另一方，并由此改变整个状况。其实，作为话语的逻各斯与作为世界描述手段的逻各斯之间的关联已有很好的文献记载。在他自己对普罗塔戈拉的解读中，科尔从公元前5世纪的戏剧中选出符合普氏观点的例子来支持两种逻各斯意义的应用："在欧里庇得斯的《请愿的妇女》（Suppliants）中，忒拜的信使抱怨人类明知和平代表好的逻各斯，但却偏偏喜欢战争（486~493）；在《腓尼基的妇女》（Phoenissae）中，伊俄卡斯忒谈到爱国主义与专制主义行为是厄忒俄克勒斯面临的两种逻各斯（559~560）。"[2] 科尔还举出了智术师普罗狄科的著名演讲《赫拉克勒斯的选择》（The Choice of Heracles）为例。演讲由色诺芬转述，其中代表愉悦的逻各斯与代表美德的逻各斯形成对比："赫拉克勒斯的选择是两种论证之间的选择，也是两种论证所关联的生活方式之间的选择。"[3] 在每一个例子中，冲突的两种逻各斯既代表了在论证之间，也代表了外在环境之间我们所不得不做出的选择（例如，和平还是战争）。

---

[1]　Guthrie, *HGP III*, 187n.

[2]　A. T. Cole, "The Relativism of Protagoras", *YCS* 22（1972）: 34.

[3]　同上。

普罗塔戈拉之后的几十年，逻各斯众多的表达意义已经缩减，特别是当柏拉图和亚里士多德有意增大了哲学术语的数量和专业性之后。由于逻各斯在柏拉图和亚里士多德那里已基本被理解为语言层面，普罗塔戈拉残篇的"许诺"也就从一种密切联系于演讲、思想和人类境遇的理论，简化成了一种明显非道德的论证上的夸夸其谈了。

阿里斯托芬《云》的证据

对阿里斯托芬《云》的重新考察，可以为我们的正面解读提111 供进一步证据，也可以解释为什么普罗塔戈拉的观点会被解读为如此猥琐的负面。《云》的主要戏剧手法是两种拟人化了的逻各斯之间的冲突，其中一个代表传统的教育和虔敬，另一个则代表新的智术师教诲。该剧的有些版本将冲突的两种逻各斯分别命名为Dikaios和Adikos。斯塔基（W. J. M. Starkie）将这两个术语翻译为希腊文传统意义的正义和不义，但罗杰斯却将其翻译为正确与谬误。埃洛史密斯（Arrowsmith）则更为直接，将其翻译为哲学与智术。① 然而，最近学者所持的观点则是，Dikaios和Adikos属于后来的校订版，并非是阿里斯托芬最初使用的词汇。② 虽然现存的附注相互之间有矛盾之处，但至少有三份抄件同普罗塔戈拉残篇一样，将逻各斯命名为kreittôn和hêttôn。③

此外，从《云》的文本本身也可以看出，剧中所指的两种逻各斯分别被称为kreittôn和hêttôn；对话中从未出现过Dikaios所指涉的逻各斯，指涉不义的逻各斯则通常是以指涉kreittôn和hêttôn

① Starkie, *Clouds*; Rogers, *Aristophanes*, vol. 1; Arrowsmith, *Clouds*.
② Dover, *Clouds*, lvii–lviii; Sommerstein, *Clouds*, 95~117.
③ Dover, *Clouds*, lvii–lviii.

的两种逻各斯为先导（112以下，882以下）。这两种逻各斯也分别有三次不同的时间自指和互指为*kreittôn*和*hêttôn*（893以下，990，1038）。剧中的其他人物提及这两种逻各斯时，他们也是使用的同样的词汇（1338，1444，1451）。

对于我们所提及的这两种逻各斯，除了在文本上表现出人们喜好用*kreittôn*和*hêttôn*来指称外，前面提及的对*Dikaios*和*Adikos*的置疑也并非不无道理。阿里斯托芬的不义逻各斯并不具有柏拉图对话中的*dikaiosunê*（作为美德的正义）一样的抽象意义，其用法表现的是荷马的传统意义，即表示按期支付债务。确实，有时在《云》中指称不义的逻各斯仅仅是以怎样避免还债的问题来作为考量。当然，虽然阿里斯托芬很明显是意在攻击，但我们也并无必要就认为他是在宣称智术师代表的是一种一般抽象意义上的不义，相反，他所想要告诉的是智术师并未真正给雅典带来他们所极力炫耀的知识和美德（*aretê*）。

假设我们一旦接受了上述观点，认为阿里斯托芬在最初提及两种逻各斯时使用的是*kreittôn*和*hêttôn*，那么，有关普罗塔戈拉教学的两个事实就会变得清晰起来。第一，普罗塔戈拉的观点明显很重要，也足够家喻户晓，这才使阿里斯托芬能将其作为剧中的主要表现手段。第二，只要阿里斯托芬的戏剧意图进入到考量范围，那么，对两种逻各斯的描述自然也能暗示出其观点的内容。

这场著名的逻各斯之争的意义不仅在于其展示了语词之间的搏击，也在于其突显了两种生活方式的竞争。主流的生活方式（*kreittôn logos*）是基于保守的虔敬行为，其最为相关的是对传统音乐和诗歌的尊重（964以下）、对神话体系的认同（902及其后），以及对年长者的敬畏（963，981以下，993）。与此同时，由于*hêttôn*也时时在窥视着怎样击败*kreittôn*并将其取代，因此，创新在挑战着音乐传统（969以下），理性的论辩在挑战着诗歌（剧中多处，特别是317以下，942以下，1003，1058以

112

下，1109），怀疑论和犬儒哲学在挑战着神话体系（1048以下，1080以下，1470以下，1506-9），普遍的道德虚无主义在挑战着传统的价值（1020以下，1039以下，1061）。如果学生能遵照*hêttôn*的教海，就会成为智术师（1111，1308-9），而其传授的最为基本的技艺便是说服性的言说（239，260以下，1077）。因此，旧有的生活方式最终将会被说服性的言说和正确的分析（*orthôs diairôn*，742）所抛弃。

阿里斯托芬对普罗塔戈拉及其观点的大肆攻击，在文本上均可找到大量线索。他在攻击怀疑论时列举了普罗塔戈拉"关于诸神"的著名警句（247，367，903）；很多短语都暗指通常对立的两种逻各斯（112，244，882，886，938，1336）；有一个片段嘲弄了*metron*（尺度）的歧义——这是普罗塔戈拉"人是尺度"残篇的关键词（638以下），还有一个片段也拿普罗塔戈拉有关词性结尾构成的原创分析作为讥讽对象（659～693；另参亚里士多德，《修辞学》，1407b）。另外还有两个片段印证了赫拉克利特与普罗塔戈拉的联系：其一是"无论什么肮脏的东西都可以被说得美妙无比；反之，美妙无比的东西也可以被说得十分肮脏"。[1] 其二是围绕有关新与旧的讨论，即是否同一个人既可说成是新朋也可说成是旧友，或同一天既可说成是新的一天也可说成是原有的一天（1178～1184）。此外，如前所述，还有很多有关普罗塔戈拉*kreittôn*和*hêttôn*的讨论线索。

其实，就方法而言，阿里斯托芬对*kreittôn*和*hêttôn*的讨论实际上就是普罗塔戈拉所使用的方法。通过说服性的言说，某一强势的逻各斯可以被其对立一方的逻各斯所取代。这也正好等同于某一生活方式、经验和存在状态同另一生活方式、经验和存在状态的交换。然而，普罗塔戈拉在*ton hêttô logon kreittô*中的许

---

① 1020–21, trans. Sommerstein, *Clouds*, 109.

诺所冒的风险却在于其意指的语焉不详。虽然柏拉图在例证中描述给所有人都带来希望的改变是普罗塔戈拉的兴致所在，也尽管希腊人普遍都将对立中的某一方看作更为需要的一方，但是，阿里斯托芬往往将弱势一方的逻各斯与不义的行为联系在一起，因而也使*kreittôn*和*hêttôn*这一对术语充满了道德色彩。或许也是出于大多数观众都少与书本为伍的缘故，普罗塔戈拉不得不在自己的言说中去精雕细琢那些普及性的和易于记忆的术语，于是便有了*kreittôn*和*hêttôn*这一对读音几乎相同的同音异义词（homophonic）。然而，语词丰富的多义性（卡恩说的"语义的稠密"）又往往使得这一对术语容易被歪曲解读。于是，一个逻各斯既可能被解读为道德上的低劣，也可能被解读为存在意义上对*kreittôn*的相对屈从。此外，该逻各斯还可如亚里士多德所说的那样，被叙述为在真实性或可能性上较差，或者说服力次于*kreittôn*等。因此，阿里斯多芬在方法上忠实于普罗塔戈拉的同时，又可以颠覆其道德内涵。

113

综上所述，亚里士多德式的贬损解读与翻译是有瑕疵的，因为其意义的解读只能局限在诸如阿里斯托芬和亚里士多德等人的概念框架内，因而也对普罗塔戈拉的观点产生了道德上的偏见。基于双重逻各斯残篇的阅读和对公元前5世纪中期*kreittôn*和*hêttôn*两词用法的分析，强／弱逻各斯残篇可在赫拉克利特式正面解读的框架内做更好的翻译。这样的翻译可将"making the weaker account（*logos*）stronger"理解为一种激励，激励着在同一经验中，我们可用我们所倾向的（但又是弱势的）逻各斯去挑战我们不太倾向的（但暂时又是强势的）逻各斯。

普罗塔戈拉对柏拉图和亚里士多德的影响

我现在要重复和延伸早前的观点，即普罗塔戈拉是介于"构成"与"属性"两种解释模式和逻辑之间的转型人物。相对于赫拉克利特关于对立面对转移和交换的诗性描述，柏拉图和亚里士多德对于对象属性变化的解释，明显代表了一种概念上的超越和进步。事实上，柏拉图和亚里士多德的解释都带有普罗塔戈拉的影响。

在公元前4世纪，由于逻各斯已经具有更多绝对的语言内涵，因此，柏拉图和亚里士多德便可用更多不同的术语来描述某一外在状况或某一对象的属性，而这对于公元前5世纪来说或许都涵盖在逻各斯之内。事实上，柏拉图和亚里士多德对状况或对象变化的描述正好同普罗塔戈拉强／弱逻各斯的概念形成了共鸣和对应。在《蒂迈欧》中，柏拉图提到在水、火和土的"转换"（或改变）中，"弱者（*hêttôn*）与强者（*kreittoni*）在进行搏斗"（57a）；亚里士多德将四种基本属性（冷／热，干／湿）描述为矛盾中的对立项，换言之，当火转换为空气，或空气转换为水时，是因为干燥被潮湿相克或潮湿占据了优势（*kratêthen*），或者热被冷相克或冷占据了优势。① 同时，亚里士多德还认为对立属性的相对状态是强势（*kratein*）与腐败或损毁（*phthora*）的对峙。同普罗塔戈拉的*kreittôn*和*hêttôn*一样，*kratein*和*phthora*皆属于对荷马战争指涉的形而上延伸，两组术语都以平行的方式来描述存在的竞争状态。

亚里士多德在求解变化和"生成"（becoming）等问题的答案时，主要部分还是放在有关可能性（*dynamis*）和现实性（*energeia*）概念的讨论上。② 无论有生命还是无生命的讨论对

---

① Aristotle, *On Generation and Corruption* 331a ~ b.
② Guthrie, *HGP VI*, 119 ~ 129.

象，其性质或属性均被描述为相对的可能性和现实性。例如，对某一物体而言，轻和重皆属其可能性，但是在某一给定的时刻，两者中却只能取其一为现实（《论天》（*On Heavens*），307b31以下）。另外，知与不知也被界定为实际的知晓和潜在的知晓（《物理学》（*Physics*），255a35 ~ b5）。虽然亚里士多德用他现实性与可能性这一组概念广泛地描述了存在的各种不同状态（《形而上学》，1071a），但当其用来解释实际属性和它们潜在对立（被称为"缺位"）的逻辑关系时，便明显有普罗塔戈拉讨论逻各斯主导与屈从概念的痕迹。进一步支撑这一平行关系的是，和普罗塔戈拉一样，在亚里士多德的观点中很典型的是，在对立的性质中更倾向于哪一方，这一点几乎是明白无误的。①

　　当然，就强／弱逻各斯残篇而言，目前尚难证明其是否对柏拉图和亚里士多德有关对立性质理论的发展有直接的推动，因而暂时也不可能证明其转型意义。尽管如此，事实已经表明，既然我们能用方法证明普罗塔戈拉的观点延伸了赫拉克利特的相关解释，那么，在普罗塔戈拉的"逻各斯"与柏拉图和亚里士多德的"性质"之间，剩下的也只能算是很小的一步之遥了。

---

① G. E. R. Lloyd, *Polarity and Analogy*（Cambridge：Cambridge U. Press, 1966），51 ~ 65；Guthrie, *HGP VI*, 121 ~ 122.

第七章

"人是尺度"残篇

　　"人是尺度"残篇的希腊原文是：$Πάντων\ χρημάτων\ μέτρον$ $ἐστὶν\ ἄνθρωπος,\ τῶν\ μὲν\ ὄντων\ ὡς\ ἔστιν,\ τῶν\ δὲ\ οὐκ\ ὄντων\ ὡς\ οὐκ\ ἔστιν$（DK 80 B1）。就其为人熟知的程度和具体在各种语言中的广为引用而言，残篇的真实性应当早已是毋庸置疑的了。[1] 另外，蕴含于其中的对外在世界的看法也与此前分析的两残篇相同。用卡恩的话来说，"人是尺度"残篇与"双重逻各斯"和"强／弱逻各斯"等残篇的观点正好形成了对应和共鸣。因此，将三个残篇放在一起来阅读将有助于我们对其每一残篇的进一步理解。

　　在现存的早期智术师残篇中，就其重要性和解读的难度而

---

　　[1]　DK 80 A13, 14, 16, 19, 21a。Dupréel将残篇法译为 "L'homme est la mesure de toutes choses, de celles qi sont, qu'elles sont, de celles qui ne sont pas, qu'elles ne sont pas"（*Sophistes*, 15）。H. Gomperz 就其"字面意思"将其德译为 "Das Unterscheidungsmerkmal von Allem ist der Mensch, des Wirklichen, daß es wirklich, des Unwirklichen, daß es unwirklich ist"（*SR*, 204）。Untersteiner的意大利译文是 "l'uomo è dominatore di tutte le esperienze, in relazione alla fenomenalità di quanto è reale e alla nessuna fenomenalità di quanto è privo di realtà"，Freeman又将其英译为 "Man is the master of all experiences, in regard to the 'phenomenality' of what is real and the 'non-phenomenality' of what is not real"（Untersteiner, *Sophists*, 42）。有关残篇真实性的讨论，亦参Michael Gagarin, "The Purpose of Plato's *Protagoras*", *TAPA* 100（1969）: 159 n52。

言，或许没有一篇能与普罗塔戈拉的尺度残篇相比。现当代学者将其描述为整个智术师运动的核心和灵魂，有一位诗人甚至还直言不讳地这样写道："*'Pantôn anthrôpos metron'*（人是万物的尺度）。即使在2500年之后，我们有时还会问，世间的万事万物中究竟还有何物未能囊括在普罗塔戈拉这仅有的三个单词之中。"① 事实上，残篇的歧义使得其成了对所有人都各不相同的东西，因而也留下了颇多相互矛盾的解读。换言之，正是残篇自身的简短而又无普罗塔戈拉确切的详尽阐述，才导致了其意义在解读上的众多分歧。②

重新考量标准翻译

残篇最为常见的翻译是："Of all things the measure is Man，③ of the things that are，that they are；and of the things that

---

① Milton C. Nahm, *Selections from Early Greek Philosophy*（Englewood Cliffs, NJ：Prentice-Hall, 1964），212；Kerferd, *SM*, 85；Demetrios A. Michalaros, *Protagoras：A Poem of Man*（Chicago：Syndicate Press, 1937），8.

② 争论的综述可参Untersteiner, *Sophists*, 77～91；Guthrie, *HGP III*, 188～192；Dupréel, *Sophistes*, 14～25；Alfred Neumann, Die Problematik des Homo-mensura Satzes, *CP* 33（1938）：368～379（= Classen, Sophisk, 257～270）；Lazlo Versényi, Protagoras' Man-Measure Fragment, *AJP* 83（1962）：178～184（= Classen, *Sophistik*, 290～297）；Antonio Capizzi, *Protagora*（Firenze：G. C. Sansoni, 1955），104～127。Capizzi 提供了9位著名德国和意大利学者的不同译文（*Protagora*, 126）。

③ 传统的消解实非易事，特别是古典学术传统，例如，*anthrôpos*一词一直被翻译为颇具男性倾向的"man"，这便是其极好例证之一。尽管没有任何证据表明普罗塔戈拉在性别歧视方面较公元前5世纪的其他任何男性更为开明，但他并没有使用专指男性的*anêr*或*andros*，而是用既可指涉个体也可以指涉整体（包括妇女）的*anthrôpos*［参Eva C. Keuls, *The Reign of the Phallus：Sexual Politics in Ancient Athens*（New York：Harper, 1985）］。在学术上我们完全有很好的理由使用更包容的语言，但对于为什么要继续使有带一定生物属性的"man"，却实难给出令人信服的理由（转下页）

are not, that they are not." 将残篇译成英文相对简单，但要解读其观念的内涵却颇为困难，因为只有首先确认了其词汇在公元前5世纪最为可能的意思，其后才能辨别其新的可能用法，并借助可能的概念前提来解读其意义。

就翻译的难度而言，*pantôn chrêmatôn*应当和双重逻各斯残篇中的*pragmata*程度相当。*chrêmatôn*是一极为常用的单词，但不同语境中可赋予众多不同的含义。例如，它可用来指称"货物"或"财产"（表具体），也可用来指称"状况"或"事态"（表抽象），但其最为主要的意思还是指称"事物"。这是残篇中最好的译法，因为其本身蕴含了全称意义（既然没有其他的语境线索），也因为其前面有pantôn（所有，每一，多重）的修饰，这些都表明普罗塔戈拉是意在尽可能广泛地囊括所有的事物。

当然，我们还不太清楚普罗塔戈拉是否真正意识到了*pragmata*和*chrêmata*两者之间的区别。尽管有人在转述时使用了*pragmata*，但在塞克斯都、柏拉图和亚里士多德等人的讨论中，通常还是沿用的*chrêmata*（DK 80 A13，14，16）。普罗塔戈拉很有可能就是使用的*chrêmata*，因为其暗指的是人们需要和使用的事物，例如货物或财产等，这样便从其与人的关系中派生出了相应的事态。[1] 特别有意义的是，这类用法在赫拉克利特那里也可以找到相关例证，因为他通常用*panta*本身来表达"所有事物"的概念。[2] 如果*pantôn*在这里的用法带有抽象的理论意义，

（接上页）[相关讨论可参Wendy Martyna，"Beyond He/Man Approach: The Case for Nonsexist Language"，Language, Gender and Society, ed. Barrie Thorne, Cheris Kramarae, Nancy Henley（Rowley, MA: Newbury House, 1983），25～37]。由于古典学界对"人是尺度"残篇的讨论缺乏一个不带性别歧视的先行词，因此，我在行文中提及残篇时用的是中性或包容性的"human-measure"一词。在翻译*anthrôpos*时，我也选择了"human（ity）"一词，以便提醒读者，普罗塔戈拉的*anthrôpos*既可指涉单个的个体人，也可指涉更大范围的群体人或人类。

① Versényi, "Protagoras", 182.

② Charles H. Kahn, *The Art and Thought of Heraclitus*（Cambridge: Cambridge U. Press, 1979），46.

而*chrêmata*又是用来表达"事物"的普通和具体意义，那么，两词在残篇中的并列就有可能用来强调以人为尺度的事物的广度。当然，选择*chrêmata*也可能是出于语音而非语义的原因。尽管我们不可能确切知道普罗塔戈拉选词的具体原因，但是，作为残篇的主题，*pantôn chrêmatôn*的结构明显传达了所指事物的尽可能宽的广度，能注意到这一点也就足以理解其良苦用心了。所以，当翁特斯泰纳将*pragmata*和*chrêmata*全都翻译为"experiences（经验）"时，其译法也还不算太离谱。①

 *metron*一词通常被译为"尺度"。除了明显有数字估量的字 119 面意思外，"尺度"还可用于指称恰当的比例和秩序。在赫拉克利特的残篇中，*metron*有三种用法（或派生形式），全都将尺度等同于自然的平衡和秩序，其中之一还涉及对立面的调节。② 因此，普罗塔戈拉认为"人是万物的尺度"这一说法还是有一定的煽动性，能鼓噪人们去考虑作为"尺度"的方式的。塞克斯都将*metron*等同于*kritêrion*，意思是准则或标准（DK 80 A14）。赫米亚斯（Hermias）在释义时又用*horos*和*krisis*来进行替换，*horos*的意思是标准或界限——亚里士多德后来又用其表示逻辑术语或定义，*krisis*则表示判断或决定（DK 80 A16）。同样，柏拉图认为，作为尺度，人便成为万事万物的*kritêrion*或*kritês*（评判者）（《泰阿泰德》，160c、178b～c）。

 对*metron*的宽泛解读提出反驳的唯一经典例证是柏拉图《泰阿泰德》中的一段话，其中"人是万物的尺度"一说被赋予了完全感知性的（perceptual）解读（152）。但是，柏拉图在稍后对*metron*的解读中又自相矛盾地回到对判断者的依赖意义上（《泰阿泰德》，160c、178b～c）。因此，从其出现的比例可以看出，

---

 ① 译自*esperienze*。参Untersteiner, *Sophists*, 42, 77～79和Capizzi, *Protagora*, 104～108。

 ② Kahn, *Heraclitus*, 44～49.

普罗塔戈拉关注的主要还是人的判断，感知仅为其中的一部分。①

　　在由不同人所编撰的古典文献中，普罗塔戈拉尺度说的*estin*和*einai*均被交替使用。两词都是*eimi*（是）的曲折形式，可分别简单译为"是（is）"或"是（to be）"。但是，如果认为普罗塔戈拉的"是"仅仅是表示等同，如"人（性）等同于尺度"，或者是纯粹的系词用法，连接主语和述谓词，如"人（性）是尺度"这一句子中，那么，这样的判断就大错特错。卡恩和哈夫洛克都分别指出，在公元前5世纪的希腊文中，"是"的上述这类用法还未完全形成。②

　　其实，"人是尺度"残篇中*estin*和*einai*的交替出现，或许是出于对音韵效果的提升，也或许是对*anthrôpos*（人）存在状态的强调，有如其英语译文"of all things the measure remains human(ity)"中所体现的那样。③ 还有一种可能是让第一个小句转换成卡恩所说的"强调性断言"（emphatic assertion），译成英语便是"the measure is-truly human(ity)"。④ 由此可见，*einai*对于第一小句的意义表达并非至关重要，因为当改写为*pantôn anthrôpos metron*时，希腊文中没有*einai*也照样能准确表达原文的意思（比较DK 80 A16）。

　　*anthrôpos*的传统译法为"人"，既可用以指称个体的人，120 也可用以指称群体的人。尽管贡贝尔茨坚持的观点是"不带偏见

---

① 参Sextus Empiricus DK 80 A15, B1；Aristotle，《形而上学》，1009a；Adolfo J. Levi，"Studies on Protagoras. The Man-Measure Principle: Its meaning and Applications"，*Philosophy* 40（1940）：152；Joseph P. Maguire，"Protagoras——or Plato？"*Phronesis* 18（1973）：115 ~ 123；Jonathan Barnes，*The Presocratic Philosophers*（London：Routledge and Kegan paul，1982），541 ~ 545。亦参Dupréel和Capizzi有关metron的讨论（Dupréel，*Sophistes*，52；Capizzi，*Protagora*，108 ~ 111）。

② Kahn，*Verb*；Eric A. Havelock，*The Greek Concept of Justice*（Cambridge，MA：Harvard U. Press，1978），233 ~ 248.

③ 参Havelock，同上，234 ~ 240。

④ Kahn，*Verb*，332，355 ~ 362.

的读者"都不会否认普罗塔戈拉所指的仅为个体的人,但大多数学者还是认为他所指的人既有单数意义,[①] 也有复数意义,两者皆有。[②] 值得注意的是,当柏拉图和亚里士多德在论及"人是尺度"的哲学意义时,他俩都是在交替使用*anthrôpos*一词的个体和全称意义。[③] 由于普罗塔戈拉在"人是尺度"说中的言说方式既可直指所有的人,也可直指任何个体的人,所以,最为合理的解读方式就应当是,设定他当初在使用*anthrôpos*时的意旨也是两者皆而有之。

普罗塔戈拉残篇的第一小句和一些传统术语的结合使用,其方式曾经(现在仍然)是那样富有挑战性,也是那样朗朗上口,易于记忆。然而,尽管该小句可以从字面意思简单翻译成英语"Human(ity)is the measure of all things",但是,其希腊文原有的某些魅力却在翻译中消失殆尽。因此,该句最好译成"Of everything and anything the measure(truly-is)human(ity)",虽然这样的译法或许显得要更为笨拙一些。

尺度残篇的其余部分是对第一小句的展开和说明:*tôn men ontôn hôs estin,tôn de ouk ontôn hôs ouk estin*,其传统的译法是"of the things that are,that they are;and of the the things that are not,that they are not(是存在者存在的尺度,也是非存在者不存在的尺度)"。该译法认为"事物"一词是由*tôn men*和*tôn*

---

① Levi, Studies on Protagoras, 149 ~ 150; Theodor Gomperz, *Greek Thinkers* (London: John Murray, 1901), 1: 452; Eduard Zeller, *A History of Greek Philosophy* (London: Longmans, Green, 1881), 2: 445; Untersteiner, *Sophists*, 88; Nahm, *Selections*, 208 ~ 229; John Mansley Robinson, *An Introduction to Early Greek Philosophy* (Boston: Houghton Mifflin, 1968), 245; Guthrie, *HGP III*, 189.

② Untersteiner, *Sophists*, 42; Gomperz, *SR*, 217; Kurt von Fritz, "Nous, Noein, and their Derivatives in Pre-Socratic Philosophy", *The Presocratics*, ed. A. P. D. Mourelatos (New York: Anchor Books, 1974), 68 ~ 69. 比较Dupréel, *Sophistes*, 19。

③ Plato,《泰阿泰德》,152以下,161c,167c;《克拉底鲁》,386以下;Aristotle,《形而上学》,1062b。

*de*暗示，因为*tôn men*和*tôn de*在并列使用时往往用于标注相互关联的短语，有如"前者……后者"，"其一……另一"等。在普罗塔戈拉的这一句陈述中，并列既可解读为回指第一小句中的*chrêmata*，有如英语中的"of all things…"，也可解读为全称冠词，有如英语中的"that which…"。两种解读皆为可行，对原话的意思不会有太严重的歪曲。

关系副词*hôs*可分别酌情译为"how"或"that"。但关键问题是：普罗塔戈拉主张的到底是，人是作为事物"如何（how）"存在的尺度（本质），还是人"即（that）"决定着事物存在的尺度（存在）？两种立场都有热情执着的支持者。① 翁特斯泰纳提出了一种对现代读者来说颇为有益的调和方式："如果*hôs*表示的即某些经验存在着，那么，这就无法回避对其自身如何被人以某种方式来认知的追问：它们的存在（existence）暗含着它们的展现方式（manifestation）。"② 遗憾的是，尽管翁特斯泰纳提出的解决方案对现代读者有意义，却并不意味着普罗塔戈拉本人也会做同样的注解。无论以表存在的"that"还是以表方式的"how"来解读，其选择都会演绎出一种错误的有悖时序的二分法。事实是，在柏拉图提出"形式"概念之前，"本质"自身还没有形成为一种清晰的概念，因此，如果将希腊文动词"*eimi*"做存在状态解，还是有问题的。③

因此，虽然我赞成的译法是表存在状态的"that"，但是，该状态又不能有通常所赋予的存在包袱。残篇中*hôs*的用法就像*tôn men*和*tôn de*这一对并列词一样，都表示全称意义，因为*hôs*

① Guthrie, *HGP III*, 189～190。Stelio Appi在其*Protagora e la filosofia del suo tempo* 中认为残篇的第二部分道出了言说中至关重要的哲学意义（Firenze: La Nuova Italia, 1961）。

② Untersteiner, *Sophists*, 84.

③ Charles H. Kahn, "The greek Verb 'to be' and the Concept of Being", *Foundations of Language* 2（1966）: 245～265。

的语义内容也折射出*tôn men*和*tôn de*语义内容。正因为这样，如果*tôn men*指称的是*chrêmata*所暗含的"事物"，*hôs*也理当如此。正如我随后即将要讨论的，如果*tôn men*和*tôn de*是全称冠词，那么，*hôs*也可以指称"that which"。

残篇的剩余部分为动词"*eimi*"的四次出现所统领。最常见的译文都暗含着对*ontôn*和*estin*的纯粹存在性的（existential）解读，换言之，"人是万物的尺度"的原因在于人界定了万物的存在。然而，正是由于希腊词"*eimi*"的这种存在性解读，才使其在最近的语文学研究中备受卡恩和哈夫洛克等人的指责。卡恩认为，残篇中"*eimi*"的构词是其断真性（veridical）用法的典型范例。在他看来，无论是"*eimi*"的多种变化形式（*ontôn*和*estin*），还是其肯定和否定形式的平衡对称，以及与表示判断的动词（从*metron*角度理解）的连接等，都彰显出了普罗塔戈拉"*eimi*"用法的哲学性和断真性。[①] 因此，像*hôs esti*这类短语都可按全称意义翻译为"what is"（表全称的某类事物）或"that which is the case"（表全称的某类事物的状况），用以指称任何一个命题或无论什么样的事实："这个动词在哲学性表述中出现了两次：一次指向事实本身（*ta onta*），另一次指向在人的言说或认知中它已被人所认知和肯定这一事实（*hôs esti*）。如果换成现代的术语，我们就可以说，分词*to ton*在这里代表着某一任意的事实，限定性动词*hôs esti*则代表着某一任意命题（或任一判断的内容）。"[②]

基于上述的讨论，我对该残篇的翻译是："Of everything and anything the measure（truly-is）human（ity）: of that which is, that is the case; of that which is not, that is not the case［就每一事物或任一事物来说，人（类）是（真正的）尺度：对于存在的状

---

① Kahn, *Verb*, 367.

② 同上。

况，是存在的尺度；对于非存在的状况，是非存在的尺度〕"。

残篇是对帕默尼德的回应

就普罗塔戈拉的"尺度说"格言以及以"尺度说"开篇的那本书而言，学界都一致倾向认为是对以帕默尼德为首的埃利亚学派极端主义的回应。① 这一观点最权威的依据来自古代的波菲利（Porphyry），他曾炫耀过自己对其书中的那些反驳"存在为一"的章节都熟记在心、倒背如流（DK 80 B2）。此外，柏拉图和亚里士多德也分别在《泰阿泰德》和《形而上学》中就普罗塔戈拉对埃利亚派一元论的回应做出过相同的描述。

其实，残篇文本自身也有证据可支持这种反驳埃利亚派的解读。卡恩在对希腊动词"to be"的研究中发现，一般只有哲人才使用其动词的"全称否定"（generic-negative）结构（"全称否定"是我自己的术语，非卡恩的原话），比如ouk esti tauta——"这并非如此"。② 卡恩指出，"全称否定"并非不合语法或有语言错误，而是该结构"充满了逻辑陷阱"，③ 而构成帕默尼德著名诗篇主题的又正是这样一些逻辑陷阱。其实，帕默尼德诗作的大部分都被认为是在对ouk esti进行系统的分析。④ 尽管全称否定在尺度格言中的出现频率很低，但值得注意的是，普罗塔戈拉

---

① Dupréel, *Sophistes*, 23~28, 41；Guthrie, *HGP III*, 47；Kerferd, *SM*, 92；Scott Austin, *Parmenides: Being, Bounds, and Logic*（New Haven: Yale U. Press, 1986），120；Michael Gagarin, Plato and Protagoras（Ph.D. diss., Yale University, 1986），122.

② Kahn, *Verb*, 366.

③ 同上，367。

④ Austin, *Parmenides*；A. P. D. Mourelatos, *The Route of Parmenides*（New Haven: Yale U. Press, 1970），74~93.

在结尾处重复的便是帕默尼德的*hôs ouk estin*结构。①

由此可见，要理解普罗塔戈拉"人是尺度"的残篇，就必须理解帕默尼德诗篇的意义。但是，由于对帕默尼德诗篇存在着不同的解读，其理解和解读也可能变得纷繁复杂。尽管如此，我们还是应当尝试着将各类解读进行综合，因为只有如此，我们才可能对帕默尼德的影响有一个更加清楚的了解。

对于帕默尼德的影响，有的学者主要聚焦在我们现在所说的帕默尼德的形而上学上面。例如，富勒（B. A. G. Fuller）将帕默尼德的诗篇看作对"真实"（the Real）的辩护。普罗塔戈拉将"真实"看作一种流——一种变动不居和"生成"，与此相反，帕默尼德则将其推理为"一"。于是，所有的变化在帕默尼德那里都只是一种虚假的幻象，如果感官感知到变化，感官就出现了谬误，就不应当为我们所信赖。②伯内特（John Burnet）的《早期希腊哲学》（*Early Greek Philosophy*）一书也将帕默尼德的诗篇看作是在为一元论的自然理论辩护："凡存在着的（what is），都是一限定的、不动的、物质性的充实体（*plenum*），其外则是完全的虚无。所有呈多样性的、运动的和不占时空的外观都是幻象。"③

最近，更多的学者倾向于认为帕默尼德不仅关注实在（reality）的性质，也关注恰当的思维和言说模式。科尔克（G. S. Kirk）、拉文（J. E. Raven）和斯科菲尔德（Malcolm Schofield）等人指出："帕默尼德宣称，在任何探索中均存在两种可能性，也只存在两种符合逻辑的可能性；两者非此即彼——

---

① 参帕默尼德的残篇2第3、5行（见Austin, *Parmenides*, 158）。

② B. A. Fuller, *A History of Philosophy*（New York：Henry Holt, 1945），61~65.

③ John Burnet, *Early Greek Philosophy*（London：Adam and Charles Black, 1930），182.

123 探索的主题要么存在要么不存在。"[①] 基于这样的解读，诗篇的主题就不再像是存在（Being）或实在这样的任一被给定的探索主题了。巴恩斯认为，帕默尼德其实关注的是对理性话语界限的界定。他还将帕默尼德的开篇解读为"无论我们探索什么，它都存在（exists），都不可能不存在"。[②]

在最近对帕默尼德颇为详尽的研究中，有两人也接受了这样的假设，认为其主要关注的是理性探索的本质。他们还对这一假设做了进一步推进，提出帕默尼德的目标是讨论语言的误用。部分基于卡恩对希腊动词"to be"的讨论，莫瑞拉托斯（A. P. D. Mourelatos）认为帕默尼德关注的并非存在（Being）、实在或实存（existence）本身，而是怎样区分话语和思维的两种模式，即分别可用符号表述为"A为A"和"A为非A"的肯定和否定模式。[③] 在两种模式的态度上，帕默尼德对后者倍加排斥，认为只有前者才是可理解的。莫瑞拉托斯的学生奥斯丁（Scott Austin）将帕默尼德诗篇描述为对逻辑本质的执着探索。按照他的观点，帕默尼德对大多数*ouk esti*结构都持怀疑态度，特别是那些可能隐含有"A是B"和"A是非B"等意义的句子。[④]

其后对帕默尼德的解读主要都严格基于一些方法论的讨论，例如，解读不再强调其诗篇严格意义上的形而上学意义，转而强调对思维和语言运用的关注。这时，亚里士多德也不再被看作是值得信赖的学术前辈，这种日益增长的不信任感催生了文本本身的细读分析，而对于那些后于前苏格拉底时期几个世纪的文献，其信任度也在大大衰减。此外，卡恩和哈夫洛克对希腊词"to be"的讨论，也迫使人们去重新考量此前对前苏格拉底哲

---

① KRS, 241.
② Barnes, *Presocratic*, 163.
③ Mourelatos, *Route*.
④ Austin, *Parmenides*, 11～43.

学的解读，因为此前对*esti*和*ouk esti*的解读，大多持一种存在性（existential）的解读立场。

哈夫洛克对帕默尼德的分析，成功地将我前面综述的解读脉络串在了一起。对他而言，帕默尼德攻击的对象（大多数前苏格拉底哲人亦是如此）是神话-诗歌文化本身——"荷马式的思维状态"。[①]前苏格拉底哲学与平民大众普通常识之间的冲突其实就是两种思考和理解世界方式之间的冲突——神话-诗歌传统与更为理性的传统之间的冲突，后者以某些智术师和哲人为代表。正如我在第二章所言，神话-诗歌传统的思维和表达更多属于并列添加而非从属关系，属于集聚性而非分析性关系；它接近人的生活世界，属于移情和参与而非客观地保持距离的关系，属于场景性而非抽象性的关系。换言之，荷马式的神话-诗歌话语倾向于"添加-扩充"（additive-amplificatory），而新的理性-散文话语则更看重"分析-切割"（analytical-partitioning）的思维方式。

随着古希腊文化的发展，话语的风格和内容也在发生变化。由于帕默尼德一类的前苏格拉底哲人"正处于书写与非书写之间的交替时期，其写作风格便处于一种耳眼之间的过渡形式。他们既期待有听众为主的受众，也盼望着阅读受众的接受"。[②]正如很多学者所言，帕默尼德的诗歌风格显得很笨拙，意义也常常晦涩难懂。其实，帕默尼德的做法也是出于无奈，因为他不得不用与理性表达极不相配的词汇和句型来表述其抽象的分析观念。一旦了解到这点，其笨拙风格的缘由就不难理解了。

哈夫洛克所要论证的是，帕默尼德和其他前苏格拉底哲人极

————

① Eric A. Havelock, The Linguistic Task of the Presocratics, *Language and Thought in Early Greek Philosophy*, ed. Kevin Robb（La sale, IL: Hegeler Institute, 1983）, 7～82.

② 同上，9。

力要改变彼时当下的语言和思维习惯，而这又是几百年来纯粹口传文化所带来的语言和思维习惯："帕默尼德与之论争的并非某一对立的思想派别……而是普通的公众，由于他们语言存在谬误，因而思维方式也存在谬误，所以，他们对外在环境的整个经验也存在谬误。"① 帕默尼德对流行的谬误常识批评的关键在于他对*einai*的分析，但其陈述中折射出神话-诗歌的思维方式在逻辑上又完全与帕默尼德相悖，由诗人所描述和普通大众所记忆的世界是一个不断变化和充满矛盾的世界，其间的人和事不断地"生成"其他不同的人和事。用帕默尼德的学生麦里梭的话来讲，便是大众认为"暖的可以变冷，冷的可以变暖，坚硬的可以变柔和，柔和的可以变坚硬，有生命的可以死亡，存在的可以由无生命中诞生，所有这一切都充满着变化"②。在帕默尼德看来，这样的思维属于"双向"，因为它蕴含的意思是，同一"事物"既可能又不可能，既*is*（是／存在）又*is not*（非是／非存在）。帕默尼德将普通大众描述为"一群摇摆不定，既聋又瞎，而且还反应迟钝的人，对他们来说，是与非是既相同也不同——所有的路线都是朝向对方的迂回"③。

如果重新温习一下帕默尼德有关知识混乱阐述的背景，就可明白他在诗中对*einai*用法的区分实则为其对语言和思维净化所做出的一种努力。虽然就其所赞同的观点而言人们还存在分歧，但几乎无人会怀疑他是反对*ouk esti*的某些——即便不是全部——用法的。如果从某些陈述中人们能读出"A是B又是非B"的暗含意义，帕默尼德对这类陈述是坚决反对的，因为他认为它们已经有悖逻辑地插入了"A既'*is*（存在）'又'*is not*（不存在）'"

125

---

① 同上，18。比较Richard Mason, Parmenides and Language, *Ancient Philosophy* 8（1988）：149~166。

② DK 30 B8（译文见KRS, 399）。

③ 残篇6（见Austin, *Parmenides*, 161）。

的断言。要理解世界并逻辑地谈论世界，就需要正确理解"is"的蕴含意义。在帕默尼德看来，如果存有某种"is"所不能蕴含的事物，那就必定是"is not"。[①]

巴恩斯将帕默尼德对前苏格拉底后期思想的影响描述为一种"全方位"的影响，[②] 因为在古希腊，任何人要想将自己标榜为一位严肃的思想家，他便不得不面对帕默尼德的观点，特别是后来经过芝诺和麦里梭等追随者所提升过的观点。普罗塔戈拉与帕默尼德的冲突正是聚焦在埃利亚学派的一元论和对常识的不信任上。

尽管有帕默尼德对 *ouk esti* 的一再告诫，普罗塔戈拉还是直言不讳地提出，人能决定非存在的状况（what is *not* the case）（*hôs ouk estin*），也能够决定存在的状况（what is the case）。这与埃利亚学派正好相悖：埃利亚学派宣称，由于人们思维的"不一致"，使得"事物"既可能是（be）（存在）也可能非是（not be）（非存在）。此外，埃利亚学派还认为感官是不值得信任的，因为对立的转换意味着从"是（存在）"滑向了"非是（非存在）"。由于"非是（非存在）"是不可能存在的，所以，滑向"非是（非存在）"的感官依据必须当成幻象加以抛弃。[③] 与此相反，普罗塔戈拉公开将一种对"非是（非存在）"的感知纳入自己的观点，宣称人（类）也是"非是（非存在）"（*hôs ouk estin*）的尺度。此外，当这一观点被置放到双重逻各斯和强／弱逻各斯残篇一起来解读时，这种对立转换的讨论也就更加顺理成章和易于接受了。帕默尼德的推理属于"非此即彼"（either / or）取向：我们要么谈论"是（存在）"的事物要么谈论"非是（非存在）"的事物，后者导致矛盾和不合逻辑，所

---

① Austin, *Parmenides*, 11 ~ 43; Havelock, "Task", 20 ~ 28.

② Barnes, *Presocaratic*, 155.

③ 同上，296 ~ 302。柏拉图在《泰阿泰德》中继续以一种帕默尼德的方式对流变理论进行批判。参F. C. White, "The Theory of Flux in the *Theaetetus*", *Apeiron* 10（1976）: 1 ~ 10。

以只有前者是可接受的。相反，普罗塔戈拉的推理属于"并列"（both / and）取向：人既是"是（存在）"的尺度，也是"非是（非存在）"的尺度。

虽然普罗塔戈拉和帕默尼德的分歧已非常清楚，但对于普罗塔戈拉是怎样面对帕默尼德对 *ouk esti* 的非难和指责，以及他和赫拉克利特式存在论之间的关系等方面的问题，对于这些我们目前也都还不是十分明朗。此外，以"人是尺度"残篇作为开篇的那本书也未能流传下来。尽管如此，我们仍然可整理出相关的依据来支撑这样一种观点，也就是说，普罗塔戈拉针对上述概念性问题的解决方案，与其对经验的矛盾性表述相联系，这一矛盾性表述涉及的是他为基于参照框架（frame of reference）这一基本概念的相对性（relativity）进行的首次辩护。

为相对性一辩

126　　普罗塔戈拉的参照框架概念有多种来源，其中最清楚的便是普鲁塔克（Plutarch）记载的有关他与伯里克利那段脍炙人口的讨论（DK 80 A10）。一位年轻人，法塞拉的埃庇提马（Epitimus of Pharsalus），不幸死于一支标枪之下。据说伯里克里和普罗塔戈拉花了整整一天的时间来讨论这位年轻人的死因，包括标枪，投掷标枪的人和场地的主管。按照伦塞（Giuseppe Rensi）的观点："问题的答案其实可以是三者中的任意一方，按照不同的观点（point of view）——面对问题的每位具体个人，答案也总是正确的。"① 例如，对医生来说，最好的答案（*orthos logos*）是标枪；对法庭上的法官来说，答案则是投掷标

---

① Giuseppe Rensi, *Introduzione alla scepsi etica*（Firenze：F. Perrella, 1921），118（trans. in Untersteiner, *Sophists*, 31）。

枪的人；但是，到了行政官员那里，答案又成了场地的主管。从抽象和绝对意义上看，没有一个答案可以判断为正确，除非其导入该过程中直接相关人员的兴趣和需求。答案既非任意也非仅仅出于约定俗成，只有当其置放在每一具体的参照框架中时，才可能成为"客观正确的"。

普罗塔戈拉有关参照框架最为详尽的阐述可参考柏拉图的相关对话。他对普罗塔戈拉相对主义（relativism）的描述暗含的意思是，普罗塔戈拉认为，世上的"事物"只存在于某些特定的参照框架中。就"A为B"而言，只有当其加上"对于C来说"之后方能成立。风对某一个人来说为冷，但对另一个人来说可能会为不冷（《泰阿泰德》，152b）。在上述的任一情况下，我们只能相对于某一具体的个人来谈论风冷的程度。在言及可能存在的某种状况（hôs esti）之前，风必须被人所感受。一旦感受，或"度量"，就有可能出现不同的描述（logos）。

在《普罗塔戈拉》和《泰阿泰德》等对话中，有若干不同的描述（logoi）和参照框架被用来举证普罗塔戈拉式的相对性。按照维尔塞涅（Versényi）的观点："我们看到的不同'事物'（公平、正义、美好、实用、营养，以及其反面）都是相对于同等量的不同'尺度'；相对于个体的人，尺度既可有更大的包容（状态、动物的种属），也可有较小的包容性（人和事物的局部）。"[①] 在每一种状况下，都存有一种事物-属性关系（A为B）和构成了某种"尺度"的参照框架（对C来说，A为B）。

那么，对于柏拉图描述的可信度又当怎样来看待呢？于此，柏拉图在其文本中非常清楚地指出，"尺度说"的具体陈述直接引自普罗塔戈拉《论真理》（Alêtheia）一书的开篇，其他地方逐字逐句的重复也足以证明"尺度说"的准确性。但是，除了原

---

① Versényi, "Protagoras", 180.

文的引用外，柏拉图又通过苏格拉底在对话中的各种言谈挑明，对普罗塔戈拉观点的解释和辩护并非出自普罗塔戈拉本人之口，而是出自柏拉图的想象和推测。苏格拉底坦陈，如果普罗塔戈拉还健在，"他也一定会如此大张旗鼓地支持他自己的观点"。①

那么，柏拉图在自己的描述中又在多大程度上偏离了普罗塔戈拉的原话呢？对此虽然没有可以肯定的具体描述，但从相关的章节中，还是可以引证出可信的证据。例如，由于柏拉图在《泰阿泰德》中讨论的主题不是普罗塔戈拉本身的哲学（不像《普罗塔戈拉》中的对话），而是知识的本质，因此，人们普遍认为，柏拉图将"尺度"概念简化为知觉本身的这一行为，是意在加强对那些据说将知觉等同于知识的思想家的反驳。② 然而，柏拉图对普罗塔戈拉感知理论的讨论决不可作为毫不相关的论证而摒弃，其有关冷风不同感知的例证似乎正好是对普罗塔戈拉现身说法的注解。③ 此外，柏拉图本人在《蒂迈欧》中提出的知觉理论与《泰阿泰德》中所说的普罗塔戈拉提出的理论非常接近，若干学者也都同意这样的看法，认为普罗塔戈拉的"秘密学说"其实就是柏拉图自己的知觉理论，因为柏拉图觉得该学说可被接受为一种对感官知觉的物理性（physical）解释，尽管这还不能完全满足他对可靠知识进行哲学性解释的愿望。④

因此，我们完全有理由推测，柏拉图对普罗塔戈拉感知理论的描述并非纯粹是一种值得怀疑的虚构，描述很可能是基于他所认为的普罗塔戈拉观点中所蕴含的那些东西。如果将"人是尺

---

① 168c5 trans. John McDowell, *Plato*: *Theaetetus* (Oxford: Clarendon Press, 1973).

② Maguire, "Protagoras", 115~138; Barnes, *Presocratic*, 541~545.

③ Gagarin, "Plato", 137.

④ F. M. Cornford, *Plato's Theory of Khowledge* (London: Routledge and Kegan Paul, 1935), 49; John Burnet, *Greek Philosophy*: *Thales to Plato* (London: Macmillan, 1964), 196.

度"残篇同"双重逻各斯"和"强／弱逻各斯"等残篇放在一起
来解读，这样的假设还会显得更为合理。证据表明，普罗塔戈拉
是介于构成逻辑模式与属性逻辑模式之间的转型人物。虽然帕默
尼德不承认实在的对立属性，柏拉图又将属性提升到了具有其独
立本质的形式（Forms），但是，普罗塔戈拉残篇却指出，属性
可由人自己直接感知和经验，因而属性并非"存在（are）"于
抽象意义中，而是相对于人而"存在（are）"。

　　《泰阿泰德》中也有进一步的证据支持这一说法，认为柏拉
图对普罗塔戈拉参照框架观念的描述是可靠的。其一，在对话中 128
整个讨论其观念的部分，每当言及普罗塔戈拉时，柏拉图的语气
均是尊重和严肃的，同时，普罗塔戈拉也同赫拉克利特和恩培多
克勒等哲人排在了一起，一道被尊为"有哲学倾向的教师"。[1]
此外，普罗塔戈拉还被看作是反帕默尼德和埃利亚学派观点的那种
哲人代表。按照加加林的说法，这"完全是一种荣誉，因为它表明
柏拉图不仅将智术师看作严肃的思想家，也将他们看作可以和历史
上任何伟大哲人相提并论的哲人，其重要性或许还更胜一筹"。[2]

　　如果柏拉图对普罗塔戈拉的尊重是出于其思想的严肃性，那
么，同样值得注意的是，也正是由于《泰阿泰德》中参照框架的
问题使得普罗塔戈拉的贡献被突显了出来："从其自身来说，我
们能说风本身是冷还是不冷吗？或者说是否我们应当接受普罗塔
戈拉的观点，认为冷是由于某人感觉到冷，不冷是由于某人没有
感觉到冷？"[3]

　　在稍后的一个段落中，柏拉图还对普罗塔戈拉的相对主义做
出了更为详尽的解释："当某物变甜、变酸或变成其他味道时，

---

　　[1]　Gagarin补充认为"如果我们从其他对话的角度来看苏格拉底的对话者，没有
人（或许帕默尼德除外）同普罗塔戈拉相比能望其项背"（"Purpose"，162）。亦参
Gagarin，"Plato"，122。

　　[2]　Gagarin，"Plato"，122.

　　[3]　152b trans. McDowell, *Theaetetus*.

它必须是对某人而言：如果没有人品尝甜，它就不可能变成甜的。"① 这段话的意思非常清楚：物体的性质"存在（are）"或"存在状况（are the case）"只是相对于作为它们"尺度"的那些人而言。柏拉图又继续说道："所以……只有在相互的意义上……物与我（it and I）才得以存在或生成；必然性把我们（物与我）的存在（existence）捆绑在了一起，但却未将我们任何一方与他物捆绑，也未将我们的任何一方与自身捆绑。所以，我们只能相互捆绑在一起"（160b5）。

大多数注疏者都满意地指出，这一段话是对"知觉需要用理性的方式来经验"这一命题的延续。其实，值得强调的还有两点补充。第一，这句话和其后几句并非限于感官知觉，而是限于 einai —— "that which is（存在）"或"what is the case（存在状况）"的讨论。第二，柏拉图选择语言来描述人与物、主体与客体的关系是具有启示意义的，因为两者"互为约束"和"捆绑"在了一起（from sundeô）。在普罗塔戈拉时代，希腊语中还没有表示参照框架的词汇，也没有一个能清楚表示相对性的词汇，因此，普罗塔戈拉和柏拉图最多只能使用常用词的隐喻意义来描述新出现的理论概念。

这段话接着又说："因此，无论我们说到某物'存在'还是其'生成'，我们都必须说某物的存在或生成是'对某人而言'，或'就某事而言'，或'相对于某物'，我们决不能说……某物的存在或朝向另一事物的生成是在其自身中或依靠其自身。"（160b~c）注疏者们通常认为，这段话表明普罗塔戈拉否认了"事物存在于自身（things-in-themselves）"这一假设的价值。② 对他来说，只有从人对事物的经验角度讨论事物属性

① 160b trans. F. M. Cornford, *Plato's Theaetetus*（Indianapolis：Bobbs Merrill, 1957）。如未特别注明，《泰阿泰德》的英文译文均来自Cornford。

② McDowell, *Theaetetus*, 155；Versényi, "Protagoras", （转下页）

才有意义，因为从定义上看，事物的属性是相对的。

　　就普罗塔戈拉相对主义的原创性而言，我最后还想讨论的一点是塞克斯都·恩皮里柯文本中的相关例证。塞克斯都有关普罗塔戈拉哲学的报告大约写于公元200年，讨论主要聚焦在"人是尺度"说上。塞克斯都指出，由于"尺度"等同于"标准"，*chrêmata*等同于*pragmata*，"所以，（普罗塔戈拉）假设的仅仅是呈现在每一个体的人面前的事物，因此他引入了相对性"。① 伯里（R. G. Bury）和奥布里恩（Michael J. O'Brien）两人也分别将希腊文*to pros ti*翻译为"相对性"。② 这样翻译的好处是该短语蕴含的意思可以和现代概念清晰吻合在一起，但是，它却低估了相对性概念演进过程中所涉及的困难。希腊文*to*通常翻译为定冠词"the"（这或那），*pros*翻译为"toward"（朝向），而*ti*则作为不定代词。在前面广泛引用的《泰阿泰德》段落中，柏拉图在解释普罗塔戈拉的观点时用了*pros ti*。在那段话中（160b9），康佛德（Francis M. Cornford）将其译为"towards"，福勒（H. N. Fowler）和麦克道威尔（John McDowell）则将其翻译为"in relation to"（相对于）。③ 该短语后来又出现在亚里士多德的《范畴篇》中，普遍翻译为"关系范畴（relatives）"："所有这样的事物据说都正好是属于或不属于，或者以某种其他方式关系于某些其他事物的东西"（6a36）。

（接上页）182；Gregory Vlastos, *Plato's Protagoras*（Indianapolis：Bobbs Merrill, 1956），xiii.

　　① Sextus, *Outline of Pyrrhonism* 216；强调为笔者所加。

　　② R. G. Bury, *Sextus Empiricus*（Cambridge, MA：Harvard U. Press, 1933），1：131；Michael J. O'Brien的译文载Rosamond Kent Sprague所编*The Older Sophists*（Columbia：U. of South Carolina Press, 1972），11。

　　③ Cornford 的译文载Edith Hamilton and Huntington Cairns, *The Collected Dialogues of Plato*（Princeton：Princeton U. Press, 1961）；H. N. Fowler的译文载洛布丛书本；McDowell, *Theaetetus*。

必须要意识到的是，短语*to pros ti*（以及其变体形式）的意义随着时间推移而演进。在柏拉图的著作中，这个短语是作为一种空间隐喻出现的，意在表达一种事物属性与人之间的关系：风相对于某人来说冷。主体与客体属性被捆绑在了一起，"存在状况"（*hôs esti*）必须以"人"（*anthrôpos*）为尺度。到了亚里士多德，事物"是（are）"相对的这一概念则被限于一种被称为"关系范畴"的特殊对象。再到塞克斯都时代，表示该概念的词汇与600年前相比已大为丰富，因此，如果用运亚里士多德的分析所提供的准确性来将普罗塔戈拉界确定为"引入相对性"的人，则已是容易得多的事情了。

最后要提到的问题是，普罗塔戈拉的相对主义是否代表了激进的主观主义或某种实证性、客观性的存在论。前者是柏拉图和黑格尔传统论及智术师时所持的立场。例如，伯里认为普罗塔戈拉"人是尺度"说的暗中意义是，由于"'作伪'没有意义"，所以，"客观的真"和"知识的可能性"均受到普罗塔戈拉的排斥。[①] 格思里将普罗塔戈拉的立场描述为"极端的主观主义"，因而从"逻辑上"导致了"道德和政治的无序状态"。翁特斯泰纳也曾将普罗塔戈拉的观点描述为现象主义，一种相对晚近的哲学理论，它将所有的物质对象都简化为*sensa*——被感知到的东西。[②]

由于传统的影响，以格罗特为首的学者则倾向于将普罗塔戈拉的相对主义描述为"客观性的"。[③] 客观主义解读将赫拉克利特对普罗塔戈拉的影响纳入了考量范围：从真实和"客观"的角度看，风既冷也不冷，尽管在某一特定的时间、某一单独个体的

① Bury, *Sextus*，1：xiv。亦参P. H. Epps, Protagoras' Famous Statement, *CJ* 59（1964）：223~226。

② Guthrie, *HGP III*，186~187；Untersteiner, *Sophists*，48（见注1）。有关现象主义问题，参R. J. Hirst, "Phenomenalism", *Encyclopedia of Philosophy*（New York：Macmillan, 1967），6：130~135。

③ Kerferd, *SM*，87n.

人只能经历其两种描述（*logoi*）中的一种状况。这种客观主义解读使得柏拉图在《泰阿泰德》、亚里士多德在《形而上学》和塞克斯都在《皮浪学说要旨》等作品中对普罗塔戈拉的讨论，变得大部分都有了意义。①

如果要选择一个标签，那么上面我关于赫拉克利特对普罗塔戈拉的可能影响的讨论表明，"客观主义"这个标签要好一些。② 但值得注意的是，真正主观／客观的两分法其实并不恰当，因为在公元前5世纪的希腊术语中，还没有现代意义上的主观／客观之分。"智术师"著名的*nomos*（习俗）／*physis*（自然）两分法也不可能简约为主观／客观的二元论；即使可能，普罗塔戈拉和*nomos* / *physis*的争论之间也找不到清晰的关联证据。③ 再有，即使在现代，"主观"也可能蕴含有众多带有不同哲学内涵的潜在意义。④ 如果把主观／客观这对概念简约为更为具体的人与物的概念，那么，普罗塔戈拉的回答非常清楚：人与物这两者是被"捆绑"在一起的，"物"以处于矛盾性方式（*logoi*）中的人为"尺度"，对某一物的某一主导性经验（*logos*）是潜在地可变的，此即对立面的互换或交换。

---

① G. B. Kerferd，Plato's Account of the Relativism of Protagoras，*Durham University Journal* 42（1949）：20～26.

② Harold Cherniss，*Aristotle's Criticism of Presocratic Philosophy*（New York：Octagon Books，1935），85n，159n，166；Richard Bett，The Sophists and relativism，*Phronesis* 34（1989）：166～168.

③ Martin Ostwald，*From Popular Sovereignty to the Sovereignty of Law：Law，Society，and Politics in Fifth-Century Athens*（Berkeley：U. of California Press，1986），260～266.

④ John P. Sabin and Maury Silver，Some Senses of Subjective，*Explaining Human Behavior*，ed. Paul F. Secord（Beverly Hills：Sage，1982），71～91.

第八章

"不可能矛盾" 残篇

134　　与我此前讨论过的残篇所不同的是，目前还没有任何文献直截了当地指明"不可能矛盾"一说是普罗塔戈拉的原话。但是，由于在古代有关普罗塔戈拉的讨论中经常出现这一短语与其他语词的组合，这就足以使大多数学者相信它是普氏哲学的一部分了。通常被称为"不可能矛盾"的残篇只有三个单词：οὐκ ἔστιν ἀντιλέγειν。对于ouk estin antilegein这三个希腊词汇，虽然第尔斯和克兰茨没有将其列为真实可信的残篇原文，但在题为"人生与教育"（Life and Teachings）的文献中两次提及该残篇时（DK 80 A1，A19），其态度又在一定程度上有所不同。尽管在公元前5至前4世纪确实也有其他哲人提出过ouk estin antilegein［特别是安提斯蒂尼（Antisthenes）］，但即便如此，绝大多数还是认为该短语出自普罗塔戈拉。①

　　一般来说，当ouk estin antilegein被从上下文中抽取出来，

---

　　① Guthrie, *HGP III*, 182 n2；Kerferd, *SM*, 89～90。公元4世纪的一个古抄件（或许是Didymus所抄）认为该短语出自普罗狄科：参 Gerhard Binder and Leo Liesenborghs, "Eine Zuweisung der Sentenz *οὐκ ἔστιν ἀντιλέγειν* an Prodikos von Keos", *Museum Helveticum* 23（1966）: 37～43; revised in Classen, Sophistik, 452～462。Kerferd则认为古抄件"完全是在维护（*ouk estin antilegein*）出自普罗塔戈拉及其追随者的观点"（*SM*, 90）。

并作为普罗塔戈拉学说的一部分进行考察时，大多数情况下总是被译为"impossible to contradict"，其中*antilegein*是动词"to contradict"的不定式形式，而*ouk estin*在这一结构中加上不定式，意思便是"it is not possible"或"it is impossible"。

有关*ouk estin antilegein*的正反解读

要弄清普罗塔戈拉提出*ouk estin antilegein*的确切意义实属一件颇为棘手的事。第欧根尼·拉尔修（9.53）和伊索克拉底（《海伦》，1）在提及*ouk estin antilegein*时，通常将其简单罗列为普罗塔戈拉赞同的一个观点。在柏拉图的《欧绪德谟》和亚里士多德的《形而上学》中，尽管*ouk estin antilegein*的讨论占了较长篇幅，但仍很难了解该短语的来龙去脉，因为他们两人于此的目的并非是要描述残篇的历史。即便如此，残篇所在的相关段落还是为尽可能还原普罗塔戈拉的说法提供了极有意义的信息。

在《欧绪德谟》（286a）中，智术师狄奥尼索多洛（Dionysodorus）坦陈自己赞同的观点是"一个人不可能谈论不存在的东西（that which is not）"，他也正是通过这样的表白来为*ouk estin antilegein*的命题辩护。如果两个人的言说之间出现矛盾，其表明的便是两人不可能谈论的是同一事物，因为同一事物的表述应为同一——而非矛盾的——逻各斯。不同的逻各斯表明谈论的是不同事物，并非是说两者之间存在矛盾。

对于*ouk estin antilegein*来说，这样的辩白显然未能奏效。于是，柏拉图又让苏格拉底抬出普罗塔戈拉，说他也曾用过这样的表达，并进而将话题转向了"不可能作伪"这一命题，因为苏格拉底认为这才是*ouk estin antilegein*的真正蕴含意义。对于"不可能有错"这一命题，苏格拉底曾经以玩笑的口吻说过，如果某一

135

观点有如其他任何观点那样都为真的话，智术师都会丢了饭碗。然而，苏格拉底这一次并没有用这种口吻来反驳"不可能作伪"这一命题。

尽管柏拉图借苏格拉底之口指出，*ouk estin antilegein*的意义就是普罗塔戈拉及其追随者所使用的意义（《欧绪德谟》，286c），但仍值得存疑的是，柏拉图所说的是否真是普罗塔戈拉的原话。首先，普罗塔戈拉不可能同意"一个人不可能谈论不存在的东西"（*hôs ouk esti*）这一说法，因为这与他"人是尺度"残篇所言及的命题相悖。其次，普罗塔戈拉的"双重逻各斯"残篇也明确提出，同一事物可能有两种不同的逻各斯——甚至是X和非X形式的逻各斯。

然而，我们也可以设想普罗塔戈拉在《欧绪德谟》中提供的是一种略加修改过的辩护版本。同一事物，例如风，可以用不同的方式来测度（measured）（或经验）冷或非冷。对每一位经验或测度风的人来说，风可能属于不同的事物：冷或不冷的风。被测定的事物相互之间并不存在矛盾，存在的仅仅是不同。[1]

由于柏拉图的明显目标不是*ouk estin antilegein*，而是"不可能作伪"这一命题，因此，对于他为何要对普罗塔戈拉的辩护进行修正就不难理解了。"事物"与"被经验到的事物"之间的区别既微妙但又十分重要，因此，柏拉图在《泰阿泰德》（160b）中对普罗塔戈拉进行讨论时便指出，这是普罗塔戈拉已经意识到的一种区别。

亚里士多德未在任何地方直接点明*ouk estin antilegein*和普

---

[1] Binder and Liesenborghs, "Zuweisung"；Kerferd, *SM*, 90~91；Andreas Graeser, "On Language, Thought, and reality in Ancient Greek Philosophy", *Dialectica* 31（1977）：363~364。同一点的另一种描述方式是将不同"被测定的事物"称为不同的"状况"［Françoise Caujolle-Zaslawsky, "Sophistique et scepticisme：L'image de Protagoras dans l'uvre de Sextus Empiricus", *Positions de la Sophistique*, ed. Barbara Cassin（Paris：Vrin, 1986）, 158~159］。

罗塔戈拉的渊源关系，他只是在《论题篇》（104b19～21）中附带提及到这一短语，并将其作为某些哲人"悖伦性信念"（paradoxical belief）的例子来举证。此外，他还在《形而上学》（1024b34）中再次将其看作是安提斯蒂尼的语言理论所暗含的命题。毫无疑问，亚里士多德非常清楚"不可能矛盾"作为时代口号的地位，这就让人难以理解为什么他在抨击普罗塔戈拉时闭口不谈*ouk estin antilegein*。其实这也并非不可解释：有可能这与普罗塔戈拉最初使用时的初衷已毫无关系，有可能已被亚里士多德的观点所取代，或许也有可能与他所想要提出的观点发生了冲突。

《形而上学》中有关普罗塔戈拉的延伸讨论出现在该书的第3卷（*Gamma*）。该卷引入了亚里士多德关于"作为存在的存在"（being *qua* being）的科学。书中的中心议题是亚里士多德对现在称之为矛盾律的辩护："同一属性不可能于同一时间在同一方面既属于又不属于同一主体"（1005b19～20）。正如卢凯塞维奇（J. Lukasiewicz）所言，亚里士多德是以存在论、逻辑学和心理学三种方式来构建矛盾律的——虽然他并未注意到它们之间的区别。① 但就普罗塔戈拉研究而言，其最基本和最相关的还是要数上面所提及的存在论构建。② 逻辑构建将矛盾律应用于陈述（*logoi*）："相互矛盾的陈述不可能同时为真。"③ 心理学构建并非像存在论那样作为一种法则提出："因为正如有人相信赫拉克利特所说的，一个人不可能相信同一事物既存在又不存在。"④ 虽然卢凯塞维奇展示的三种构建在逻辑上经纬分明，但

---

① J. Lukasiewicz, "Aristotle on the Law of Contradiction", *Articles on Aristotle*, vol. 3, *Metaphysics*, ed. Jonathan Barnes, Malcolm Schofield, and Richard Sorabji（New York: St. Martin's Press, 1979）, 50～51.

② 亦参《形而上学》, 1006b28-34, 1007b18-21。

③ 同上, 1011b13-14; 亦参1006b11-22, 1008a28-30。

④ 同上, 1005b23-25; 亦参1005b25-32, 1008b12-19。

出于论证的需要，亚里士多德却选择了游移在矛盾律的三种意义之间。

卷3中有两次直接提到普罗塔戈拉。第一次是在部分反驳任何主体上矛盾都是可能的这一说法，这一说法似乎是普罗塔戈拉双重逻各斯和"人是尺度"说的一种变体："如果对于同一主体在同一时间中所有矛盾都是真的，那么最终，所有的事物都会合为同一，因为如果我们可以任意肯定或否定任何事物，那么，同一事物既可以是一艘三层战舰，也可以是一堵墙或一个人——但凡同意普罗塔戈拉观点的人都会接受这一说法。"① 亚里士多德进一步将这一观点推向了荒谬的极至："因为如果某一事物既可以是人也可以是非人，那么，也可以说这一事物既不是人也不是非人。"（1008a4～6）

在反驳了"某一事物既可以是又可以非是"的观点后，亚里士多德紧接下来又再一次提到普罗塔戈拉，认为普罗塔戈拉相信"所有意见（dokounta）和现象（phainomena）均为真"。如果这一观点成立，亚里士多德则相信从中便可以推论出"所有的陈述都同时既可以为真亦可以为伪"，因为"很多人所持的信念都是相互矛盾和冲突的"（1009a6～10）。因此，在亚里士多德看来，这样的观点意味着知识的无政府状态，其中作伪和谬误都无法加以判断："如果实在（reality）真的像所说的那样，那么，一切在他们眼中都可以是对的了"（1009a13～15）。由于这种无政府状态会阻碍科学研究进行的可能，所以，亚里士多德认为矛盾律是保证哲学研究处于科学状态的先决条件。

那么，作为普罗塔戈拉观点的见证，亚里士多德的所言到底又有多大的可信度呢？亚里士多德是否是在反驳同时代其他人对普罗塔戈拉的运用（公元前4世纪的所谓"普罗塔戈拉派"？）

---

① 同上，1007b18–23；强调为笔者所加。

或者他篡改的目的仅仅是使其更容易加以反驳？这些我们都不可能很自信地加以肯定的回答。[①] 在上述两种情况中，我们都完全有理由认为亚里士多德在《形而上学》中的讨论偏离了普罗塔戈拉的原意。首先，尽管我们似乎有理由认为普罗塔戈拉将陈述（*logoi*）看作事物（*pragmata*）的子集，但我们却拿不出任何具体的依据，因为亚里士多德绝大部分对矛盾律的辩护和对普罗塔戈拉的抨击都蕴含着从存在论构建往逻辑构建的转移。另外，当我们言及风冷或不冷这一类"事物"，以及宣称所有陈述都同样为真时，两者之间是存在着很大差异的。其实，当普罗塔戈拉说对立性的逻各斯是可能的时候，他针对的是事物，而非别的逻各斯。没有证据表明普罗塔戈拉将逻各斯当作事物来对待，虽然他的追随者有可能这样做。[②]

其次，对于普罗塔戈拉是否真正认同"不可能作伪"这一说法，我们也很难给出肯定的回答。在柏拉图的《欧绪德谟》中，"作伪地言说"等同于"言说不存在的事物"——*hôs ouk esti*——但对话中参与讨论的人对此也都众口一词地予以否认。正如我所说过的，普罗塔戈拉对这一观点是不予认同的。从另一个角度看，《泰阿泰德》中对"人是尺度"残篇的描述，也确实暗示有这样一层意思，即相对于每一个人来说，他或她本人其实就是真或伪的评判者。因此，我们完全有理由相信，就普罗塔戈拉本人而言，他肯定赞同这一命题，认为每一陈述（*logos*）对相信它的人来说都为真。其实，这与亚里士多德理解的意思完全相悖，因为亚里士多德认为普罗塔戈拉的学说暗含的意义是，所有

---

①　Harold Cherniss, *Aristotle's Criticism of Presocratic Philosophy*（New York: Octagon Books, 1935）, 77~79.

②　T. M. Robinson, *Contrasting Arguments: An Edition of the Dissoi Logoi*（Salem, NH: Ayer, 1979）, 各处。比较Manfred Kraus在其*Name und Sache: ein Problem im frühgriechischen Denken*中对高尔吉亚逻各斯的讨论（Amsterdam: Grüner, 1987）。

陈述都无条件地为真，用不着参考任何相关的"尺度"。

ouk estin antilegein 的积极贡献

　　虽然亚里士多德在《形而上学》卷3中很可能误读了普罗塔戈拉的观点，但很明显，他在某些观念上仍然同普罗塔戈拉有着传承关系。正如我在前面所提到的，亚里士多德并未全盘否定对立性或矛盾属性的概念；他所不能接受的仅仅是两个对立项可在同一时间并行呈现的观点。和普罗塔戈拉强／弱逻各斯不同的是，亚里士多德的"现实"和"潜在"属性是呈交替出现的方式，所以，在任一给定的时间内，两者只能是其一为"真"。在《形而上学》1009a6处论及普罗塔戈拉后，这种真实／潜在的解释模式很快又被重新再次提出。亚里士多德注意到，一些人相信"矛盾或对立项可同时为真"（1009a24～25）。他承认"同一事物可同时呈现为存在和不存在——但却不能在同一方面（respect）内呈现，因为同一事物在同一时间可以潜在地存在两种对立属性，但却不能在实在中同时呈现"（1009a33～35）。对此，没有证据显示普罗塔戈拉会有不同的看法。

　　事实上，亚里士多德所提出的矛盾律早就被以一种非常原初的方式为普罗塔戈拉所预见。按照亚里士多德的观点，"A是B"和"A是非B"两者互为矛盾，但两者如果分别附加上"对C来说"和"对D来说"的条件后，"A是B"和"A是非B"却又相互成立。同样，按照普罗塔戈拉和亚里士多德共同的观点，"在时间1的情况下A是B"和"在时间2的情况下A是非B"也相互成立，只是普罗塔戈拉观点的前提是，谓词不能像亚里士多德那样被置放于没有上下文的真空之中，而应给出某一特定的语境或"尺度"。因此，如果说普罗塔戈拉引入了语境相对性的概念雏形，亚里士多德则在此基础上构建了他的矛盾律。[①]亚里士多德的谨慎措辞也清楚表明，他已经意识到相互冲突的逻各斯应当在何种情况下才可能不产生矛盾："同一属性在相同的方面不可能同时既属于又不属于同一主体。"[②]由此可见，亚里士多德的矛盾律和普罗塔戈拉的*ouk estin antilegein*之间明显存在着理论上的传承关系。

即使柏拉图和亚里士多德对普罗塔戈拉有关*ouk estin antilegein*的讨论不能说完全准确，但他们毕竟也提供了某些线索，可以用来诠释其缘起的可能条件。正如他们的讨论所指出，就短语本身而言，*ouk estin antilegein*有着某种特定的"埃利亚派风格"。[③]由于文献明确记载了普罗塔戈拉的反帕默尼德立场，因此，*ouk estin antilegein*很可能代表的正是他部分对埃利亚学派的回应。

帕默尼德对当时普通的语言用法所表露的不满，部分是由于语言的这种用法似乎充满矛盾。他批评普通的民众，认为"在他们看来，'是（to be）'与'非是（not to be）'既属'同一'也属'非同一'"。[④]帕默尼德区分了"神圣的"真理之路和"有死者的"真理之路，后者被他描述为*palintropos*，即"向后退"。*palin*一词也有对立的意思，可表示"矛盾"之意。此外，帕默尼德的得意门生麦里梭对感官也持特别的置疑态度，因为它们往往会导致"相互不能兼容的"看法（*ou...allêlois homologei*）："我们认为暖的可以成为冷，冷的可以成为暖；

---

① Scott Austin, *Parmenides: Being, Bounds, and Logic* (New Haven: Yale U. Press, 1986), 120~125。亦参Richard Robinson有关矛盾律的早期线索被过度解读的讨论 [*Plato's Early Dialectic* (Oxford: Clarendon Press, 1953), 2~4]。

② 《形而上学》，1005b19-20；强调为笔者所加。

③ H. D. Rankin, "*Ouk estin antilegein*", in Kerferd, *Legacy*, 25.

④ 残篇6（见Austin, *Parmenides*, 161）。

同理，坚硬的可以成为柔和，柔和的也可以成为坚硬。"① 埃利亚学派在很大程度上反对常识，因为常识似乎会导致矛盾。与此相反，普罗塔戈拉的观点则可以看作是拯救常识的一种努力，因为他引入了相对"尺度"的观念来证明 *ouk estin antilegein*——不可能矛盾。

奥斯丁曾指出，普罗塔戈拉看到了逻辑矛盾和语境性歧义之间实际还是存在着很大的区别，这是帕默尼德和埃利亚学派都不愿承认的区别。因此，奥斯丁认为："普罗塔戈拉的观点与帕默尼德相比，显得更为丰富……它朝向某种矛盾律理解推进，这一矛盾律随后在中晚期的柏拉图和亚里士多德那里诞生了。"②

因此，本章最为合理的结论是，*ouk estin antilegein* 是普罗塔戈拉对其在"双重逻各斯"、"强／弱逻各斯"和"人是尺度"等残篇中所论及的相对主义的进一步延伸。就残篇的意思和目的而言，我们目前还缺乏某种权威的证据，因而也限制了对残篇做更积极的解读，不过，*ouk estin antilegein* 残篇与其他那些可更好认识的残篇之间的相互回应，也使得我在前面几章中对普罗塔戈拉所做的总体描述得到了强化。

---

① DK 30 B8（见KRS, 399）。
② Austin, *Parmenides*, 121.

第九章
"关于诸神"残篇

除了"人是尺度"残篇外,普罗塔戈拉最为人熟知的话便是 "关于诸神"残篇了。该残篇常常整段或部分为第欧根尼·拉尔修(9.51)、赫西基乌(Hesychius,DK 80 A3)、塞克斯都(A12)、西塞罗(A23)和尤西比乌(Eusebius,B4)等人所引用,也常常在斐洛斯特拉托斯(Philostratus)(A2)、斐洛德摩斯(Philodemus,A23)、奥诺安多的第欧根尼(Diogenes of Oenoando,A23)和柏拉图(《泰阿泰德》,162d)等人的著述中被提及和转述。

残篇包括两个句子:1)περὶ μὲν θεῶν οὐκ ἔχω εἰδέναι, οὔθ᾽ ὡς εἰσὶν οὔθ᾽ ὡς οὐκ εἰσὶν οὔθ᾽ ὁποῖοί τινες ἰδέαν. 2)πολλὰ γὰρ τὰ κωλύοντα εἰδέναι ἥ τ᾽ ἀδηλότης καὶ βραχὺς ὢν ὁ βίος τοῦ ἀνθρώπου. (DK 80 B4)第一句既可做存在性(existential)解读亦可做断真性(veridical)解读,两种解读都明显将普罗塔戈拉置于 *eimi*(to be)一词的"哲学"用法的主流之中。存在性解读非常普遍,甚至连卡恩也接受:"Concerning the gods I am unable to know, whether they exist or whether they do not exist or what they are like in form(关于诸神我无法知晓,无论他们是否存在,或是否不存在,

或是什么样子）。"① 由于卡恩曾就希腊文动词 "to be" 做过广泛的研究，而且很有影响，所以，我这里全文照录了他有关第一句的讨论：

> 这里，在或许是现存最早的有关 *eimi* 作为存在谓词的 "专业（technical）" 用法中，我们可以看到存在（existence）问题和后来称的本质（essence）问题之间有着明显区别。我们也可以看到后者可以典型地用带有做系词（copula）的 "是" 的句子来表述：*hopoioi eisi idean*。（比较这一标准的希腊化时期的学说，我们即可以知道诸神存在，但不知道他们是什么或什么类型。）这种神的存在和本质或本性之间的区别，正好在逻辑术语中对应了 *esti* 在句型对立中作为存在句子和作为一阶系词之间的区别。②

卡恩认为 "关于诸神" 残篇是最先将 *eimi* 作为存在谓词的专业术语来使用的例子。柯费尔德对此仍不信服，他将 *hôs eisin* 和 *hôs ouk eisin* 分别译为 "that（or how）they are" 和 "that（or how）they are not"。③ 尽管如此，存在解读仍然有其道理，因为普罗塔戈拉残篇的构建涉及两个问题：诸神的存在（existence）（*hôs eisin*）和诸神的 *idean*——"样子（form）"、"本性（nature）" 或 "外观（appearance）"。即使是断真性解读，也会将 "他们是某种状况" 或 "他们不是某种状况" 与 "他们是什么样子" 并置起来。很明显，这一并置

---

① Kahn, *Verb*, 302。Dupréel 将残篇法译为："A l'égard des dieux, je ne sais ni s' ils sont ni s' ils ne sont pas ni comment est leur figure. Beaucoup de choses empêchent de le savior, l' obscurité（de la question）et la brièveté de la vie de l' homme"（*Sophistes*, 58）。

② Kahn, *Verb*, 302.

③ Kerferd, *SM*, 165～167.

142

中，存在／本质的区别即便不是很明显，也显然萌生了。

无论怎样，"关于诸神"残篇第一句的结构在句型上都颇具激发性。首先，*hôs eisin*和*hôs ouk eisin*不带任何可能的限定，否则就可能会有荷马时代的那种方位性或状态性的暗含意义。① 其次，这一对短语的并置也使得听众可以在不考虑诸神外形模样的情况下，去直接追问"诸神是否为真或伪"，"是事实还是虚构"等问题。

意义重要的是，这一有关存在或非存在的创新问题，是在一个仍然受到叙述形式引导的陈述中提出来的。这时句型结构还没有发展到足以用纯粹抽象的方式来追问诸神是否存在、是什么样子这些问题。这一追问的任务留给了柏拉图。普罗塔戈拉的追问尚囿于个人的方式："关于诸神我无法知晓"，然后便是进一步追问："他们是否存在，或是否不存在，或是什么样子"，再接下来便是第二句的更进一步追问了。虽然普罗塔戈拉在*eimi*用法上的创新标志着朝向柏拉图和亚里士多德那种更细微的分析风格的迈进，但其散文书写仍然受口传叙事中添加并列（additional）方式的影响。

残篇第二句较为恰当的译文是："For there are many hindrances to knowledge，the obscurity of the subject and the brevity of human life（因为存在多种认识障碍：论题的隐晦和人生的短暂）。"② 曼斯菲尔德（Jaap Mansfeld）认为，这句中的第一个短语可能属于一种习语表达，意思是"在此路上存在着不止一种事物（障碍）"。③ 曼斯菲尔德的看法不无道理——如果

---

① Eric A. Havelock, *The Greek Concept of Justice*（Cambridge，MA：Harvard U. Press，1978），233~248.

② 译文由Ira S. Mark的译文化出［Ira S. Mark，"The Gods on the East Frieze of the Parthenon"，*Hesperia* 53（1984）：318］。

③ Jaap Mansfeld，"Protagoras on Epistemological Obstacles and Persons"，in Kerferd，*Legacy*，40n.

普罗塔戈拉是想要创造一种易于记忆的格言的话，而且，接受这一看法也不用改变第二句的关键点。

143　　　其实，在普罗塔戈拉感叹人生短暂之前，恩培多克勒也曾感叹过人生的短暂，这使他无法获取他称之为"整全（the whole）"的知识。① 对希腊人来说，人和诸神的两极概念是互为界定的。② 因此，正是由于诸神区别于人的不死和强力，才使得诸神成为人在短暂的生命中难以把握的宏大论题。

　　普罗塔戈拉观念中的"论题隐晦"着实难以说清。上面翻译为"隐晦"的 adêlotês 也可以有"不确定"、"无从知晓"和"无从感知"等含义。我们可以想象出很多理由来解释，为什么诸神是如此宏大以至于难以解答的一个论题。就我个人而言，普罗塔戈拉的简要辩白并不重要，重要的是为什么普罗塔戈拉要拒绝前人的神学思考。稍后我将把"关于诸神"残篇作为普罗塔戈拉知识论的一部分来进行讨论，但在这之前，我还得先将讨论聚焦在他对宗教的态度上。

"不可知论"抑或"人类学"

　　"关于诸神"残篇通常被典型地认为表达的不过是自足的不可知论，因为在这一表述中，不可知论及其相关理由均已得到表达而无须进一步阐明了。此外，残篇的第一句还通常被举证为普罗塔戈拉不可知论的自明（prima facie）依据。③ 其实，奥诺安多的第欧根尼将普罗塔戈拉定性为无神论者是一种误解，因为说

---

　　① DK 31 B2（见KRS，284～285）。

　　② Mansfeld，"Protagoras"，43.

　　③ DK 80 A2，A3，A23。比较Paul Beattie，"Protagoras: The Maligned Philosopher"，*Religious Humanism* 14（1980）：108～115。

不知道神是否存在，并不"意味着说知道神不存在"。①

很多古代注家认为，普罗塔戈拉命运的急转是由于"关于诸神"残篇所致。第欧根尼·拉尔修曾写道，"由于普罗塔戈拉以这种方式来作为他书的开篇，他被雅典人驱逐出境，书也被他们在集市上当众焚烧"（9.51～52）。斐洛斯特拉托斯也接着写道，"雅典人禁止他进入他们所有的领土。有的说这是法庭的判决，也有的说仅仅是公众投票的结果。于是，他漂泊在大陆与岛屿之间……直到他驾驶的小船沉没"。② 传统说法认为，普罗塔戈拉的《论诸神》（*Peri Theôn*）一书就是以"关于诸神"残篇开始的，然后便是他对不可知论的辩护。辩护可能是通过诸神存在与否的论证比较来进行的。普罗塔戈拉的不可知论，还有他"人是尺度"残篇中的相对主义，明显使他被当作了理应遭到驱逐的败坏社会风尚之人。这个故事的最晚近版本是在利尔的书 144 中，他如此总结道：

> 很清楚，当严格应用"人是尺度"原则的时候，就不可避免地会导致一种更加全方位的怀疑论和非道德论。在此意义上，他在诸神方面明显的不可知论态度就可能被进一步延伸到对诸神存在的否定。如果普罗塔戈拉没有得出这样的结论，也仅仅是因为他并未完成其最后的推论，而经由其前提并通过其内在逻辑，这结论是应该达到或至少可能达到的。③

也有人认为，和其他思想界领军人物一样，普罗塔戈拉也是雅典政治中的反伯里克利派和反进步派所攻击的目标。④ 柯费尔

① DK 80 A23；cf. B4.

② DK 80 A2；cf. A3，A12，A23.

③ Giovanni Reale, *A History of Ancient Philosophy*: *From the Origins to Socrates*（Albany：SUNY Press，1987），163.

④ Mark，"The Gods"，340.

德认为，在对诸如阿那克萨哥拉和普罗塔戈拉等与伯里克利关系密切的智术师的攻击中，反伯里克利派的政治或许是主要原因。他还举出了普鲁塔克关于狄欧庇赛斯（Diopeithes）提请颁布法令一事，其颁布的理由便是要公众指控那些不信仰诸神的人。①无论是出于宗教还是政治原因，这故事始终将"关于诸神"的残篇与不虔敬指控联系在一起，这样的指控也导致了普罗塔戈拉的命运急转直下。

尽管这一故事广为流传，我们仍然有足够理由置疑这一传统说法的真实性。最近有很多分析认为这一故事纯粹是凭空杜撰，②因为所谓普罗塔戈拉的审判和驱逐一事，在公元前5至前4世纪的作家中没有一个人提及。其实，如果真有所谓狄欧庇赛斯提请颁布的法令，阿里斯托芬、柏拉图、色诺芬、修昔底德和亚里士多德等人肯定是我们希望得到的信息的来源。遗憾的是，他们中没有一人提及过有关普罗塔戈拉的指控。

即使柏拉图不喜欢民主，但他对民众指控普罗塔戈拉一事居然只字不提，这显然是最不可能的。③确实，在有关*aretê*（美

---

① Kerferd, *SM*, 21；Plutarch, *Lives* 3. 32.

② I. F. Stone 在其 "Was There a Witch-hunt in Ancient Athens？" 一文中似乎底气十足地指出，所谓狄欧庇赛斯提请颁布驱逐不敬神者的法令一事，原本只是公元前5世纪一部喜剧中的一个情节，被后来的作家当成了事实［*The Trial of Socrates*（New York：Anchor Books, 1989），231～247］。亦参John Burnet, *Greek Philosophy*：*Thales to Plato*（London：Macmillam, 1964），90～91；Carl Werner Müller, Protagoras über die Götter, *Hermes* 95（1967）：140～159（= Classen, *Sophistik*, 312～340）。K. J. Dover对狄欧庇赛斯法令的真实性持置疑态度，但却认为当时确有针对普罗塔戈拉的某些行为，只是没成功而已［ "The Freedom of the Intellectual in Greek Society", *Talanta* 7（1976）：34～41］。此外，kerferd对此持认可态度（*SM*, 43），而Githrie却认为不承认这样的故事 "或许是正确的"（*HGP III*, 263 n2）。有关其是否为真的争论近况，可参Martin Ostwald, *From Popular Sovereignty to the Sovereignty of Law*：*Law, Society, and Politics in Fifth-Century Athens*（Berkeley：U. of California Press, 1986），523～533。

③ 参柏拉图《高尔吉亚》，其中柏拉图描述了民众对伯里克利及其他领袖的反复无常。正如Burnet指出，希望柏拉图在《申辩》中对普罗塔戈拉的命运有（转下页）

德）可教性的对话中，柏拉图让苏格拉底说道，普罗塔戈拉在逝世之前已经践行了他的技艺达40年之久，而且"声誉一直很高"（《美诺》，91e）。苏格拉底又说，如果在这期间普罗塔戈拉能在其教学的价值方面愚弄"整个希腊"，那简直是难以令人置信的。阿尼图斯这个对苏格拉底充满敌意的对话者，被描绘得对智术师厌恶至极，因此如果真有对普罗塔戈拉的审判，他肯定会在对话中抓住机会不遗余力地大肆攻击。因此，无论出于戏剧的渲染还是出于哲学的效果，《美诺》中的这一段落都肯定不会让苏格拉底或阿尼图斯放过讥讽普罗塔戈拉的机会，指出那些忘恩负义和毫无德行的公众给普罗塔戈拉带来的死亡。

第欧根尼·拉尔修对自己第一次阅读《论诸神》做了较为详尽的描述，其中特别提到《论诸神》是"他公开阅读普罗塔戈拉的第一本著作"（9.54）。然而，他也认为普罗塔戈拉有40年时间一直是一位享有崇高威望的成功智术师，[①] 如果《论诸神》被认为是危险的异端邪说，普罗塔戈拉就不可能持续40年之久而不受到干扰。值得注意的是，虽然第欧根尼·拉尔修也提到了普罗塔戈拉的书籍被责令焚烧一事（9.52；DK80 A3，A4），但奇怪的是，这样一种前所未有的大事件放在公元前5至前4世纪的作家中至少还应该有其他人提及，而我们却查不到任何相关资料。相反，倒是后来的作家足够多地提到过普罗塔戈拉的书籍这件事，让我们相信焚书一事纯属子虚乌有（伊索克拉底，《海伦》，2；柏拉图，《泰阿泰德》，152a）。或许，焚书神话实源于阿里斯托芬在《云》中所给予智术师"思想所（thinkery）"的付之一炬的结局。

（接上页）所提及也属情理之中的事（*Greek Philosophy*，91）。亦参Müller，"Protagoras"，in Classen，*Sophistik*，326~327，339~340；R. S. Bluck，*Plato's Meno*（Cambridge：Cambridge U. Press，1961），358~359。

① DL 9.56，或许其根据是柏拉图《美诺》91e。

审判一说的出处目前还尚难确定，但能合理给出解释的是，由于其发生在审判苏格拉底之前——就像迫害阿拉萨哥拉的故事一样——其仍属一桩颇为诱人的神话。[①] 同样，由于不时有希腊的智术师被罗马驱逐，普罗塔戈拉的故事在普鲁塔克看来自然也会合乎情理。

随着时间的推移，当《论诸神》的开篇主要以一种口头格言的方式出现时，它在公众的讨论中或许就与书的其他部分剥离开来。如果这样的假设成立，就不难理解为什么《论诸神》的第一句会成为整个审判故事起源的基础。同时，《论诸神》也有可能并非是一本鼓吹不可知论的著作，这也为有关《论诸神》文本其余部分所涉及的理论留下了讨论的空间。

有关《论诸神》内容的另一种观点，最初是由耶格尔（Werner Jaeger）在他1936年的一次公开讲座中提出的。耶格尔的解读是，开篇预示着普罗塔戈拉由神学的哲学思考往人类学考察的转向；也就是说，此前的哲学思考聚焦在诸神的存在是否为真、诸神的样子如何等问题的考察，而人类学考察关注的则是怎样"从人类文明和社会结构的意义和功能角度来理解作为人类学事实的宗教"。[②] 耶格尔的观点基于两种假设，第一，如果该书是提倡不可知论，作为开篇的"关于诸神"残篇则与全书的精神相悖。正如我曾说过的，残篇可以（也一直）看作一则独立的格言，这就意味着不用再从外部来考察与其余部分的关联："尽管这样，如果普罗塔戈拉真的仍然将全书的讨论放在对神的信仰问题上，那么，随着讨论的进展，他肯定会满足于一种确定性更小的程度。"[③] 其实，普罗塔戈拉已将我们现在称为诸神的存在论

146

[①] 有关对口传神话可靠性的置疑，参Rosalind Thomas, *Oral Tradition and Written Record in Classical Athens*（Cambridge：Cambridge U. Press，1989）。

[②] Werner Jaeger, *Theology of the Early Greek Philosophers*（Oxford：Clarendon Press，1947），176.

[③] 同上，189。

问题搁置到了一边，他更青睐的是诸如"宗教现象学，神圣信仰的起源、发展和价值"等更容易回答的问题。[①] 耶格尔的观点可在柏拉图的《泰阿泰德》中得到进一步印证，在其中，普罗塔戈拉的立场既不是有神也不是无神，他只是对诸神的存在与否问题明确表示拒绝讨论（162d5~e2）。

耶格尔的第二个假设是，柏拉图在《普罗塔戈拉》（320c8~328d2）中提到的"宏大讲辞"，很大程度上就是普罗塔戈拉某一作品的直接翻版。"宏大讲辞"运用神话（myth）加分析（logos）的方式来追溯从创世到城邦建立的人类历史。人类的发展被分两步来描述："最初是对众神（pantheon）的信仰，与之并行的是技艺的获取；然后是相互协作的行为，即文明社会的基础，其可能性只有通过dikê（正义）和aidôs（羞耻）的在场（发展意识）来实现。"[②] 我在后面论及普罗塔戈拉对修辞理论的贡献时还将进一步讨论"宏大讲辞"，但就目前而言，如果可信，只要"宏大讲辞"很好地揭示了普罗塔戈拉在《论诸神》中的兴趣所在是人类的宗教实践基础，而不是仅仅提倡不可知论，能了解到这一点就已经足够了。

就普罗塔戈拉的"宏大讲辞"和宗教的人类学路径而言，其论证的可信度证据可分为三个方面。首先，证据在于文本本身：

> 文本中前柏拉图风格，以及在风格与内容上与公元前5世纪其他作家的吻合……都展示着话语可追溯到公元前5世纪；很可能柏拉图参照的直接就是普罗塔戈拉的文本本身。此外，这些因素，再加上话语内在的整体结构和逻辑联系，表明其不可能是出于多篇文章的临时拼凑。[③]

---

① Mark, "The Gods", 319.

② 同上，由Mark综述，323。

③ Michael Gagarin, "Plato and Protagoras" (Ph.D. diss., Yale University, 1968), 90.

加加林也指出，"即便不是独一无二"，"宏大讲辞"在对话中也"以一种特有的方式"独立于其他部分的大多数讨论话题。① 苏格拉底对"宏大讲辞"的话题并未提出什么异议，只是"在其终结后才开始转向另一个完全不同的新话题"。② 柏拉图本可以打乱"宏大讲辞"的比例，使其与对话的整体风格更加吻合，但他并未做如此调整。按照加加林的观点，这正好说明"宏大讲辞"在此处是普罗塔戈拉某篇作品的完整插入。

第二，从与普罗塔戈拉相关的普罗狄科和伯里克利等两人身上，我们也可以找到与"宏大讲辞"表达相关的宗教人类学路径。众所周知，普罗狄科的观点认为，人类对诸神的崇拜源自于自身的利益：首先是那些自然界中人类赖以生存的对象，其次便是能为人类福祉有所贡献的技艺（*technai*）。③ 伯里克利则在其著名的葬礼演说中宣称，那些在希波战场上捐躯的人就像诸神一样化成了不朽："我们用肉眼看不见诸神，但从他们所接受的荣耀和他们带给我们的福祉中，我们可以感受他们的不朽。"④ 伯里克利演讲中的这段话蕴含的意思是，诸神是不可能直接认知的，如同那些逝去的战士一样，只能通过推论和带给我们的福祉等"尺度"来感受，这也正好折射出了普罗塔戈拉的影响。⑤

第三，也存在这样一些与普罗塔戈拉不太相关的信息：如果我们能在某种程度上确认"宏大讲辞"的真实性，或者至少能

① 同上，95.

② 同上，93。Adolfo Levi认为《普罗塔戈拉》中的神话与逻各斯均可认定为普罗塔戈拉的风格，但该对话中紧随其后的就值得怀疑了［The Ethical and Social Thought of Protagoras, *Mind* f49（1940）：297］。

③ Jaeger, *Theology*, 179以下；Guthrie, *HGP III*, 238 ~ 242；Kerferd, *SM*, 168 ~ 169；Mark, "The Gods", 314 ~ 315。

④ Plutarch, *Pericles* 8.

⑤ Mark, "The Gods", 340 ~ 341.

确认普罗塔戈拉真的对宗教采取过人类学的研究路径，那么，这些看似无关的信息也会变得有意义。第欧根尼·拉尔修列出了两本普罗塔戈拉的相关著作：《论事物的原初秩序》（*On the Original Order of Things*）和《论冥府中的人》（*On Those in Hades*）。在这两本著作中，柏拉图提及的"宏大讲辞"可能出自《论事物的原初秩序》，而在《论冥府中的人》中，他仅置疑了《论诸神》是否倡导了朴素不可知论的那些地方。柏拉图讲述了普罗塔戈拉的这样一个故事，他允许人们置疑自己收费：如果愿意，学生可到神殿去发愿，看他们认为自己的教学到底能值多少学费（《普罗塔戈拉》，328b）。这一做法并非是说普罗塔戈拉相信诸神，它仅仅展现出他相信的是对诸神的敬畏在实践中所具有的那种力量。

最后，马克（Ira S. Mark）最近还提到过帕特农神庙东面门楣的设计一事，认为普罗塔戈拉在与伯里克利和雕塑家菲蒂阿斯（Phiedias）的合作中起到了较为具体的作用。[1] 马克指出，门楣上诸神的排位和绘制都是紧紧遵照智术师的神学观点，特别是普罗塔戈拉在"宏大讲辞"中所描述的观点。

尽管还有某些学者的置疑，但大多数还是一致认为"宏大讲辞"的论题（如果不是具体的语词）在很大程度上是真实可信的，因而也为普罗塔戈拉的研究提供了有价值的信息来源。[2] 如果"宏大讲辞"的可信度能为人们所普遍接受，那么，耶格尔有

148

---

① 同上，289~342。

② 对其真实性的反驳，参Eric A. Havelock, *The Liberal Temper in Greek Politics*（New Haven：Yale U. Press，1957），407~409（回应见Guthrie, *HGP III*, 64 n1）；Antonio Capizzi, *Protagora：le testimonianze e I frammenti*（Firenze：G. C. Sansoni, 1955），259。Kerferd接受其真实性的说法，将其看作研究普罗塔戈拉的翔实可靠的历史切入点（*SM*, 125~126）。有关其真实与否的争论，参Gagarin, "Plato", 85~104；Gomperz, *SR*, 159~162；Guthrie, *HGP III*, 64 n1；Mark, "The Gods", 323 n159。

关《论诸神》内容的解读理论就会显得更为合理。作为文本的开篇，"关于诸神"残篇并非是要否定宗教传统，为不可知论辩护，而是要引入一种完全不同的理解宗教的路径，如果用现代术语，则可极好地描述为人类学的路径。人类崇拜那些最能给自己带来福祉的技艺（*technai*）和美德（*aretê*），在普罗塔戈拉的分析中，最值得赞扬的则是促进*politikê technê*（政治技艺）——在城邦（*polis*）中生活的技艺——的那些能力。随着普罗塔戈拉在"宏大讲辞"中从神话往逻各斯的转移，属神的馈赠变成了属人行为的秉性："*dikaiosynê*（正义的能力）取代了*dikê*（正义），*sôphrosynê*［（自我）控制的能力］取代了*aidôs*（羞耻），虔敬取代了*to hosion einai*（诸神的存在）。"[1] 按照普罗塔戈拉的观点，神学只能以人的方式来理解，[2] 宗教因而也被普罗塔戈拉理解为一种促进文明人之目标的社会实践。

　　另外还有两点值得一提。首先，普罗塔戈拉对神学思想的历史发展的贡献是意义重大且极富启发性的：

> 　　关于神的哲学观念的危机已经（随着普罗塔戈拉）到来。试图解决危机的任何企图，都不得不从问题的这一面开始，即它最终已经成了最明显的问题，而且预示着最为严重的后果。这就是人的生活和行为的目标问题，也就是苏格拉底及其追随者们很快就不得不着手的"善"的问题。同作为整体的哲学一样，在思辨性的神学中，这一时刻标志着一个新纪元的开始。[3]

　　其次，"关于诸神"和另外两个残篇作为一种补充性依

---

① Mark, "The Gods", 324.

② Müller, "Protagoras", in Classen, *Sophistik*, 312 ~ 340.

③ Jaeger, *Theology*, 190.

据，显示了普罗塔戈拉在常识与纯粹理论思辨这两者中对前者的偏爱。诸神作为探索的主题是隐晦和不可企及的，*ta kôlounta eidenai*（阻断知识的障碍）使得进一步探索相对无果。因此，哲人应当抛弃那些徒劳无益的思考，用不着再去纠缠宙斯、普罗米修斯、阿那克西曼德（Anaximander）那带着其"神圣属性"的*apeiron*（无定），以及帕默尼德的带来启示的女神，或者他那关于"存在"（what-is）的"神一样（god-like）的球体"。①正如曼斯菲尔德所说："一旦一位重要的思想家说，'诸神'的概念从知识论角度看与自己的关注毫无关系，那么，这必然会对他的'人'的概念产生极其深远的影响。"②

普罗塔戈拉残篇：外二篇

另外还有两段残篇可以见证普罗塔戈拉在"知识"问题上的反埃利亚派的实用态度。第一段见于亚里士多德《形而上学》中的一个段落，其中对几何与测量做了不同的界定，前者用于纯粹理论的对象，后者则面对感官的目标："因为几何学家谈及的线条中没有任何线条属于可感知的——因为没有可感知的事物是以这种方式构成直线或曲线；对于一个圆来说，它与直线的相切不是在某一点上，而是像普罗塔戈拉在反驳几何学家时所说的那样（属于多点接触）"（997b35～998a4）。对于普罗塔戈拉的反驳，我们所知道的也仅此而已。但很明显，亚里士多德肯定是假设了人们对其提及的反驳非常熟悉，因为第欧根尼·拉尔修将"论知识的主题"（"On the Subjects of Learning"）列为普罗塔戈拉一本著作的书名（9.55），柏拉图也描述了普罗塔戈

149

---

① Mansfeld, "Protagoras", 40.

② 同上，43。

拉对学习几何和算学等高级课程嗤之以鼻（《普罗塔戈拉》，
318e）。此外，斐洛德摩斯也曾提到，当普罗塔戈拉说到数学
时，认为"其研究的主题既不可知，术语也令人生厌"。[①]

从以上这些片段信息可以推断出，普罗塔戈拉是想借助常识
来反驳几何学家，因为一条直边与圆相切明显是无限小点上的多
点接触。翁特斯泰纳认为，普罗塔戈拉对几何学的批判是"为了
要消除这一主题的科学确定性和普遍价值"。[②] 虽然我们还不敢
贸然就得出这样的结论，但从斐洛德摩斯在论及"关于诸神"残
篇的语言时得出的相同结论看，这正好印证了普罗塔戈拉确实
对智识（intellectual）追问不信任，因为这样的追问已经大大远
离了具体经验和实际的用途。[③] 与此相关，亚里士多德也指出某
些智术师亦对数学不屑一顾，因为数学是"不管""好或坏"、
"善或恶"的。[④]

有关普罗塔戈拉的知识论实用主义（用现代术语来表达），
我们要考证的最后一个残篇是"二战"时期出土的所谓"新"残
篇。在公元前4世纪盲人狄迪莫斯（Didymus the Blind）的记载
中，下面这一段被认为系普罗塔戈拉所作：*Φαίνομαι σοὶ τῷ παρόντι*
καθήμενος; τῷ δὲ ἀπόντι οὐ φαίνομαι καθήμενος; ἄδηλον εἰ κάθημαι ἢ οὐ
κάθημαι. [⑤] 伍德拉夫（Paul Woodruff）将这段残篇翻译为："It
is manifest to you who are present that I am sitting; but to a person

---

① 参Rosamond Kent Sprague的*The Older Sophists* 一书的 80 B7a（Columbia：U.
of South Carolina Press，1972），22。

② Untersteiner，*Sophists*，33.

③ Auguste Bayonas，L'art politique d'après Protagoras，*Revue Philosophique*
157（1967）：56～57；Guthrie，*HGP III*，267；cf. Dupréel，*Sophistes*，46～47.

④ 《形而上学》，996a29–b1；参1078a31–b6。

⑤ M. Gronewald，"Ein neues Protagoras–Fragment"，*Zeitschrift für
Papyrologie und Epigraphik* 2（1968）：1；Mansfeld对其做了校正，并加注了标点符号
（Mansfeld，"Protagoras"，51～52。残篇的完整文本见Paul Woodruff，"Didymus
on Protagoras and the Protagoreans"，*JHP* 23（1985）：484～485。

who is absent it is not manifest that I am sitting; whether or not I am sitting is non-evident（对于在场的你来说，我正坐着这一点是显然的，但对于一个不在场的人来说，我正坐着这一点并非显然；我是否正坐着这一点并非是自明的）。"①

其实，这段残篇的真实性存在极大争议。巴恩斯或许正确地对残篇持断然否决的态度，其依据是残篇"充满了斯多亚学派的术语，并没有权威性"。② 在这点上，奥斯本的警告看来也特别恰当，她警告说，在从一个作家到另一个作家的传递过程中，残篇可能遭受了极大的歪曲。③ 例如，伍德拉夫便不得不颇费口舌地为残篇的真实性推测一个基础：

> 一系列合乎情理但又近乎冒险的推断引出了这样的假设：狄迪莫斯（Didymus）的记载源出于另一位后希腊化时代的作家（这就可以解释文字的拼写方式了），而这位后希腊化时代作家又可再追溯到某位怀疑论的折中主义论敌（这又可以解释为什么使用*adêlon*一词了）；再往前推，残篇的最终来源可能出自德谟克利特对普罗塔戈拉的攻击（这就可以解释为什么与柏拉图的描述不一致了）。这一推断过程的每一阶段都可以解释此证据所遭受到的一次次歪曲。④

---

① Woodruff, "Didymus", 485。残篇译文的另一版本为："To you who are present, I appear as sitting; to one not present I do not appear as sitting, it is not clear（sc. to him）whether I am sitting or not sitting"（Mansfeld, "Protagoras", 52）。

② Jonathan Barnes, *The Presocratic Philosophers*（London：Routledge and Kegan Paul, 1982）, 645 n16.

③ Catherine Osborne, *Rethinking Early Greek Philosophy*（London：Duckworth, 1987）, 1~9.

④ Woodruff, "Didymus", 493。另一种观点认为残篇出自德谟克利特攻击普罗塔戈拉的一篇文章，经由伊壁鸠鲁学派保存下来［Fernanda Decleva Caizzi, "La tradizione Protagoras ed un Frammento di Diogene di Enoanda", *Rivista di Filologia* 104（1976）：435~442］。

　　麦吉尔（Jørgen Mejer）由此认可了残篇的真实性，并指出这正好见证了普罗塔戈拉的某种实证主义思想："测定世界唯一可靠的尺度是'人'（个体或全称）——如果我们超越了感官印象来讨论事物'本身'的特性，一切都终将是徒劳无益的。"[①]然而，如果认为普罗塔戈拉只接受感官印象，其依据则显得太弱，而且多数还都来自柏拉图和塞克斯都那些尚不敢肯定的转述。[②]正如我曾经指出，广泛意义上的观念、论题和事物都是由人的尺度来判断和测定的，并非仅仅那些感官知觉的对象才是。

　　曼斯菲尔德也接受这一判断，认为残篇虽然可能不是普罗塔戈拉的原话，但却仍然包含普罗塔戈拉的某种独立于其怀疑论"外壳"的"内核"。[③]特别是，曼斯菲尔德认为在"关于诸神"和"新"残篇之间，存在着一种并行的逻辑；也就是说，两者都提到了知识论障碍。如果不处在同一空间，要了解该空间内的事物自然横亘有一道障碍，同理，人自身的死也是知晓神之永生的一道障碍："如果一个人在时间 t 中与普罗塔戈拉不处在同一空间，就不可能有条件去肯定或否定普罗塔戈拉是否坐着，就

---

　　① Jørgen Mejer, "The Alleged New Fragment of Protagoras", *Hermes* 100（1972）: 177（= Classen, *Sophistik*, 306～311）.

　　② 虽然Woodruff认为残篇的来源与柏拉图和塞克斯都无关，但我却发现这并非如此（"Didymus"，494 n21）。残篇所表达的情感很容易从柏拉图的《泰阿泰德》和塞克斯都的《皮浪学说要旨》中得到印证。在《泰阿泰德》中，感知被描述为知识（152以下）；从《皮浪学说要旨》（1.216～19）那里，我在狄迪莫斯（Didymus）的讨论中也看到，一切都可以被合理解释为最初出自柏拉图或塞克斯都，后来都经过了不可知论的过滤。Woodruff认为狄迪莫斯的描述与柏拉图和塞克斯都都不一致，其中有两点实难自圆其说。第一，如果有所关联，他认为如果狄迪莫斯觉得应在道义上忠实于柏拉图和塞克斯都的解读，那就没什么可以阻拦他借鉴诸如柏拉图的观点，并将之运用于后来对普罗塔戈拉学派的分析中；第二，我认为Woodruff对残篇逻辑蕴含的揭示（"Didymus"，494）给狄迪莫斯对普罗塔戈拉的解读增添的不是本身所能证明和推测的东西，而只是某种于事无补的细微差别。

　　③ Mansfeld, "Protagoras", 51 n45.

像普罗塔戈拉本人，即使是再伟大的教师，在其短暂的一生中，也不可能有条件去肯定或否定诸神的存在。"①

　　巴恩斯的谨慎表达了一种对"新"残篇恰如其分的态度。是的，普罗塔戈拉据说正是通过类比和例证来进行辩论的（参《泰阿泰德》和《普罗塔戈拉》），但前面所举的"坐"的例子却不同于他那些众所周知的例证和类比，倒是更类似于后来的诡辩（eristic）（或许是斯多亚派的，或者是《欧绪德谟》中所描述的第二代智术师的辩风）。虽然"新"残篇揭示了普罗塔戈拉怎样为稍后希腊化时期的哲人所理解，但却绝不能将其当作严格意义上的普罗塔戈拉的原话（*ipsissima verba*）。

151

---

① 同上，52。

第三部

普罗塔戈拉与早期希腊哲学和修辞

第十章

普罗塔戈拉与公元前5世纪的教育

在公元前5世纪，诸如政治理论、伦理学、教育哲学和修辞
理论等这些清楚明晰的概念范畴，最多也处在初始时期。虽然对
该时期思想的任何学术分析都注定会遭到某种程度的简单化，但
我们仍然有可能将误读普罗塔戈拉的风险减到最小。这一探索的
范围和准确性可以这样来得到：从普罗塔戈拉理解逻各斯的存在
论、知识论等方面这些宽泛的视野（宽泛地讲这正是第二部分的
目标），转移到更为具体的视野中来，这些视野相当于我们今天
容易等同的教育哲学、政治哲学和修辞理论。

神话-诗歌传统

古希腊教育实践在公元前450—350年间经历了极其重大的变
化。到公元前4世纪，制订有不同课程计划的正式学校便开始出
现，并形成了竞争的态势。有一种倾向（甚至在公元前4世纪）
认为，公元前5世纪也同样如此。然而，对于柏拉图之前就存在
不同"学校"并相互竞争一说，目前还尚无证据（儿童学校除

外）。① 此外，可用于私人阅读和学习的教育课本的概念也只是
158 公元前4世纪才出现的现象。在公元前5世纪中叶，严肃的思想家
或许可能将自己的思想写下来，但其主要目的也仅仅是便于进行
口头陈述。书籍的持续阅读直到公元前5世纪最后的25年才真正
形成，但即便如此，那时的书籍也非常稀少。② 所以，我认为普
罗塔戈拉对他那个时代教育实践的贡献，涉及那时占统治地位的
言说风格和学说内容的改变（注意形式和内容在此语境中是紧紧
交织在一起的）。如果是这样，那么普罗塔戈拉的教学方法就应
当和他的教学内容一样重要。

在其领域中，普罗塔戈拉不失为一位库恩（Thomas S.
Kuhn）所描述的那种"革命"先驱。③ 一方面，他明显受到他所
继承的神话–诗歌传统的影响，并在一定程度上也受制于这种影
响，但另一方面，他又积极努力改变这一传统。例如，他发展了
话语的散文书写形式，引进（和普及）了新的解释方式。尽管如
此，普罗塔戈拉是否写过一个 *technê*（技艺手册）仍然让人十分
怀疑，因为公元前4世纪所提到的前一个世纪的小册子，仅仅是
一些演讲范本的集子，或者说，在某种程度上只是法庭上的一般

---

① William V. Harris, *Ancient Literacy*（Cambridge, MA：Harvard U. Press,
1989），57～64。有关其对立的哲学学派，参Eric A. Havelock, The Linguistic Task of
the Presocratics, *Language and Thought in Early Greek Philosophy*, ed. Kevin Robb（La
Salle, IL：Hegeler Institute, 1983），42～82。有关希腊高等教育的发展，参Frederick A. G.
Beck, *Greek Education 450-350 B. C.*（New York：Barnes and Noble, 1964）。

② Rosalind Thomas, *Oral Tradition and Written Record in Classical Athens*
（Cambridge：Harvard U. Press, 1989），19～20；Eric A. Havelock, *Preface to Plato*
（Cambridge, MA：Harvard U. Press, 1963），40。有关公元前4世纪书籍仍很稀少
的问题，参F. H. Sandbach, *Aristotle and the Stoics*（Cambridge：Cambridge U. Press,
1985），1～3。

③ Thomas S. Kuhn, *The Structure of Scientific Revolutions*（Chicago：U. of
Chicago Press, 1970）。Kuhn在其整本书中都注意到那些引领科技革命的科学家是怎
样一方面扎根于传统，另一方面又对某种新科技的发展做出贡献的，其结果便是其研
究很难进行归类。

演说程序的指南。就普罗塔戈拉而言，似乎上述两者都不属于。虽然他的书看起来像属于那些第一批用散文写出来的作品，但从目前尚存的残篇来看，却明显带有格言痕迹：独自成篇又便于记忆的警句。①

　　普罗塔戈拉残篇的口头特点可作为一个线索，来串起人们（即使在古代）所找到的他对各种观念的讨论。在前一章中我曾猜想，《论诸神》一书的开篇一行，便可能是经由完全不同于成文文本的原初取向的那种口头流传，才获得了一种属于其自身的生命。当然，虽然后来有些学者言之凿凿地说确实读过普罗塔戈拉的书（DK 80 B2），但更多的人谈及普罗塔戈拉时，很自然会让人觉得他们是通过听来了解他的观点的。因此，当柏拉图在《欧绪德谟》中讨论 *ouk estin antilegein* 时，或者当亚里士多德在《修辞学》中提到普罗塔戈拉的 *ton hêttô de logon kreittô poiein* "许诺"时，他们完全有可能是在对坊间口传——后来者（或许也包括欧绪德谟和阿里斯托芬）口头转述——的观点做出回应。如果普罗塔戈拉所做的陈述越容易记忆，那么其再次出现的可能性就越高，而其语境可能已经完全不同于他最初所想象的了。

　　以"人是尺度"残篇为例，对偶、节奏和平衡的措辞，都使 **159** 得该残篇更容易为人记住——这在希腊原文和英语译文中都非常明显。同样，"双重逻各斯"残篇也很容易分割成三个短语：*duo logous einai / peri pantos pragmatos / antikeimenous allêlois*。三个短语在概念和声音上断然有别，同时也在不断建构——每一短语也是在语义和声音上都对前一短语进行着强化。其实，残篇

---

　　① E. G. Turner, *Athenian Books in the Fifth and Fourth Centuries B. C.*（London：H. K. Lewis, 1977）, 18; Eric A. Havelock, *The Muse Learns to Write*（New Haven：Yale U. Press, 1986）, 92。亦参Leonard Woodbury, Aristophanes' Frogs and Athenian Literacy, *TAPA* 106（1976）：349～357; F. Jacoby, "The First Athenian Prose Writer", *Mnemosyne* 13（1947）：13～64。

有可能并非普罗塔戈拉的原话，但相互对立的逻各斯的基本概念——无论 *dissoi logoi* 还是 *antilogoi* ——均毫无疑问成为普罗塔戈拉留给后世的遗产。再有，就"关于诸神"残篇而言，虽然其来源众多，但方式却大致相同：尽管其节奏明显带有典型的口传文化特征，但其意义却更具命题性和逻辑性。[①] 正如曼斯菲尔德指出，普罗塔戈拉坦言自己既不知晓诸神是否存在，也无法说出诸神的样子，其原因在于他认为这样的话题过于晦涩，而人生又是如此短暂。[②] 此外，作为一本书的开篇，残篇的言外之意自然也可理解为，既然神是不可知的，那么，人自然就成为更合适讨论的话题了。[③] 再比如"强／弱逻各斯"残篇，其核心部分——*ton hêttô logon kreittô poiein*——虽然备受诟病，但却依然易于记忆。此外，残篇中的 *ouk estin antilegein* 在公元前5至前4世纪早已是尽人皆知的短语了，这放在当今的语境中也应当值得关注，因为 *antilegein* 作为术语的用法有可能就出自普罗塔戈拉。即使不是，他也明显应当是首先在一般意义上赋予该术语以"矛盾"的逻辑意义的人。

　　总体说来，残篇彰显了普罗塔戈拉写作风格的特点，进而也展示了他的教学方法。首先，与前辈帕默尼德和同辈恩培多克勒等不同的是，普罗塔戈拉的写作形式是散文而不是诗歌，其形式或许更接近德谟克利特、芝诺或麦里梭：他们以格言模式来营造一种持续不断的论证氛围。同所有公元前5世纪的作家一样，普罗塔戈拉的作品也是写来给公众阅读的，所以，尽管"人是尺度"和"关于诸神"残篇在论辩上颇引人争议，但语言却是人们熟悉的常用词汇，非常容易记忆。此外，残篇也都是独自成篇的

---

　　① 参Jonathan Barnes, Aphorism and Argument, *Language and Thought in Early Greek Philosophy*, 91～109。

　　② Jaap Mansfeld, Protagoras on Epistemological Obstacles and Persons, in Kerferd, *Legacy*, 40.

　　③ 同上，43；参柏拉图《普罗塔戈拉》中有关"宏大讲辞"的论述。

论题总汇，尽管其风格毫无疑问受赫拉克利特格言的影响，但又不是像神谕那样隐晦，因为在大多数情况下，普罗塔戈拉的遣词造句仍偏爱传统词汇，而并非像某些前苏格拉底哲人和智术师那样，喜欢生造和卖弄新的哲学术语。尽管如此，他所讲述的内容绝对是革命性的，其*einai*的新用法足以使他处于公元前5世纪哲学思考的前沿地位。

　　普罗塔戈拉的革命性在于，他在人文主义的逻各斯和传统的秘索斯（*mythoi*）之间更偏好前者。这里，我用神话来指代古希腊教育实践中占主导地位，并一直持续到公元前4世纪的神话-诗歌传统。其实，直到公元前5世纪的最后25年（也就是普罗塔戈拉职业生涯的鼎盛期之后），书写才成为古希腊学校中的标准教学实践。在此之前，其主要教学方法仍然是随着音乐口头吟诵诗人的诗篇。[①] 同其他前苏格拉底派一样，普罗塔戈拉的教学主要是探索和训练具有哲学推理特征的抽象思维和分析思维。[②] 因此，以逻各斯为代表的理性主义的新的人文主义精神，部分再加上书写传布（如书籍）的进一步推进，被命名和赞扬为一种伟大的力量源泉，也被认同为公元前5世纪智术师教学的技艺和主题。

　　目前还尚不清楚是否大多数公元前5世纪的知识人都将某些特殊的认知技能与书写能力联系在一起，因为毕竟在公元前5至前4世纪人们对书写还尚存疑虑。[③] 但是，坊间传闻说普罗塔戈拉看好书写所具备的优势，并致力于提升写作的技艺。例如，当

160

---

① 同上，43；参柏拉图《普罗塔戈拉》中有关"宏大讲辞"的论述。

② 同上，286，比较290和"task"。

③ 参Plato's *Phaedrus*；Havelock, *Preface*, 40, 55 n14；Harris, *Ancient Literacy*, 30~33；Thomas, *Oral Tradition*。有关早期智术师的成文著作的两种截然不同的观点，参Takis Poulakos, "Intellectuals and the Public Sphere: The Case of the Older Sophists", *Spheres of Argument: Proceedings of the Sixth SCA/AFA Conference on Argumentation*, ed. Bruce E. Gronbeck（Annandale, VA: Speech Communication Association, 1989），10~14；及 Tony M. Lentz, *Orality and Literacy in Hellenic Greece*（Carbondale: Southern Illonois U. Press, 1989），109~121。

普罗塔戈拉受委托为图利城"制定法律"时，他曾明确提出所有公民子女的读写学习应由公费支出，[①] 而此前的公费教育仅提供给那些为数有限的战争孤儿或难民。因此，普罗塔戈拉所建议的法律原则无疑是与传统较为彻底的决裂。有关这一法律的描述来自迪奥多罗斯（Diodorus），其描述之后马上就是对书写的赞美（12.13）。迪奥多罗斯的描述结束在一段格言上，穆尔（J. V. Muir）认为这出自于普罗塔戈拉："所以，必须得考虑的是，虽然生命是自然所赐予，但美好（kalos）的生活却是教育通过书写给我们带来的礼物。"[②] 穆尔承认自己的论证最多只是一种推测，但是据说普罗塔戈拉曾写过一个题为《论学习》（*Peri tôn Mathêmatôn*）的文本（DL 9.55），因此，穆尔的"诱人结论"至少是一种可能。

古希腊哲学书写者（literati）与公众的区别不仅在于他们说的是什么，也在于他们怎样说。因此，普罗塔戈拉对教育实践革命的贡献，在于其引进的教学方法，以及其引进的主题或议题——当然，应当记住方法与内容的进展是相互关联的，两者在现在被区分开仅仅是出于事后考虑的便利。

正如我所指出，普罗塔戈拉延续和扩展了前苏格拉底派对史诗诗人的批判分析，这一做法的革命性在于，它使话语成为了研究的对象。普罗塔戈拉有关逻各斯的独到见解有两点值得注意。第一，包括词性、语态或语式等的区分有助于一种元语言（metalanguage）构建：他所用的术语正好适合语言分析，这在柏拉图和亚里士多德的著作中也很明显，其中不乏现代读者熟悉的语法和逻辑术语。当然，这些术语并非形成于一夜之间，它们也经历了一个形成过程。尽管这一过程发展较快，但普罗塔戈拉

---

① J. V. Muir, Protagoras and Education at Thourioi, *Greece and Rome* 29（1982）: 20.

② 同上，22。

在这一过程中还是起到了关键作用，不失为主要奠基人之一，因为虽然其他前苏格拉底派也对荷马和赫西俄德持批判态度，但其方法与普罗塔戈拉迥然不同，也缺乏原创性。当赫拉克利特抨击诗人们不能识别白天和黑夜同为一物时（DK 22 B57），这涉及的是他的意见（*doxa*）与诗人们的意见的区别；当帕默尼德对"存在（what is）"提出了另一种描述后，它又作为一种部分受到神圣启示的结果而得到了捍卫。在上述两例中，逻各斯（*logos*）都被理解为一种理性化了的秘索斯（rationalized *mythos*）而与传统的秘索斯（traditional *mythos*）进行对抗。只有在普罗塔戈拉的讨论中，秘索斯才成为一种分析对象——一个可用于分析、批判和修正的文本。此外，普罗塔戈拉还创造出另一种语言，既可用来描述对世界不同解读的比较过程（*dissoi logoi*），也可用来描述一种解读对另一种解读的挑战过程（*ton hêttô logon kreittô poiein*）。柏拉图有关普罗塔戈拉对史诗的分析是最早有记载的文本批评的例子，它明显开辟了一种实践，一种至少在伊索克拉底时代是由其他智术师所传承的实践（《泛雅典娜节演说词》，18）。

第二，普罗塔戈拉对史诗的批判分析提升了散文作为文化知识载体的地位。在此语境中，普罗塔戈拉明确称呼自己为智术师的意义变得更加明朗。在柏拉图的同名对话中，普罗塔戈拉毫不隐晦自己作为智术师的身份（316d～317c）。由于其他文献提到他时都称他为第一位职业智术师，柏拉图的描述或许就不会被认为是空穴来风（DK 80 A1，2）。当普罗塔戈拉做如此标榜时，他明显将自己看作是神话-诗歌传统的传人，现代读者也大多发现这种传承关系非常明显，也毫无争议。但是，如果以公元前5世纪中叶为标准，普罗塔戈拉的观点还是颇具挑战性的，因为在主流为口传文化的古希腊，*sophia*（智慧）的来源主要还是荷马和赫西俄德的诗篇，而同他之前的前苏格拉底派相比，普罗

162

塔戈拉让通往*sophia*之路的逻各斯和秘索斯之间的冲突变得更加
突显：他公开宣称自己是一位智术师，将自己摆在了与游吟诗人
竞争的风口浪尖；他置疑缪斯的智慧，拒斥关于诸神之知识的可
能，并公开宣称人（*anthrôpos*）——而不是神——是人类经验
的主宰和尺度。因此，通往智慧之路不是由神赋予灵感的诗歌，
而是与之相对的人的散文论证。普罗塔戈拉对逻各斯的偏爱可理
解为对了解外部世界的新的思维方式的提倡，或许这就是现代术
语所谓的"世俗人文主义"的方式。① 虽然承载着当代的争议，
但这样的标签还不是全然给人误导以至于毫无意义，毕竟，普罗
塔戈拉确实因为他的人类中心主义而唤起了（人们对他的）发自
内心的愤慨。

提供逻各斯的逻各斯

　　普罗塔戈拉常常被列为第一位语法学家和语义学史上的第一
人。② 如果我们将普罗塔戈拉称为世俗的人文主义者，很明显的
是这一标签应当怎样解读——也就是说，相对于他所处时代的
宗教正统该怎样解读。但是，当使用诸如"第一位语法学家"这
样的标签时，普罗塔戈拉贡献的特点又很容易丢失。有人认为
"语法"是一概念常数，一种本质上与我们今天所说的常数相差

---

　　① 人文主义可以指"任何哲学，只要它承认（人的）价值或尊严，使其作为衡
量一切的尺度，或者以某种方式将人的特性、局限或利益作为其讨论主题"［Nicola
Abbagnano, "Humanism", *Encyclopedia of Philosophy*（New York: Macmillan,
1967）, 4: 69～70］。有关散文在智术师教学中的作用，参James L. Jarrett, The
Educational Theories of the Sophists（New York: Teachers College Press, 1969），
16～18。

　　② Norman Kretzmann, History of Semantics, *Encyclopedia of Philosophy*（New
York: Macmillan, 1967）, 7: 359。

无几的"给定项"。这样的推测实际上是一种误导，因为有关词类、词性以及现在称为语态等的事项，在当时并不属于语法（*grammatikê*）本身，也不应当做如此的"归纳"。[①] 作为一种语言技艺的语法一词最初是出现在公元前4世纪柏拉图的作品中（《克拉底鲁》，431e11；《智术师》，253a12）。其实，如果我们将普罗塔戈拉和柏拉图仅仅描述为语法的"发现者"或"发明者"，我们可以说是抹杀了他们的某些贡献，[②] 因为普罗塔戈拉所极力要探讨的是逻各斯与外部世界之间的关系，他在这一点上与他之前的前苏格拉底派非常相似。但是，与他们不同的是，普罗塔戈拉也试图找寻一种话语的理性描述，即用于描述逻各斯的逻各斯。在此意义上，他可以被尊为所有后世的语言研究之父——包括逻辑学、语法、语言学和语义学。[③]

普罗塔戈拉也被誉为苏格拉底方法的始作俑者，因为他引入了抨击论题的方式，通过提问、发明巧辩（eristic）和设置反诘性辩驳——*logôn agônas*（DK 80 A1，3，20）——的方式来发动辩论。我们当然应当记住某些简明扼要、专门用以表达特定语言技艺的词汇均源自柏拉图（如*eristikê*，*dialektikê*和*antilogikê*等），但这还几乎构不成否定其历史渊源可能与普罗塔戈拉有关的理由。基于现存的普罗塔戈拉残篇和柏拉图的各种描述，柯费尔德指出，以下几点可有效勾勒出普罗塔戈拉方法的大致图式：（1）无论在讲座还是教材中均采取正式的阐述风格；（2）小规模非正式讨论组中的言语交锋；（3）公共立场的正反阐述和双

163

① Robert A. Kaster, *Guardians of Language*：*The Grammarian and Society in Late Antiquity*（Berkeley：U. of California Press，1988）。比较Saul Levin, The Origin of Grammar in Sophistry, *General Linguistics* 23（1983）：41~47。

② Havelock，"Task"，57.

③ Dupréel, *Sophistes*, 49~52；Kretzmann，"History"，359；Wilhelm Windelband, *History of Ancient Philosophy*（New York：Scribner's，1924），115.

方界线的设定。"①

　　说普罗塔戈拉首先尝试使用各种有效的教育实践，这肯定没问题，但这一说法还暗含了一种主要指向心智的（理性主义的或智识的）活动。其实，智术师的任务是改变人——用一种逻各斯来取代另一种逻各斯——但在公元前5世纪的思维中，这样的过程又并非仅指心智或身体的改变，而是两者皆有。在高尔吉亚的观点中，逻各斯是一种可直接作用于听者心智的力，而"心智又与物质世界共处在同一层面并紧密关联"。②虽然现存的普罗塔戈拉残篇太少，无法证明其是否完全提出了高尔吉亚在《海伦颂》中所揭示的那种逻各斯理论，但是，就我们所知晓的情况而言，公元前5世纪中叶有关对立理论和普罗塔戈拉思想中有关医学类比的角色意义，均突显出某种很近的平行关系。对普罗塔戈拉来说，智术师的任务是让听众目前的条件或状况朝着好的方面改善，因此，逻各斯不仅指向言辞或话语（因此是影响变化的方式），而且还寓意着"事态结局"的竞争——生活方式的竞争（参阿里斯托芬，《云》）、战争与和平的选择，以及正义或不义的判断，等等。

　　由此可见，普罗塔戈拉的逻各斯既指向话语，也指向现实，而他让逻各斯由弱变强的过程也可以描绘为一种心理过程。如果作如是理解，普罗塔戈拉在话语理论发展中的地位也就昭然若揭了。从柏拉图和亚里士多德的标准来看，虽然普罗塔戈拉在逻各斯的理性构建方面的努力似乎还显得过于简单化，但其残篇却真实折射出了他富于孕育性的思想。

　　例如，*orthoepeia*（通常译为"正确的措辞"），*orthotês*

① Kerferd，*SM*，34，转述自Havelock，*The Liberal Temper in Greek Politics*（New Haven：Yale U. Press，1957），216。

② Charles P. Segal，Gorgias and the Psychology of Logos，*HSCP* 66（1962）：106.

onomatôn（"正确的命名"）和orthos logos（正确的言辞）等
概念常常和公元前5世纪的智术师联系在一起，其中当然也包括
普罗塔戈拉。① 有关普罗塔戈拉最为直接的证据来自柏拉图的
《克拉底鲁》，其中包括对orthotês onomatôn的考证。在《克
拉底鲁》中，onoma并非仅仅用来指称事物的名称，而是用来
指称一个语句的所有成分，甚至还可用来指称作为整体的语
句。② 在对话刚开始不久，赫谟根尼（Hermogenes）和苏格拉
底便讨论起了探究的最佳方式；苏格拉底提议去请教卡里阿斯
（Callias），要他传授从普罗塔戈拉那里学来的"正确性"（tên
orthotêta）。赫谟根尼拒绝了苏格拉底的提议，因为他拒绝接受
普罗塔戈拉的《论真理》（Truth）一书，其中便包括前面讨论
的那部分（391b~e）。

164

　　费林（Detlev Fehling）和西格尔（Charles Segal）提出了
一种假设，认为普罗塔戈拉单独写了一本题名为Orthoepeia的
书。③ 费林认为，该书可能从批评荷马对语言（性属和语式）的
误用开始，所以，亚里士多德所有三个有关普罗塔戈拉语言观的
讨论，或许都源自于此（DK 80 A27~29）。西格尔也补充道，
柏拉图有关普罗塔戈拉对西蒙尼德诗歌讨论的描述（《普罗塔戈
拉》，339a7~d9）和阿里斯托芬《云》（659~693）及《蛙》
（1119~1197）中对语义分析的讥讽，也可能都派生于普罗塔戈
拉的同一文本："该文本可能从一首诗歌中众所周知的开篇出
发，对其多重谬误做了一番绝妙的梳理……其后又进一步讨论了

---

　　① Kerferd, *SM*, 68~77。亦参Ruth Scodell, Literary Interpretation in Plato's
Protagoras, *Ancient Philosophy* 6（1986）：25~37。

　　② Kerferd, *SM*, 70.

　　③ Detlev Fehling, "Protagoras und die ὀϱϑοέπεια", in Classen, *Sophistik*,
341~347；Charles Segal, "Protagoras' *Orthoepeia* in Aristophanes' 'Battle of the
Prologues'（Frogs 1119~1197）", *Rheinisches Museum für Philologie* 113（1970）：
158~162.

后面章节中那些单个的"矛盾"。①

　　由于缺乏直接的证据，因而很难说清历史上普罗塔戈拉对
*orthos logos*到底可能持有哪种观点。柯费尔德认为，最大的可
能是，其双重逻各斯和强／弱逻各斯概念与*orthos*这一术语之间
有着某种关联。② 在普罗塔戈拉看来，对某物或某事恰如其分的
描述并非仅仅是语义的问题，而且还涉及*orthos logos*——直接
或正确的描述。这样一种出自于一位以相对主义自诩者之口的意
义或许听起来很奇怪，但它却刚好和公元前5世纪*orthos*的用法
以及普罗塔戈拉所持的立场相吻合。③ 这样的解读也与一本名为
《论人类事物的谬误》的书的希腊原文形成呼应：*Peri tôn ouk
orthôs tois anthrôpois prassomenôn*。第欧根尼·拉尔修认为该书
为普罗塔戈拉所写。因此，普罗塔戈拉的*orthos logos*不仅仅是贵
族身份意义上可能蕴含的正确言说的问题（恰当的语音语调或巧
妙的词汇选择）；他所关注的还包括怎样正确理解话语所折射的
pragmatas（事物）。

　　柯费尔德宣称，*antilogikê*是理解"智术师运动真实本质"的
关键。④ 虽然*antilogikê*一词几乎可以肯定是出自柏拉图，但其根
源仍可追溯到普罗塔戈拉。柯费尔德将*antilogikê*表述为"用一
165　逻各斯去与另一逻各斯对立，或去发现或关注这一对立在某一

----

① Charles Segal, Protagoras' *Orthoepeia*, 161。有关柏拉图所言普罗塔戈拉著
作中可能包括对西蒙尼德诗歌分析的讨论（《普罗塔戈拉》，339a以下），参Rudolf
Pfeiffer, *History of Classical Scholarship from the Beginnings to the End of the Hellenistic
Age*（Oxford: Clarendon Press, 1968），32～33。

② Kerferd, *SM*, 75～76。或许Pfeiffer的结论是无可非议的，他认为"就
*Orthoepeia*而言，不可能有某一貌似合理的真正的'理论'重构"（*History*, 39）。

③ Rihard Bett, The Sophists and Relativism, *Phronesis* 34（1989）: 154～161。
在Kerferd所谓的"大胆假设"中（*SM*, 69），Italo Lana认为普罗塔戈拉*orthos logos*
理论的结果之一便是，其学生Charondes在《法律前言》（Proem of the Laws of
Charondes）中，在本应使用*dynamis*的地方出乎意料地使用了阴性词尾的*dynamia*。参
Italo Lana, *Protagora*（Torino: Università di Torino Pubblicazione, 1950）。

④ Kerferd, *SM*, 62.

论证或事态中的在场。本质性的特征是某个逻各斯与另一逻各斯通过矛盾或否定而形成的对立"。① 普罗塔戈拉曾宣称每一事物（*pragmata*）皆有其对立的双重逻各斯，他也曾"许诺"可以将弱的逻各斯变强，有鉴于此，即便不是将*antilogikê*作为一种理论，我们也完全有理由将其作为一种实践的滥觞，归属到普罗塔戈拉名下。

其实，就普罗塔戈拉的*antilogoi*概念而言，虽然要判断其在当时教育实践中的作用并非易事，但从公元前5世纪的双重逻各斯往柏拉图《斐德若》中的*antilogikê*的演进中，我们还是可以找到一条相关的线索的。在普罗塔戈拉时代，*antilogoi*属于相互冲突的选择或判断——例如对安提丰正反案例和阿里斯托芬新旧教育实践之间冲突的评判。"赫拉克勒斯的选择"（Choice of Heracles）的故事，以及公元前5世纪其他一些古希腊戏剧中具体的范例，均可视为对正反逻各斯外延的客观指称的清晰表述。② 在上述具体个案中，不同的讲述人都被描述为一种逻各斯的代表；或许除安提丰的《四部曲》（*Tetralogies*）外，每一逻各斯均被或暗示或直言为较其对立项更为可取和受人青睐。在公元前400年的《双重逻各斯》这个文本中，作者在论及同一"事物"正反对立的双重逻各斯时，通常都将其表述为他人的观点，然后再阐明自己所倾向的立场。这样的情况一直到柏拉图写《斐德若》时，他才暗示一个人可以有意举证自己正反的矛盾立场。在谈及*antilogikê*时，柏拉图认为智术师的技艺是这样一种技艺，"它在面对同一批人论及同一事物时，可随意时而将其表述为正义，时而又将其表述为不义"，智术师"在面对公众时，也可就同一件事时而褒扬时而贬损"（261c～d）。柏拉图在对话中似

---

① 同上，63。

② DK，84 B2；Euripides，《乞援人》（*Suppliants*），486～493；《腓尼基妇女》（*Phoenissae*），559～560。

乎并未对公元前5世纪的教育实践做出具体描述，因而他在《斐德若》和其他一些地方就*antilogikê*所做的论述，还不能被当成他讨论普罗塔戈拉教育实践的可靠举证。尽管如此，就其对普罗塔戈拉双重逻各斯的推进和理解而言，对柏拉图的*antilogikê*批判做一简要勾勒和解释还是大有裨益的。

柏拉图对*antilogikê*的批判基于两点。第一，他认为*antilogikê*很容易被误用：在辩论中采用*antilogikê*可能是仅仅为驳倒对方而使用诡计。如果是这样的话，*antilogikê*便成为了诡辩（*eristikê*）——柏拉图将其斥为对论辩的厌恶（misology）。[①]柏拉图将这样的方式直接归为公元前4世纪智术师的辩术伎俩，尽管他并未言及公元前5世纪的智术师，但其字里行间还是暗示出误用的根源可追溯到早期智术师。柏拉图批判的第二点是有关*antilogikê*的间接的存在论：由于对立项仅存在于感官认识上的现象世界，因而便只能是以非完美的形式介入理想形式之中。因此，只要智术师与无常多变的公众舆论捆绑在一起——对某一行为时而宣称为正义时而宣称为不义——那么，智术师的技艺将永远次于发现现实之真正本性的技艺：辩证法。[②]

当面对"X是p"和"X是非p"的逻辑冲突问题时，普罗塔戈拉按照反映在荷马句型里的情景逻辑，将两者的区别分别表述为"对Y而言，X是p"和"对Z而言，X是非p"。经过了至少50年思维分析的发展和前人对神话-诗歌词汇和句型的修正，柏拉图，或者说苏格拉底，在表述同一问题时便抛弃了矛盾冲突的谓词和相关的语境，以便能找寻到X不变的本质。于是，同一问题

---

① Kerferd, *SM*, 59~67；参柏拉图《斐多》89d~90c。

② G. B. Kerferd, "Le sophiste vu par Platon: un philosophe imparfait", *Positions de la Sophistique*, ed. Barbara Cassin（Paris: Vrin, 1986），13~25, and *Legacy*, 5；SM, 66~67。亦参Richard Robinson, *Plato's Earlier Dialectic*（Oxford: Clarendon Press, 1953）。

在苏格拉底／柏拉图那里便成了"什么是X"。①

柏拉图对话中有两个章节将普罗塔戈拉的逻各斯与公元前5世纪的医学思维联系在了一起。② 第一是《普罗塔戈拉》，在其中，通过一个展现出其经验丰富的绝技，普罗塔戈拉为我们勾勒了"好"（good）的相对主义本性：

> 我知道有很多东西——包括食物、饮料、药品以及很多其他的东西——其中一些对人是有害的，但另一些又是有益的，其中还有一些就人而言既无害又无益，但对马来说却或有害或有益，另外还有一些仅对牛羊或狗才有害或有益。有的东西对动物毫无影响，但对树木却影响极大；有的对树的根部有好处，但对幼苗却有极大危害。例如，肥料如果施在根部，对所有植物都是有益的，但如果施在了幼枝或叶苗上又会完全毁了植物。再以橄榄油为例，它对植物百害而无一益，对除人以外的所有动物的毛发都有极大的损伤，而人们却发现它可以用来维护自己的头发和身体的其他部位。所谓"好"的形式如此多种多样、各不相同，以至于对我们来说，同一种东西外用有益，而内服则可能致命。因此，所有的医生都叮嘱在准备病人的食物时，除极少量的油外，禁止使用过多的食油，少量的标准也仅以能压住食物和调料可能产生的异味为准。（334a～c）

加加林认为这一段文字是直接引自普罗塔戈拉已发表的某篇文章。③ 由于这一段文字整篇都贯穿了"对Y而言，X是p"的逻

---

① Havelock, *Preface*.

② 哲学与医学之间的重要关系，参Michael Frede, Philosophy and medicine in Antiquity, *Human Nature and Natural Knowledge*, ed. A. Donagan, A. N. Perovich, Jr., and M. V. Wedin（Dordrecht: D. Reidel, 1986），211～232。

③ Michael Gagarin, Plato and Protagors,（Ph.D. diss., Yale University, 1968），96～98.

辑，并且也与那个讨论双重逻各斯的文本（约公元前400年）中题为"论好与坏"（On Good and Bad）的第一部分相吻合，因此，至少其真实性还是很有可能的。

能在诸如当今称之为医学、园艺和畜牧等不同领域穿梭自如，是公元前5世纪的话语所共有的一大特点。正如劳伊德（G. E. R. Lloyd）所言，当时在职业医师和职业的智术师或哲人之间，并不存在很清晰的界线。[①] 即使到了公元前4世纪，柏拉图和亚里士多德的兴趣也包括诸如病源和动物繁殖等问题。[②] 医术和智术之间在当时并没有明显和清晰的分野，因此，当我们的解读提及两者实践的话语时，这是不容忽略的一个重要事实。普罗塔戈拉在《泰阿泰德》中的"申辩"便是一例：

> 我所说的有智慧的人，准确说就是指能改变我们的人，当坏事出现并对他不利时，他能使其呈现出好的一面，变得对自己有利……对病人来说，他的食物似乎有酸味，并且就是有酸味，但对健康的人来说，这一切或许正好相反……我们所需要的正好是朝着相反的方向改变，因为其相反的一面处于更好的状态。
>
> 在教育方面亦是如此，我们需要一种由较差状态向较好状态的改变；医生用药物产生变化，所不同的只是智术师使用的是话语……当某人由于心智的堕落状态而产生了邪念，我们可以通过一种健全的状态，使他转而思考其他的东西并恢复健全的思想……至于有智慧的人，我亲爱的苏格拉底，我从没有戏称过他们是青蛙，如果他们所做的一切与身体相关，我称他们为医生，如果与农作物相关，我便

[①] G. E. R. Lloyd, *Magic, Reason and Experience* (Cambridge: Cambridge U. Press, 1979), 96.

[②] Plato, 《蒂迈欧》; Aristotle, *Generation of Animals*.

称他们为农夫。我敢断定，如果农作物染病，给人以萎靡
不振的感觉（sensation），农夫也会尽力施救，使其恢复原
有生机勃勃的状态，而那些有智慧而又诚实的公共演说家
（*rhêtoras*），也会在公众中用关于什么是正确这一问题的
健全观点，去替换那些不健全的观点。我认为对任一城邦来
说，无论实践什么样的行为，只要在城邦看来是正确和值得
赞许并仍在坚持的，这些行为就应当是正确和值得赞许的。
无论什么情况下，只有当人们认为这些行为实践已不再具备
原有的正确性后，有智慧的人才会用健全或至少看起来显得
（appear）健全的行为取而代之。（166d～167c）

　　虽然上面这段文字整篇都带有一些普罗塔戈拉从来不会使用
的区分和术语（"显得"／"是"、"感觉"），但它总体上还
是与《普罗塔戈拉》那段引文的逻辑是一致的。另外还有两点可
进一步佐证普罗塔戈拉在医学和话语之间所做的类比。其一是安
提丰怎样使用话语的力量来帮助病人一事被不断提及，其中典型
的一段是普鲁塔克的描述："他采用医生治疗病人的类比形式，
写了一本有关怎样避免麻烦的小册子……他宣称自己有能力通过
言辞的方式来医治那些遇到麻烦的人；在通过询问找到病因后，
他便可以安抚病人。"[①]其二便是下面这段引自高尔吉亚《海伦 168
颂》的描述：

　　　　言辞（*logos*）对灵魂的作用就像药物对身体的药效一
　　样。不同的药物可驱散身体内不同的疾病因子，有的可以治
　　愈疾病，有的则可能致命；同药物的功效一样，不同的言辞

---

　　① （Plutarch）*Antiphon* 833c = DK 87 A6。Morrison在R. K. Sprague的*The Older
Sophists*一书中将其重新编号为87 A3 ¶18（Columbia：U. of South Carolina Press，
1972），117。

有不同的作用，有的可以使人郁闷，有的可以使人兴奋，有的使人畏惧，有的使人勇敢，还有的用一种带有邪念的说服来麻痹灵魂，使灵魂着迷。（DK 82 B11 ¶14）

前面引述的几段文字中的类比是直白的：逻各斯之于灵魂或心智有如药物之于身体，两种技艺都涉及擅长于在他人身上带来变化的人。两种情况中，病态的原因都部分属于身体，部分属于心理。用一种逻各斯来取代另一种逻各斯（让较弱的逻各斯变为较强）是产生一种朝向较好状态的转变。无论"病人"是学生，是陪审团，还是整个共同体，其过程都是相同的。①

普罗塔戈拉与公民的*aretê*

到目前为止，我们还未讨论过公元前5世纪教育的目的或目标。其目标是*aretê*（美德）。荷马史诗中所描述的人生目标是展示*aretê*：无论是作为故事的叙事者，还是作为行为的实施者（《伊利亚特》，9.443），结果都要助友和损敌。虽然自荷马以降的几个世纪，*aretê*的概念已经历了众多变化，但寻求*aretê*的基本冲动仍贯穿着整个古希腊的历史。②

在柏拉图的对话中，*aretê*的常用意思便是"美德（virtue）"，特别是道德上的美德，但在他之前，该词却有着一组完全不同但与其相关的意思。荷马的*aretê*概念有以下三个特点：第一，也是最常见的特点，是指技能和卓越："总是当第一

---

① Auguste Bayonas, L'art politique d'après Protagoras, *Revue Philosophique* 157（1967）：57～58.

② H. D. F. Kitto, *The Greeks*（Harmondsworth：Penguin, 1957）；Werner Jaeger, *Paideia：The Ideals of Greek Culture*（New York：Oxford U. Press, 1945），1：12.

和最好，超越其他所有人。”[①]包含技能的*aretê*有很宽的范围，涵盖军事、体育和智识等方面的活动，[②]其中最重要的便是一个人在参与无论什么样的竞赛（*agôn*）时都要胜过他人。直到公元前4世纪，竞赛层面的意义仍然是*aretê*一词的主导意义。[③]因此，*agathos*（柏拉图笔下的“好”）的一个通常含义便是善于帮助自己或帮助自己的朋友。[④]

第二，虽然柏拉图的美德概念显得有些抽象、无形和恒常不变，但*aretê*在荷马的眼中却是相对具体的，可感知、触摸和与场景相关的：马匹在比赛中的*aretê*是速度，在驮驭中则是力量。[⑤]如果一个人不能以公开的方式帮助朋友，那么狡黠便可为之提供某种遮人耳目的方式。[⑥]

第三，荷马的*aretê*也等同于贵族（nobility）和高贵出身。[⑦]在古风时代的文化中，将财产、技能和卓越都归为一个人的出身和血统是极为常见的，受荷马影响的古希腊文化并不例外。财产被看成是*aretê*和“好”（goodness）的象征，因为它可以使一个人的家庭和朋友都受益。在此关联中，重要的是要注意到*aretê*、财产和城邦防御之间的关系：

　　　　任何国家的首要功能是生存，是尽可能使其繁荣昌盛；

169

---

①　《伊利亚特》，6. 208，trans. Charles H. Kahn，*The Art and Thought of Heraclitus*（Cambridge：Cambridge U. Press，1979），12。

②　《伊利亚特》，15. 642。

③　Alasdair MacIntyre，*After Virtue*（Notre Dame：Notre Dame U. Press，1981），129.

④　A. W. H. Adkins，*Merit and responsibility：A Study in Greek Values*（Oxford：Clarendon Press，1960），37～38，156～163.

⑤　Kitto，*The Greeks*，172.

⑥　MacIntyre，*After Virtue*，124.

⑦　Jaeger，*Paideia*，3～14；亦参T. A. Sinclair，*A History of Greek Political Thought*（London：Routledge and Kegan Paul，1951），44～46。

在诸如希腊城邦这样的一个小国中，当其与邻邦竞争时，尽管它并非一个十分富庶的国度，这一首要功能也应时时牢记在心。为确保生存，抵抗的意愿和能力，再加上好的忠告意见，明显是最为必要的。在一个极力倡导武力的寡头政权下，或任何作为个人都必须为自己购置武器装备的社会中，最有效的斗争力量都必须由金钱来提供；由此而来的显赫地位使得即使在一个具有非常传统的古希腊价值观的社会中，甚至在一个自诩为民主的社会中，也是富人在公民大会中发声，并掌控着最重要的机构。①

因此，当看到贵族被誉为具有 *aretê* 的人和被称为 *agathoi*（好人）时，我们也用不着过于大惊小怪，因为他们毕竟能为城邦的福祉和安宁带来最直接的利益。由于荷马在神话-诗歌传统中对财产、高贵和 *aretê* 诸因素的整合，是帮助雅典的“第一家族”将社会牢牢地掌控在自己手中，② 所以，始于公元前5世纪的与荷马传统的决裂，也对雅典的社会和政治秩序无疑具有革命性的启迪意义。

发生在公元前5世纪雅典的变革可以描述为 *aretê* 的民主化过程，智术师自然也属于其中一个部分。有时也有人暗示智术师是引起人们对 *aretê* 态度改变的直接原因，但这一说法并不能完全对当时其他重要因素给出合理的解释。③ 雅典的舰队便是一具体例证。作为“职责”摊在最富有公民身上的税费支撑起舰队的各项费用，从而为穷人在战斗中证明自己的 *aretê* 提供了具体的物质手

---

① Adkins, *Merit*, 197.

② Eric A. Havelock, *The Muse Learns to Write*（New Haven：Yale U. Press, 1986），5.

③ G. B. Kerferd, “Sophists”, *Encyclopedia of Philosophy*（New York：Macmillan, 1967），7: 486.

段。[①] 雅典的扩张也带来了很多管理上的问题，因此，那些能够
帮助管理城邦的人便可以展示某种有价值的*aretê*。[②] 在伯里克利
的民主制度下，各种各样的人都有机会要么在公民大会上提出好
的建议，要么在公众法庭上赢得财产，从而也以此证明了自己的
aretê，并成为了*agathoi*。[③]

　　在这一民主化过程中，智术师的贡献包括两个层面。首先，
部分智术师积极协助教育和民主，为之提供理论上的辩护。[④] 其
次，在实践层面上，智术师的世俗理论和已高度完善的散文形
式，促进了与神话-诗歌传统及与之紧密相连的精英主义的决
裂。无论就理论还是实践层面而言，普罗塔戈拉都不愧为推进民
主制度的先锋。

　　实际上可以肯定的是，普罗塔戈拉无论对教育还是对伯里克
利的民主制，都提供了一种理论上的辩护。[⑤] 他在柏拉图《普罗
塔戈拉》中的"宏大讲辞"通常被看作是一种较为可靠的自我辩
护的证据，其中可以看到他对*aretê*之可教性所做的论证——而
这是为教育与伯里克利的民主制辩护的潜在前提。对"宏大讲
辞"的某些内容我将在稍后讨论，因为就目前的讨论而言，他怎
样为民主辩护不太重要，重要的是他确确实实进行了辩护。正
如阿金斯（A. W. H. Adkins）所言："对于公元前5世纪的好公

---

① Adkins, *Merit*, 197.

② 同上，225；Sinclair, *History*, 48。

③ Richard Garner, *Law and Society in Classical Athens*（New York：St. Martin's Press, 1987），11～19.

④ Reimar Müller, Sophistique et démocratie, *Positions de la Sophistique*, 179～193. 并非所有的智术师都是激进民主的狂热支持者，我们完全有把握认为，在公元前5世纪后期，早期智术师作为反民主派与民主被暂时颠覆之事件密切相关。参 Martin Ostwald, *From Popular Sovereignty to the Sovereignty of Law：Law, Society, and Politics in Fifth-Century Athens*（Berkeley：U. of California Press, 1986），229～250。

⑤ G. B. Kerferd, "Protagoras", *Encyclopedia of Philosophy*（New York：Macmillan, 1967），6：506；"Sophists", 496.

民（*agathos politês*）来说，*aretê*是一种技能，或者说是一种技艺。"① 普罗塔戈拉明显宣称这种技能可以传授，这一说法在伯里克利的葬礼演说中被间接提及，在论文《双重逻各斯》的第6章中也有直接的辩护。不管柏拉图对这一论题怎么看，几乎无人置疑普罗塔戈拉曾为这一激进论题进行过辩护，提出过*aretê*并非与生俱来、并非天赋的观点。至于他是否是第一个提出这样观点的人，目前还尚难断定。虽然这样的主题在公元前5世纪的戏剧中已不罕见，但我们还不能就此推定谁影响了谁。但不管怎样，对于*aretê*是否可教的问题，普罗塔戈拉提出的观点还是当属最先和最具说服力的众多论点之一。

在对*aretê*的态度上，就*praxis*（实践）层面而言，无论是作为群体的智术师，还是作为个人的普罗塔戈拉，都与荷马时代厘清了关系。伴随着人文主义–理性主义逻各斯的上扬，荷马式思维模式的影响已是江河日下，在此意义上，普罗塔戈拉的教诲在功能和内容方面都属于意识形态层面的问题。此外，由于普罗塔戈拉教授的是作为个体的人怎样在公民大会和法庭上胜出，因此，无论到哪种程度，其教授行为本身都促进了*aretê*的民主化进程。由于技能本身是成功的先决条件，因此，*politikê technê*（政治技艺）便可催生出*agathos politês*（好公民）。② 当我们说一个普通人可以成为一位好公民时，"其意义便指成为一位精于语词和行为的政治家……其最终目的是促进城邦的繁荣昌盛"。③

从世俗法庭地位上升的重要性中，我们可以理解神话–诗歌
171 传统中政治、社会和神学等方面之间的紧密关系，以及这一传统在公元前5世纪所面临的挑战。在公元前5世纪40年代，伯里克利的民主见证了雅典的*dikastêria*（法庭）在构建和普及度上

---

① Adkins, *Merit*, 226.
② 柏拉图，《普罗塔戈拉》，319a3–5。
③ Adkins, *Merit*, 226.

的极度增长。[1] 随着散文话语的重要性和力量的增长，秘索斯
（*mythos*）的影响和威望日渐萎缩："民主法庭如雨后春笋般地
出现，使得存在于传统神话体系中的那种城邦的社会结构与诸神
的统治和组织之间的紧密对应关系，荡然无存。"[2]

　　波拉克斯曾将智术师的授课描述为具有颠覆性的行为，"因
为他们帮助去掉有力者的力量，为无力者赋予力量"。[3] 因此，
智术师允诺要让那些"能够驾驭文化批评方案"的聪明的演说者
在"处于失声和边缘状况的民众中"扬名。[4] 按照我们当代的标
准，波拉克斯的描述无疑是一种夸张。即便在其为激进的时候，
雅典民主也是将公民限制在成年人口的少数人中，其社会仍然保
留着奴隶制，并普遍男尊女卑。[5] "雅典民主的激进特点"明显
仅仅当其"被置身于自身发展的时代标准中来予以测定"，才算
得上名副其实。[6] 尽管某些公元前5世纪的智术师理论或许具有
某种进步性，但智术师绝非严格意义上的平等主义者，[7] 他们只
为能够支付其费用的人提供服务，因此，"其教学绝非任何意义
上的对大众教育的贡献"。[8] 虽然普罗塔戈拉的学说对雅典的民

---

①　Garner, *Law*, 39~48.

②　同上，43。

③　John Poulakos, Sophistical Rhetoric as a Critique of Culture, *Argument and Critical Practices*: *Proceedings of the Fifth SCA/AFA Conference on Argumentation*, ed. Joseph W. Wenzel（Annandale, VA: Speech Communication Association, 1987），99.

④　同上，101。

⑤　Josiah Ober, *Mass and Elite in Democratic Athens*: *Rhetoric, Ideology, and the Power of the People*（Princeton: Princeton U. Press, 1989），3~10; Eva C. Keuls, *The Reign of the Phallus*: *Sexual Politics in Ancient Athens*（New York: Harper, 1985）; Eva Cantarella, *Pandora's Daughters*: *The Role and Status of Women in Greek and Roman Antiquity*（Baltimore: Johns Hopkins U. Press, 1987）.

⑥　Ober, *Mass and Elite*, 7.

⑦　Ostwald, *Sovereignty*, 229~250; 比较Dupréel, *Sophistes*, 25~28。

⑧　Kerferd, *SM*, 17.

主化有所贡献，可以解读为对激进民主制的辩护，但奥斯特沃德
（Ostwald）对此的结论可谓一语中的，他认为，"只有富人才
享用得起普罗塔戈拉"。①

除了前面提及的段落，关于普罗塔戈拉与教育论题的关联，
还有三处残篇值得一提，包括"教育需要先天的秉赋和后天的实
践"，"学习必须从小开始"（DK 80 B3），以及"普罗塔戈
拉所说，*technai*（技艺）离开了实践则什么都不是，反之亦然"
（DK 80 B10）。尽管上述三处残篇离普罗塔戈拉的年代较远，
其真实性也很难确定，但是，作为对教育的早期思考，其观点的
新颖性仍值得关注。有人说，"直到今天，高等教育中由智术师
教育所发展起来的希腊体系在整个文明世界中仍占据着主导地
位"，虽然这一提法有些失之偏颇，② 但就其对公元前5世纪教
育理论和实践的贡献而言，普罗塔戈拉仍然无愧于其古希腊颇具
原创意义的教育家和哲人的称号。

---

① Ostwald, *Sovereignty*, 242.
② Jaeger, *Paideia*, 317.

第十一章

普罗塔戈拉、逻各斯与城邦

我现在转向普罗塔戈拉的逻各斯理论，以及它对社会-政治 理论的意义。长久以来，虽然普罗塔戈拉"人是尺度"残篇一直被公认为一种支持伯里克利民主的观点，但就普遍意义上的普罗塔戈拉学说和逻各斯理论而言，其蕴含的政治意义并未得到人们应有的重视。

重要的哲学话语，一般来说，或多或少总与反映主流社会-政治秩序的思想和话语有相互影响的互动关系。这种互动并不需要是有意的，正如并非是为了要产生影响，尼采才有意写出可供纳粹德国利用的哲学。① 即使是现代学院派哲学，虽然表面上远离各种各样变幻莫测的政治生活，但也可以"通过消解整体的文化批评和促进主流文化的繁衍再生"，来使其具有意识形态上的功能。②

① Robert C. Solomon, *From Rationalism to Existentialism* (New York: Harper, 1972), 105~138.

② John Poulakos, "Sophistical Rhetoric as a Critique of Culture", *Argument and Critical Practices: Proceedings of the Fifth SCA/AFA Conference on Argumentation*, ed. Joseph W. Wenzel (Annandale, VA: Speech Communication Association, 1987), 97。亦参Takis Poulakos, "Intellectuals and the Public Sphere: The Case of the Older Sophists", *Spheres of Argument: Proceedings of the Sixth SCA/AFA* （转下页）

　　其实，哲学与社会-政治问题之间的关系，在古希腊时期反倒显得更为清晰。但是，由于柏拉图给人的印象是拒斥在城邦中的生活，倡导宁静的哲学沉思生活，这类印象影响到很多早期希腊哲学史的书写，因而都未能对我们现在称为哲人的那些人的政治取向和政治活动予以关注。其实，柏拉图的著作完全是意识形态性的，他本人甚至还尝试着影响政治——通过培训未来的哲人王迪翁。[①] 按照波普尔（Karl Popper）的观点，柏拉图一贯诋毁雅典民主，声称只有少数的哲学精英才掌握着真理，其言行将他推到了民主和"开放社会"的对立面。[②]

　　实际上，所有的前苏格拉底哲人都在积极参与当时的政治事务，只是职业哲人这一概念是在柏拉图的著作中才出现的。[③] 由于政治的、戏剧的和哲学的话语在公元前5世纪时还没有较为清晰的分野：三者的观众和施行者都是同一帮人，[④] 因此，一个需要理解的重要概念便是，在公元前5世纪，所有重要的公众话语在受到城邦社会-政治生活影响的同时，反过来又在寻求着去影响城邦的社会-政治生活。

　　此前我曾专门提到过普罗塔戈拉残篇与帕默尼德和埃利亚学派在观点上存在着较大分歧。既然如此，那么，这类分歧又在什么程度上代表了其背后某种更大的分歧和冲突呢？尽管对此

（接上页）*Conference on Argumentation*，ed. Bruce E. Gronbeck（Speech Communication Association，1989），9~14。

　　① Guthrie，*HGP IV*，17~32.

　　② Karl R. Popper，*The Open Society and Its Enemies*（London：Routledge and Kegan Paul，1966）；亦参I. F. Stone，*The Trial of Socrates*（New York：Anchor Books，1989）。有关柏拉图修辞理论的意识形态方面，参Charles Kauffman，The Axiological Foundations of Plato's Theory of Rhetoric，*CSSJ* 33（1982）：353~366。

　　③ Eric A. Havelock，The Linguistic Task of the Presocratics，*Language and Thought in Early Greek Philosophy*，ed. Kevin Robb（La Salle，IL：Hegeler Institute，1983），56~57.

　　④ Alasdair MacIntyre，*After Virtue*（Notre Dame：Notre Dame U. Press，1981），129.

绝非简单的三言两语能阐述清楚，但当时的几点情况还是可以
为我们提供一些佐证。据说帕默尼德是埃利亚城（Elea）的法律
制定者。① 虽然他制定的具体法律条文已无从考证，但密纳（E.
L. Minar）还是认为在帕默尼德的政治观点、社会地位和哲学理
论之间，或许还是存在着某种联系。② 由于帕默尼德将知识看成
神圣者的赐予，将有死的凡人描述为又聋又瞎、左右乱串的迷失
者，因此，我们由此便可以推测出他所钟情的绝非是民主制，而
是一种更为严厉的统治形式。"有如帕默尼德和芝诺对一般世俗
观点的批判"，作为帕默尼德的追随者，萨摩斯岛的麦里梭对那
些提出对立观点的人，及那些为感官值得信赖而进行辩护的人，
统统予以讨伐。③ 麦里梭也曾在战场上与伯里克利相遇，因为他
们都曾是各自海军舰队的统帅；据历史记载，麦里梭至少在有一
次海战中击败过伯里克利，时间是公元前441年。④ 鉴于智术师
曾积极参与过当时的政治事件，因此，要想对智术师的逻各斯理
论做较为详尽的讨论，便绕不开对逻各斯与城邦之间可能存在的
互动关系进行考察。

普罗塔戈拉与伯里克利的民主

雅典民主不是在一夜之间突然出现的，它的建立仍然是一
个渐进和小心摸索的过程。通常，民主的发端可追溯到梭伦
（Solon）统治时期，大约始于公元前594年。梭伦之前的统治 177
阶层是富人和"出身高贵"的精英，后来被称作*Eupatridai*（贵

---

① DL 9. 23；亦参Guthrie, *HGP II*, 2 n3。

② E. L. Minar, Parmenides and the World of Seeming, *AJP* 70（1949）：
41~53.

③ KRS, 400.

④ DK 30 A3；参KRS, 390~391；Guthrie, *HGP II*, 101。

族）："似乎*Eupatridai*有效控制了主要的行政职位，因而政府也主要或全部都在他们的掌控之中。"① 到公元前7世纪后期，出现了一个不断壮大的新兴群体，虽然他们也很富有，但出身并不高贵（有时被称为*kakoi*），另外还有贫穷的劳动阶层，他们为数众多——很多都身缠债务，并沦为富人的奴隶。由于这些群体之间不断上升的社会和政治矛盾，梭伦便被推举出来，被赋予改革治理过程的权力。

尽管梭伦改革的具体内容仍然是一件存在众多争议的事情，但其中有两个意义重大的做法，其真实性已被人们广泛接受："其一是对那些沦为债务奴隶（debt-bondage）的雅典人之地位的纠正，其二是对掌握城邦主要机构之先决条件的改革。"② 取消债务奴隶实际上是在界定雅典公民的范围，使雅典人不可能在自己的城邦沦为奴隶。对统治精英成员的改革导致了四层严格以财产划分的阶层体系，③ 城邦的执政官限制在那些较高层次的人群之中，而对*thetes*，即最低的阶层来说，尽管他们占了整个公民人数的2/3，却没有当选资格。④ 回过头去看，尽管梭伦推进民主改革的实际效果仍然非常温和，但却至少为那些出身并非高贵的人开启了一道政治流通性的大门，也为后来向民主方向更重要的迈进铺平了道路。

克里斯蒂尼（Cleisthenes）的改革出现在公元前6世纪末。

---

① Josiah Ober, *Mass and Elite in Democratic Athens：Rhetoric，Ideology，and the Power of the People*（Princeton：Princeton U. Press，1989），57.

② 同上，60。

③ 正如Ober所言，"群体成员的资格由个人的财产来界定，标准基于农业的年收入产量：最高层（*pentekosiomedimnoi*）（500计量单位），第二层（*hippeis*）（300计量单位），第三层（*zeugitai*）（200计量单位），底层（*thêtes*）（200以下）"（参*Mass and Elite*，61）。

④ Martin Ostwald, *From Popular Sovereignty to the Sovereignty of Law：Law，Society，and Politics in Fifth-Century Athens*（Berkeley：U. of California Press，1986），23.

按奥斯特沃德的观点，克里斯蒂尼"在思想上绝非是民主的倡导者，而是一位讲求实际的政治家，他所关注的是自己所处社会中内在冲突根源的消除"，①其改革目标也部分在于从局部层面重构城邦的组织结构，以便削减贵族家庭在公民大会和五百人议事会上的权力。②克里斯蒂尼另一项有意义的改革是创建了"陶片放逐法"（ostracism laws）。用奥伯（Josiah Ober）的话说，该制度通过放逐"任何可能威胁国家舆论，特别是公开鼓吹或实施那些有害于政治社会之价值的言论或行为的人"，以增强公共责任和消减贵族集团之间持续的矛盾冲突。③但重要的是应当注意到，"即使在克里斯蒂尼的改革之后，贵族集团仍然有效地操控着政府机构"，④某些重要的权力，如五百人议事会的成员资格，仍然只向大约仅仅1/3的成年男性人口开放。⑤

大约在公元前462年，一系列与厄菲阿尔特（Ephialtes）和伯里克利两人有关的改革为"激进民主"搭建好了平台，⑥改革也使某些权力得以从战神山议事会（Areopagus）的贵族成员手中，转到了更为民主的成员的掌控之中。⑦对所有反对国家罪行的审判和所选官员的监控（dokimasia），其权限均纳入更为民主的五百人议事会和被称为dikastêria（法庭）的公众法庭的范围。⑧加上所有的司法议案都必须得到公民大会的批准，

178

---

① 同上，16。

② 同上，15～26。

③ Ober, *Mass and Elite*, 74。

④ Ostwald, *Sovereignty*, 26。

⑤ 同上，23。

⑥ Aristotle,《政治学》，1274a7；《雅典政制》，27。改革是以厄菲阿尔特的名义进行的，但伯里克利明显起了至关重要的作用。亦参 J. A. Davison, "The Date of the Prometheia", *TAPA* 80（1949）：79n。

⑦ Robert W. Wallace, *The Areopagus Council, to 307 B. C.*（Baltimore：Johns Hopkins U. Press, 1989）。

⑧ Ostwald, *Sovereignty*, 43～47.

*dikastêria*被赋予的权限便意味着，所有重大的国家行为实际上都要求得到民众的认可。正如奥斯特沃德所言，只有当这些改革措施都到位以后，雅典才真正称得上民主：

> 为促进*dikastêria*的建立，厄菲阿尔特将那些凌驾于城邦之上的对国家的监护权从战神山议事会收回，又以某种必要的方式将其分散于议事会、公民大会和公众法庭。只有这时，我们才能真正称雅典为一种民主制度。在雅典民主时期，虽然那些上层贵族仍然垄断着军队的统帅权，但所有行政长官行使权力的行为不再仅是对上层的少数人负责，而是要面对将自己推选到所在位置的那些选民，那些最终大都受其执政行为影响的人，即作为整体的民众。①

奥伯指出过，只有当陪审团成员的报酬制度化以后，雅典的民主制才真正得以完全实现。那是在公元前5世纪40年代，这项由伯里克利倡导的制度让从事劳作的下层人有可能主动参与*dikastêria*的活动，从而也有效地赋予了民众监督所有公民行为的司法权。因此，到伯里克利成为雅典实际领袖的时候，完全或"激进的"民主制度才开始繁荣："即使不是在这之前，但到了公元前5世纪40年代，*dêmokratia*（民主）已正式成为一个术语被用来描述雅典的统治形式，民众（demos）也实际拥有了国家的政治权力。"②

从公元前450年到他公元前429年逝世，伯里克利一直是雅典的政治领袖。他在公元前443至前429年间，每年都被推选到军队的将军位置，"这一记录显示了他在选民中持续的声望"。③虽

---

① 同上，78。

② Ober, *Mass and Elite*, 81～82.

③ 同上，86。

然普罗塔戈拉和他之间的准确关系还较难确定，但毋庸置疑的是他们两人彼此之间都很熟悉，并且互为影响。这段时间的诸多史实也为他们的互相影响提供了佐证：普罗塔戈拉对雅典的造访大致与伯里克利的政治生涯一致。[①]如前所述，普鲁塔克曾提到过 179 这样一件事，普罗塔戈拉与伯里克利曾就投掷场上标枪意外致人死亡案件的判决进行过长达一整天的讨论，讨论表现出了普罗塔戈拉的相对主义（*orthos logos*观念）与国家正义之实际运作之间的紧密关系（DK 80 A10）。公元前440 / 39年（这也是普罗塔戈拉本人生涯的巅峰时期）伯里克利所作葬礼演说的残篇中，就有一些段落与普罗塔戈拉的"人是尺度"和"关于诸神"残篇形成呼应。[②]此外，普罗塔戈拉与伯里克利互为影响的描述也散见于公元前5世纪戏剧的不同段落中，[③]帕特农神殿上雕塑的设计也折射出普罗塔戈拉的影响，反映了他对诸神以人为中心的全新解读。[④]

大约在公元前444年，伯里克利试图在图利城建立殖民地。虽然其背后确切的政治动机尚不确定，但可以肯定的是，这属于雅典向外殖民扩张的一部分。伯里克利希望殖民地的"领导阶层是雅典人，组成结构是泛希腊型……并能发展成政治和文化中心，建立和扩展雅典的影响，使其能有效地远远超过任何协议所形成的联盟"。[⑤]从很多方面看，图利都意欲建成为一个模范城邦，也吸引了公元前5世纪众多的名人，例如，普罗塔戈拉便被委派了撰写图利宪法或法律（*nomoi*）的任务（DL 9.50）。虽然

---

① 见附录一。有关伯里克利和普罗塔戈拉，亦参D. Placido, "Protágoras y Pericles", *Hispania Antiqua* 3（1973）：29 ~ 68。

② 残篇来自普鲁塔克的《伯里克利》（8），而不是修昔底德所记录的"那一篇"葬礼演说。参Ira S. Mark, The Gods on the East Frieze of the Parthenon, *Hesperia*（1984）：340 ~ 341。

③ 见Davison, "Date".

④ Mark, "The Gods".

⑤ Victor Ehrenberg, "The foundation of Thurii", *AJP* 69（1948）：156.

具体的法律条款已几乎无从知晓，但其基本的思想应当是民主制，其中便包括五年内不得两次选任为军队统帅（*stratêgos*）的规定（亚里士多德，《政治学》，1307b7）。古希腊城邦法典的制定通常追溯到诸神的旨意，① 而作为"不可知论者"的普罗塔戈拉被委派来为如此重要的新殖民地制定法典，足见其受尊重的程度，也足见其积极参与政治的程度。

普罗塔戈拉也被委以为伯里克利两个儿子授业的重任（柏拉图，《普罗塔戈拉》）。当伯里克利的儿子帕拉洛斯（Paralus）和山提帕斯（Xanthippus）夭折于疾病时，普罗塔戈拉赞扬了伯里克利此时的行为：

> 虽然仅仅在八天之内，他年轻英俊的两个儿子都相继去世，但他默默地强忍住失子的悲痛，保持着内心的平静。这样的心态每天都能给他带来好运，抚平他心中的郁愁，提升他在民众中的威望。因为当看到他强忍悲痛的男子汉气概，所有人都会断定他心智超拔，勇敢无畏，超乎常人，知道他们自己若处于同样情况则会无力自拔。（DK 80 B9）

180　　伯里克利于公元前429年去世。传统观点认为，普罗塔戈拉于公元前420至前415年间被雅典人驱逐出境，罪名是不虔敬。这个故事可能是后人杜撰的。如果他真被驱逐了，其直接原因很可能是他仍旧与那些代表伯里克利的反斯巴达派保持着联系。②

---

① Richard Garner, *Law and Society in Classical Athens* (New York: St. Martin's Press, 1987), 39.

② J. S. Morrison, "The Place of Protagoras in Athenian Public Life", *CQ* 35 (1941): 4.

普罗塔戈拉的城邦视野

　　普罗塔戈拉与伯里克利过从甚密，这一关系更突显出理解其"逻各斯理论"所处的社会-政治语境的必要。除了已经讨论过的残篇外，有关其政治理论的主要线索还可见于柏拉图的《普罗塔戈拉》，特别是有关"宏大讲辞"的讨论（320c8～328d2）。虽然柏拉图让普罗塔戈拉口中说出的话语绝非是其本人原话（*ipsissima verba*），但却可能是原话的大致意思（*ipsissima praecepta*）。人们要求普罗塔戈拉为*aretê*可以传授的论点进行辩护，普罗塔戈拉欣然接受，并要听众选择其辩护形式是用故事（*mythos*）还是用论证（*logos*）。听众让普罗塔戈拉自行决定，于是，他便认为讲故事的方式更为合适。普罗塔戈拉讲的故事大致如下：

　　从前只有诸神而无世间万物。当诸神开始缔造万事万物时，普罗米修斯和厄庇墨透斯便被委派来逐一给各种生物赋予合适的生存能力，包括各种技能、形体的大小、食物和抵御外物伤害及相互防御的手段。然而，厄庇墨透斯却忽略了人类，普罗米修斯发现他们赤身裸体，毫无生存的能力。于是，普罗米修斯便从赫菲斯托斯和雅典娜那里将"各种技艺的智慧"（*tên entechnon sophian*）和火偷了出来，一并给了人类。由于人因此"分有了诸神的一部分"，所以，在世间万物中，他们是唯一要对诸神顶礼膜拜的造物。此外，人类通过自己被赋予的技能又进一步发现了言辞（*phônê*）和命名（*onomata*），为自己提供了各种生活的必需品。

　　然而，人类还是面临被野兽吞食和灭绝的危险，因为他们并不具备政治的（*politikê*）技艺。由于担心人的毁灭，宙斯便派赫耳墨斯把对他人的尊重（*aidôs*）和正义（*dikê*）带给人类。因此，任何无法获取*aidôs*和*dikê*的人都将被处死，就像对待城邦的瘟疫那样。

181 　　故事到此，普罗塔戈拉便将话锋转到了逻各斯，转到了为 *aretê* 可以传授的论点辩护上。在政治智慧问题上，当涉及诸如正义（*dikaiosunê*）和节制（*sôphrosunê*）等个人美德（*aretai*）时，他期望所有人都能参与到讨论中来。没有这些美德，城邦将不复存在。城邦的实践也表明大家都赞同这些美德可以通过指导（*didakton*）来予以获取，其中一种实践便是惩罚。惩罚不是为了报复，而是为了制止进一步错误行为的发生。如果某人既缺乏 *dikaiosunê*、*sôphrosunê* 或 *hosiotês*（虔敬）而又不可教授，这人就应当被驱逐或处死。

　　教育的过程贯穿人的一生。家庭教育小孩追求卓越，学校也是如此，而国家则是通过法律（*nomoi*）来实施教育。那些拥有足够钱财的人会尽可能延长小孩接受教育的时间，这也证明了 *aretê* 的可教性。虽然有的父亲确实教出了无用的孩子，但这也并不能否定 *aretê* 是可教的事实，这样的孩子同那些从未接受过类似教育的野蛮人相比，也仍然表现出有较多的正义感。城邦中人人都是传授 *aretê* 的教师，就像人人都可以教说希腊语一样。普罗塔戈拉宣称在助人变得高贵和卓越（*kaloi k'agathoi*）方面，自己比很多人都更胜一筹，因而便获得了智术师的职业。

　　"宏大讲辞"所展示的至少有三个论点可看成是普罗塔戈拉本人的观点。第一是 *aretê* 的可教性问题，这也是评价智术师职业至关重要的一点。一个人可以通过其他方式成为卓越的人才，而不是由于出身和遗传因素，这无论对教育实践还是对当时流行的社会-政治秩序而言，无疑都是具有革命性的观点。

　　普罗塔戈拉对 *aretê* 可教性的辩护方式颇不寻常。从本质上来说，虽然他坚持所有公民都参与政治的主张是民主的，但他宣称某些人优于另一些人的观点又与民主相悖，明显是在为智术师的技艺辩护，为诸如伯里克利等有能力的领袖长期执掌权力而辩护。他的辩护与《泰阿泰德》中为"人是尺度"观点的辩护是一致的：尽管每一个人的判断仅对自己而言为真，但那也不排除另有人可以提供更好判断的可能。

有学者坚持认为普罗塔戈拉的"宏大讲辞"代表了某种特定的道德理论。① 然而，正如我前面所提到的，柏拉图在"道德"意义上使用 aretê 与荷马将 aretê 作为竞争意义上的"卓越"截然不同，那么，我们不禁要问，普罗塔戈拉的 aretê 的含义又是什么呢？正如阿金斯所言，在公元前5世纪后期，我们可以看到 aretê 已分别具有了"竞争"和"合作"意义上的卓越的含义。② 到柏拉图时代，或许 dikaiosunê、sôphrosunê 和 hosiotês 都已被看作合作意义上的美德，但这在普罗塔戈拉的时代却并非如此。在普罗塔戈拉的时代，aretê 作为美德的字面意义和褒奖意义"很可能被认为是能确保社会群体的成功、昌盛和稳定"。③ 正义、节制和虔敬的美德不是以其内在的好坏来予以判断，而是看其是否对城邦有益。但在柏拉图那里，他感兴趣的是美德自身，看重的是其相互之间的关系。因此，将正义视为目的本身的抽象概念，是从柏拉图才开始的。④

dikaiosunê 在普罗塔戈拉时代具有重要意义，因为有可能他曾专门撰文讨论过这一题目。第欧根尼·拉尔修列举了两个出处，宣称"几乎整个（柏拉图的）《王制》都可以用与普罗塔戈拉论战的方式来进行阅读"。⑤ 从表面看，这一观点似乎完全不

182

---

① Michael Nill, *Morality and Self-Interest in Protagoras*, *Antiphon*, *and Democritus*（Leiden：Brill，1985）.

② A. W. Adkins, *Merit and Responsibility*：*A Study in Greek Values*（Oxford：Clarendon Press，1960）.

③ A. W. Adkins, "*Aretê*, *Technê*, Democracy and Sophists：*Protagoras* 316b~328d"，*JHS* 93（1973）：4.

④ Havelock, *The Greek Concept of Justice*（Cambridge，MA：Harvard U. Press，1978）；Adkins，*Merit*，195~214.

⑤ DL 3. 37，57 = DK 80 B5.

可能，但有的学者却认为《王制》的第一卷最初是以一篇独立对话的形式出现的，① 其中分析了这样一些不同的正义概念，诸如诚实、助友损敌、强者的利益，以及正义和不义谁更有利。我们有理由推测，普罗塔戈拉在探索这样的问题时，不是从柏拉图的角度来决定正义自身"是什么"，而是从与城邦利益相关的角度出发评价正义的不同概念。②

其实，如果普罗塔戈拉确实写过有关*dikaiosunê*的著作，很可能他讨论正义的方式也不同于他的前人。*dikê*的传统意义是指一个过程的*dikê*："作为'偿还的*dikê*'和'给予的*dikê*'，'为某事而采取的*dikê*（作为一种惩罚）'。"③ 在希罗多德的著作中——这是我们追寻普罗塔戈拉可能用法的最好线索——*dikaiosunê*开始意指"一种个体性的拥有，个人能够使用它，简言之，意指人格的一种属性，个人品格的一个部分"。④ 如果柏拉图在"宏大讲辞"中表述的*dikaiosunê*真是普罗塔戈拉的原意，那么，普罗塔戈拉的贡献便是将正义看作了于城邦有价值并能传授的一种个体性的*aretê*或技艺。正如哈夫洛克所言，*dikaiosunê*一词完全有可能最先出自普罗塔戈拉的著作。如果真是这样，他便可以被誉为是在当时所用的句法限制内将正义概念推进到极致的人。⑤ 直到柏拉图的著作出现，才产生了对该概念的第二次主要推进。⑥

"宏大讲辞"中普罗塔戈拉的第二个论点是他有关惩罚的理

---

① Guthrie, *HGP IV*, 437.

② Havelock, *Justice*, 305。有关普罗塔戈拉的社会理论是柏拉图《王制》之基础的讨论，参Stanley Moore, "Democracy and Commodity Exchange：Protagoras versus Plato", *HPQ* 5（1988）：357～368。

③ Havelock, *Justice*, 297.

④ 同上，300。

⑤ 同上，305。

⑥ Trevor J. Saunders, Protagoras and Plato on Punishment, in Kerferd, *Legacy*, 136～141.

论，相关文本如下：

> 　　在惩罚做错事的人时，没有人会纠缠他过去做错了什 183
> 么，或因他做错了事而加以惩罚，除非像野兽一样盲目
> 复仇。不，有理性的人不会因为已经犯下的罪行而惩罚某
> 人——毕竟已经做错的事不可能挽回——而是着眼于将来，
> 防止同一个人——或者通过惩罚的场面，防止他人——再犯
> 同样的错误。持有这样的观点，是因为相信美德可以通过教
> 育来浇灌；不管怎样，惩罚只是一种威慑。这就是所有实施
> 惩罚的人所持有的观点，无论是在私下还是在公开场合实施
> 惩罚。而你的雅典同胞肯定也会像其他人那样，对那些被
> 认定做错了事的人实施惩罚和纠正错误。因此，这一论点表
> 明，他们也认为美德是可能传输和教授的。（《普罗塔戈
> 拉》，324a6~d1）

　　桑德斯（Trevor Saunders）通过对该段文字的细读，告诉了我们为什么这段话的字里行间代表了"历史上普罗塔戈拉有关惩罚的实际观点"。[1]在普罗塔戈拉之前，惩罚被看作是*dikê*过程的一部分——对有害行为的报应或复仇。毫无疑问，普罗塔戈拉在众多学者中提出了自己的观点，认为惩罚更为重要的社会功能是制止后来的进一步伤害；犯罪本身并非是实施惩罚的正当和充足理由。

　　我们不应当低估普罗塔戈拉观点的创新意义。他将惩罚重新定义为一种教育行为，既充满了人道，也富有分析上的创新性。正如哈夫洛克所感叹的："多少世纪以来那些充满愤怒的迷信都在这一观念中消失殆尽了！"[2]桑德斯还补充道，"仅此

---

① 同上，134。

② Havelock, *The Liberal Temper in Greek Politics*（New Haven：Yale U. Press, 1957），174.

一下，他便将犯罪与惩罚、伤害与反伤害等针锋相对地串到了一起，这在古希腊，甚至在我们现代的思想中，都仍然是非常强有力的。"①

　　虽然普罗塔戈拉的惩罚理论得到不同学者的"公正赞扬"，但该理论与他其余理论间的关系并未得到应有重视。② 教育与惩罚可以改变人的行为，这一观点是与他之前的罪为固有的或罪为神授的观点的决裂。③ aretê的可教性与"人是尺度"残篇相辅相成，惩罚可改变人的观点（325a）又与他的医学类比和"强／弱逻各斯"残篇遥相呼应。所有这些联系不仅进一步印证了"宏大讲辞"中的理论确实是普罗塔戈拉式的，也展示了他对人性、逻各斯和城邦之间关系十分透彻和连贯的理解。

184　　普罗塔戈拉在"宏大讲辞"中的第三个论点是讨论有关逻各斯（作为"话语"）在城邦中的地位，相关段落是在普罗塔戈拉讲述宙斯命令有关统治的技艺应当广施天下而非极少数人的故事之后。其故事的证据是雅典人拥有一种参与性民主这一事实："当审议的事项（sumboulê）涉及政治美德时……他们总要听取每一个人的意见，因为他们认为人人都拥有这样的美德，否则国家将不复存在。"（322e2 ~ 323a3）从检验逻各斯基本理论的角度出发，这段话里包含有几个重复出现在普罗塔戈拉其他言说和残篇中的重要因素：多数人参与——使用话语——做出判断。

　　不同学者都注意到，在上述和其他类似段落中，普罗塔戈拉"在人类历史上首先提出了参与性民主的理论基础"。④ 但就这一点来说，我们必须承认的是，被排除在政治参与之外的仍然

---

① Saunders, "Protagoras", 134.

② Guthrie, HGP III, 67.

③ Havelock, Temper, 174.

④ 同上，155 ~ 190；Kerferd, SM, 144；Reimer Müller, Sophistique et démocratie, Positions de la Sophistique, ed. Barbara Cassin（Paris：Vrin, 1986），179 ~ 193。

还有很多成年人：妇女、外邦人和奴隶。尽管如此，正如奥伯所言，雅典民主的历史意义仍不容忽略：

> 我们可以为雅典人的排外主义态度惋惜，但道德的指责不应当遮蔽我们对其新的民主政治秩序的基本重要性的赞赏，因为在一个复杂社会有记载的历史上，所有本土出生的男性自由民，无论其能力、家庭关系或财产如何，第一次享有了政治上的平等，享有了同样的权力来争议和决定国家的政策。①

因此，雅典民主被描述为所有民主之父，而似乎有理由认为普罗塔戈拉则是民主的第一个捍卫者。②

在对话中稍前的一段中，苏格拉底要求普罗塔戈拉对自己教授的内容做一说明，普罗塔戈拉回答说，自己训练（*mathêma*）学生的是有关家庭和国家事务管理方面的*euboulia*，这样，学生就可以在城邦管理和言辞（*legein*）上*dunatôtatoi*（有强力、有影响、有能力）（318e5～319a2）。*euboulia*一词在公元前5世纪通常表示好的或有智慧的建议。③ 不同的译者在翻译《普罗塔戈拉》这一段落时对*euboulia*的译法也各不相同，包括"精明审慎"（奥斯特沃德），"良好的计划"[哈巴德（Hubbard）和卡诺夫斯基（Karnofsky）]，"恰当的管理"[泰勒（Taylor）]，"对……事物的恰当关照"（格思里），"良好的判断"[兰姆（Lamb）]，以及"正确决定的形成"（哈夫

---

① Ober, *Mass and Elite*, 6～7.

② Adolf Menzel, "Protagoras, der älteste Theoretiker der Demokratie", *eitschrift für Politik* 3（1910）：205～238；Havelock, *Temper*, 170. 有关这类描述的偏见，参Riane Eisler, *The Chalice and the Blade*（New York：Harper, 1987）, esp. ch. 3.

③ Aeschylus, *Prometheus*, 1035~1038；Thucydides 1. 78.

洛克）。① 对euboulia的向往在索福克勒斯的《安提戈涅》里也有描述："同合理和好的建议相比，所有的财产都显得多么微不足道啊！""拒绝好的建议是一种罪过。"② 在《普罗塔戈拉》中有四处提到过很多人各不相干的参与方式，其目的都是想要得到一个好的判断的结果。③ 因此，普罗塔戈拉提出的健全的话语

185 （orthos logos）与良好的判断（euboulia）之间的关系虽然颇有争议，但似乎也不无道理。④ 修昔底德所转述的伯里克利的葬礼演说中有下面这样一段话："我们雅典人是在为自己而决定公共的问题，或者说至少努力想达到对这些问题的一种健全理解，因为我们相信行为的障碍绝非是争论（logôi），而是在行为之前没有通过争论的指导来达成一致"（2.40.2）。如果这段演说真是伯里克利的，它也可以反映出普罗塔戈拉的影响。⑤

其实，在普罗塔戈拉那里还是遮遮掩掩的逻各斯理论，到了亚里士多德的《修辞学》（1391b7）中已变得完全是直言不讳：

---

① Martin Ostwald, *Plato：Protagoras*（Indianapolis：Bobbs-Merril, 1956）；B. A. F. Hubbard and E. S. Karnofsky, *Plato's PROTAGORAS：A Socratic Commentary*（Chicago：U. of Chicago Press, 1982）；C. C. W. Taylor, *Plato：Protagoras*（Oxford：Clarendon Press, 1976）；W. K. C. Guthrie的译文载Edith Hamilton and Huntington Cairns, *The Collected Dialogues of Plato*（Princeton：Princeton U. Press, 1961）；W. R. M. Lamb, *Plato：Laches, Protagoras, Meno, Euthydemus*（Cambridge, MA：Harvard U. Press, 1924）；Havelock, *Temper*。

② Lines 1050, 1242, trans. in *Greek Tragedies*, Vol. 1, ed. David Greene and Richard Lattimore（Chicago：U. of Chicago Press, 1960）.

③ 318e5~7；322e2~323a2；323c3~5；324c5~7.

④ Auguste Bayonas, L'art politique d'après Protagoras, *Revue Philosophique* 157（1967）：51；Havelock, *Temper*, 167.

⑤ 有关演说的真实性和修昔底德的准确性，参A. W. Gomme, *A Historical Commentary on Thucydides*（Oxford：Clarendon Press, 1956）, 2：104, 121~136。就修昔底德一般意义上的准确性与客观性，参 John T. Kerby, Narrative Structure and Technique in Thucydides VI-VII, *Classical Antiquity* 2（1983）：183~211；Virginia J. Hunter, *Thucydides：The Artful Reporter*（Toronto：Hakkert, 1973）；F. M. Cornford, *Thucydides Mythistoricus*（New York：Greenwood Press, 1969）。

"使用说服性话语（*pithanos logos*）是要让人做出判断或决定（*krisis*）。"格里马蒂（William M. A. Grimaldi）认为这句话概括了亚里士多德修辞学的终极目标（telos）："《修辞学》全书所强调的是观众作为判断者的概念，其中不断提及的一个事实是，所有修辞都指向*krisis*或判断来作为其终极目的。"[1] 在此意义上，普罗塔戈拉的修辞理论可以被描述为对诸如逻各斯与集体判断之关系的早期预测和构建。

普罗塔戈拉的逻各斯远不是要我们提倡唯我论或绝对主观主义，而是将其作为一种通往主体间性的工具。[2] 在公元前5世纪的希腊语中，一致性被表述为*homonoia*或*homologos*。[3] 对普罗塔戈拉来说，由逻各斯所带来的一致性是抵达良好判断的手段，[4] 在题为《献给亚历山大的修辞学》的智术师小册子中，法律（*nomos*）被描述为"共同体的共识"——*homologêma poleôs koinon*（1422a），这一定义直接颠覆了法律为君立或神授的观念。因此，我们也可以有理由相信普罗塔戈拉在推进这一思想中所起的重要作用。[5] 其实，普罗塔戈拉的观点在德谟克利特的一句名言中也有呼应："通过鼓励和说服性的言辞，人们可以证明有一种比法律和强迫更为有效的抵达卓越（美德）的手段。"[6]

---

① William M. A. Grimaldi, *Studies in the Philosophy of Aristotle's Rhetoric*（Weisbaden: Franz Steiner, 1972），25。比较Harold Barrett, *The Sophists: Rhetoric, Democracy, and Plato's Idea of Sophistry*（Novata, CA: Chandler and Sharp, 1987），40。

② Jaap Mansfeld, Protagoras on Epistemological Obstacles and Persons, in Kerferd, *Legacy*, 47.

③ 参LSJ的*homologeô*、*homonoia*两词条。

④ Bayonas, L'art politique, 50~52; T. A. Sinclair, *A History of Greek Political Thought*（London: Routledge and Kegan Paul, 1951），53~54.

⑤ Klaus Döring认为普罗塔戈拉的历史贡献或许在于其通过集体认同（*gemeinsamem Einvernehmen*）促进了共同体决策的观念，参其"Die politische Theorie des Protagoras"，载Kerferd, *Legacy*, 109~115。比较Dupréel, *Sophistes*, 19。

⑥ DK 68 B181，译文基于Guthrie, *HGP II*, 496。亦参KRS, 432~433。

逻各斯是抵达卓越的手段，而由一致性所构建的法律（nomos）则是其具体体现。

智术师将逻各斯与城邦的构建连在一起，这一方式在《普罗塔戈拉》稍后的一段对话中也可得到进一步印证。在苏格拉底请求普罗塔戈拉尽可能简要回答问题时，两人就此展开了一场争论。这是在苏格拉底发现普罗塔戈拉不但具有演说的能力，也擅长于使用问答的方式之后（329b1～5）。普罗塔戈拉对苏格拉底的建议予以反驳："你说的'尽可能简要'是什么意思？难道要我回答得比本身所要求的还要简短吗？"苏格拉底对此的辩解是"当然不是"。他们一致认为回答问题应当恰到好处，但普罗塔戈拉又进一步追问道："恰到好处的标准是我，还是你？"（334d6～e3）曼斯菲尔德提出，从理论上看，这段对话是柏拉图对普罗塔戈拉的尺度原则的又一种解读，① 也是若干处这样的段落中的第一处，这些段落展示了普罗塔戈拉和其他智术师为言辞竞赛所设定的基本原则（参见335a4～338e5）。希腊人好斗的天性几乎将所有的言说机会——无论在公民大会还是在法庭，甚至私人聚会上——都变成了一种agôn（竞赛），一种智慧与言说能力的比拼。

按照第欧根尼·拉尔修的观点，普罗塔戈拉是第一位倡导论辩（logôn agôn）的人，也是第一位引进"诡辩（eristic）"和第一位开始践行提问和"苏格拉底式论证"的人（DK 80 A1，A3）。诡辩（eristkê）是出自公元前4世纪的术语，柏拉图用其表示"在论证中求胜"。② 普罗塔戈拉并未使用过这一术语，但第欧根尼·拉尔修将其用在普罗塔戈拉身上，这与他称普罗塔戈拉引入了言辞竞争的说法是一致的。这虽然还没有办法予以确认，但柏拉图的见证似乎足已让我们得出这样的结论，即这样的

---

① Mansfeld, "Protagoras", 44.

② Kerferd, SM, 62.

实践在公元前5世纪盛行已是不争的事实。于是，普罗塔戈拉的贡献或许可以说是帮助推进了各种言说活动的进一步成形。

在柏拉图铸造"辩证法（dialectic）"一词来定义讨论的过程之前，动词*dialegesthai*的意思是"展开对话"或"传递和接受话语"。① 柏拉图还表现了四位不同的智术师——普罗塔戈拉、希庇阿斯、普罗狄科和克里蒂亚——都参与进来讨论，苏格拉底和普罗塔戈拉之间的对话当如何进行。哈夫洛克认为，在对智术师的这些表面戏仿之下，我们仍可看到智术师在将*logôn agôn*的规则理性化过程中的真正成就。②

我们可以推测某些早期智术师，特别是普罗塔戈拉，通过将公共话语的程序程式化来推进对逻各斯的理性化，这一推测有多大的合理性呢？亚里士多德在《论题篇》中较多地方都提到，辩证法训练在学园中是一项规则严密的活动：时间长短是固定的，提问也限于那些能引出是或不是之回答的问题。③ 亚里士多德的规则无疑有其前人。柏拉图《普罗塔戈拉》中智术师所用语言的准专业特性也清楚表明，他们正处于将某些程序程式化的过程中。④ 既然几乎所有的早期智术师都积极参与政治，既然伯里克利也曾让普罗塔戈拉来制定图利城的法律，那么，我们完全有理由推断，某些智术师确实推进了对一些规则或法则的程式化，这些规则或法则统领着公民大会上和法庭上的种种话语。

187

---

① Havelock，*Temper*，212～213.

② 同上，191～239。

③ 特别参看《论题篇》第8卷；比较Guthrie，*HGP VI*，150～155。

④ Havelock，*Temper*，191～239.

第十二章
普罗塔戈拉与柏拉图和亚里士多德

190   长期以来，传统观点一直认为，普罗塔戈拉残篇鲜有流传的原因很大程度上在于其观点不为柏拉图和亚里士多德所容。这一说法的可信度可谓真伪参半：其真既在于亚里士多德学园对智术师著作的不屑一顾，也在于他和柏拉图两人在一些重要著作中对普罗塔戈拉观点的大肆攻击。然而，我认为两人与普罗塔戈拉在学术上的关系远比我们通常想象的还要微妙。本章将遵循这一线索，重新考察普罗塔戈拉与这两位公元前4世纪哲人之间的关系。

对普罗塔戈拉的批驳

柏拉图和亚里士多德对普罗塔戈拉观点最为重要的反驳是其"人是尺度"说自身的矛盾和对矛盾律的违反。这些反驳代表了对某些版本的相对主义的持续批判，而这些版本的相对主义在晚近一些视修辞为一种认知方式的文献中又重现出来。① 由于其争

① Barry Brummett, "Some Implications of 'Process' or 'Intersubjectivity': Postmodern Rhetoric", *PR* 9（1976）: 21~51; C. Jack Orr, "How Shall We Say 'Reality is Socially Constructed through Communication?" （转下页）

论一直在持续，所以，理解每种反驳，并考虑普罗塔戈拉可能的　191
辩护，自然就十分重要。

柏拉图在《泰阿泰德》中最开始的解释通常被认为是对普罗塔戈拉尺度说的合理转述："事物于我是其向我呈现的方式，而于你则是其向你呈现的方式。"① 柏拉图指出，普罗塔戈拉的观点是，如果某人（或某些人）判断A是B，则事实上A就是B。同样，如果某人（或某些人）判断A是非B，则事实上A就是非B。对此的反驳大致如下：如果某人同时既作为"是"又作为"非是"的评判人，又如果很多人都认为普罗塔戈拉"人是尺度"之说为非是，那么，用他自己的逻辑便可证明其"尺度说"为非是。正如巴恩斯指出，尺度说"陷入的是卖矛者的困境：它导致了自身的毁灭"②。柏拉图在《泰阿泰德》中论证说：

> 那么普罗塔戈拉本人又做何辩解呢？如果他本人就不相信人是尺度，如果大众也不相信，事实上他们本来就不相信，那么，他写的《论真理》对任何人来说都不会是真理，难道不可能有这样的情况存在吗？又假设如果他本人确实认为人是尺度，而大众并不同意他的观点，那么，首先出现的情况是，不相信其为真理的情况超过相信其为真理的情况：在数量上不信者的比例远远超过相信者。③

（接上页）*CSSJ* 29（1978）：263～274；Earl Croasmun and Richard A. Cherwitz, Beyond Rhetorical Relativism, *QJS* 68（1982）：1～16；Barry Brummett, On to Rhetorical Relativism, *QJS* 70（1984）：425～437.

①　152a, trans. John McDowell, *Plato：Theaetetus*（Oxford：Clarendon Press, 1973）.

②　Jonathan Barnes, *The Presocratic Philosophers*（London：Routledge and Kegan Paul, 1982）, 543.

③　170e～171a, *Theaetetus*, trans. McDowell.

柏拉图由此得出的结论是："由于其观点遭到所有人的反对，那么，其《论真理》似乎对任何人来说都不再成其为真理了。"① 这种以子之矛攻子之盾的反驳方式在对普罗塔戈拉的批判中非常普遍，类似情况在德谟克利特和塞克斯都·恩皮里柯的著作中亦是如此。② 塞克斯都对此的表述是："如果所有外观为真，那么，认为并非所有外观为真的观念亦为真——其条件是一旦这一观念也以外观的形式呈现；因此，以此类推，认为所有外观为真的观念亦将为伪。"③

奥尔（Jack Orr）最近也指责修辞学家布鲁麦特（Barry Brummett）的观点，认为其"真理作为共识"的主体间性标准容易落入同样自相矛盾的窠臼："真理作为共识的定义证实的是主体间性自身所拒斥的真理观。"④ 此外，还有相当一部分现代哲人仍在争论普罗塔戈拉的相对主义是否"真正"自相矛盾。⑤ 虽然这种持续的兴趣也有其自身的意义，但就争论本身而言，大多都是基于某种当代的挪用，而不是寻求历史的重构，因此，没有

---

① 171c5，同上。

② M. F. Burnyeat, Protagoras and Self-refutation in Later Greek Philosophy, *The Philosophical Review* 85（1976）：44~69；David K. Glidden, Protagorean Relativism and the Cyrenaics, *American Philosophical Quarterly*, monograph 9（1975）：113~140.

③ DK 80 A15.

④ Orr, "How Shall", 267.

⑤ James E. Jordan, "Protagoras and Relativism：Criticism Bad and Good", *Southwestern Journal of Philosophy* 2（1971）：7~29；Edward N. Lee, " 'Hoist with His Own Petard'：Ironic and Comic Elements in Plato's Critique of Protagoras", *Exegesis and Argument：Studies in Greek Philosophy Presented to Gregory Vlastos*, ed. E. N. Lee, A. P. D. Mourelatos, R. M. Rorty（Assen：Gorcum, 1973）, 225~261；F. C. White, "Protagoras Unbound", *Canadian Journal of Philosophy* supp. 1（1974）：1~9；M. F. Burnyeat, "Protagoras and Self-refutation in Plato's *Theaetetus*", *The Philosophical Review* 85（1976）：172~195；Jack W. Meiland, "Is Protagorean Relativism Self-refuting?" *Grazer Philosophische Studien* 9（1979）：51~68；E. P. Arthur, "Plato, Theaetetus 171A", *Mnemosyne* 35（1982）：335~336；David K. Glidden, "Protagorean Obliquity", *HPQ* 5（1988）：321~340.

必要在此做深入探讨。①

　　人们对普罗塔戈拉哲学的第二点批判是因为其违反了矛盾原 192
则。该原则可概述为"没有何物可以在某一和同一时间既具有
又不具有某种给定的特征，这是事物自身的性质。"② 如果将人
定为尺度，那么，普罗塔戈拉就必须容许"万物"同时可以用
两种非此即彼的方式来予以测定：好和坏、真和伪，等等。柏
拉图和亚里士多德在反驳"尺度说"时还给出了他们对*ouk estin
antilegein*的理解，认为"不可能矛盾"是对"矛盾律"的违反。
柏拉图抱怨说，"这一观点似乎太离奇，不仅与他人的观点相
左，也是对其自身的颠覆"。③ 亚里士多德对此表达得更为直
白："如果这一观点成立，接下来便是同一事物既'是（is）'也
'非是（is not）'，既'好'也'坏'，而所有与其相悖的陈述
内容也为真，因为某一特定的事物常常对某些人呈现为美，而对另
一些人则呈现为丑，并且对每一个人的呈现均是其判断的尺度。"④

　　从历史角度看，虽然上述两种反驳都证明其具有说服力，但
两者均是对普罗塔戈拉相对主义的一种曲解，均忽略了他所提出
的"事物（或经验）不是孤立或自足的，而总相对于某一参照系
或'尺度'"。换言之，除了"相对于主体的存在"外，普罗塔
戈拉并不承认其他的"存在（being）"。⑤ 柏拉图在《泰阿泰

---

　　① 虽然当代挪用和历史重构并非必然处于矛盾的张力中，但我认为在前一条
注释所提及的那些研究中，大多数都是在一厢情愿地为那些并无任何公元前5世纪现
成依据的争论提供相应的概念或理论。其中典型的一例便是James Haden［"Did Plato
Refute Protagoras？" *HPQ* 1（1984）：223～240］，其兴趣是反驳由柏拉图所发展的
那种相对主义（一种现象主义），尽管他注意到了坚守文本的重要性，但他在讨论中
仍然引入William James的心理学来解释普罗塔戈拉的立场。

　　② Alasdair MacIntyre，"Ontology"，*Encyclopedia of Philosophy*（New York：
Macmillan，1967），5：542.

　　③ 《欧绪德谟》，286c = DK 80 A19.

　　④ 《形而上学》，1062b15～20（= DK 80 A19）；亦参1007b17～23，
1009a6～7.

　　⑤ Gomperz，*SR*，207～209.

德》中对普罗塔戈拉相对主义的勾画也清楚表明，他承认"对X
而言"这类限定性条件的意义。[①] 按照当前的说法，谓词只有在
相对于某个构成普罗塔戈拉参照系的经验着的主体的条件下，才
可能获得其存在论上的地位。[②] 正如我在前面讨论普罗塔戈拉残
篇时所强调的，只有对X而言，"A是B"才总为真。

其实，参照系的概念使普罗塔戈拉的"尺度说"摆脱了自我
否定和自相矛盾的烦扰。柏拉图在《泰阿泰德》开始的那段转述
中也明显表明，普罗塔戈拉的话中包含着某种参照系概念。虽然
在"A是B"和"A是非B"这一对互为对立的表述中蕴含着相互
的否定，但在"对X而言，A是B"和"对Y而言，A是非B"等
这类更具荷马式（情景性）风格和普罗塔戈拉式风格的表述中，
两者之间就不再含有互相否定的矛盾了。

但是，柏拉图试图将普罗塔戈拉的学说置入"尺度说乃绝对
真"这一形式，因此，他省掉了"对X而言"这一最根本的限定
条件。[③] 对柏拉图来说，如果省略的部分被忽略，要使普罗塔戈
拉的观点陷入自我否定的谬误也就易如反掌，尽管其省略后引入
的是一种普罗塔戈拉本人决不会认同的参照系。亚里士多德在
《形而上学》中的评论也包含同样的曲解。他认为，如果双方就
"何为'是'"与"何为'非是'"达不成一致，其中一方就必
定有误（1063a）。其实，柏拉图和亚里士多德两人论证的出发
点是非此即彼的逻辑（either / or logic），而普罗塔戈拉用的则
是既此亦彼的逻辑（both / and logic）。对普罗塔戈拉来说，人
的经验如此丰富，充满着如此多的可变因素，因而可做多种不同

193

---

① 参本书第七和第八两章。

② W. V. O. Quine, *Ontological Reality and Other Essays* (New York: Columbia U. Press, 1969), 26~68.

③ Joseph P. Maguire, "Protagoras—or Plato?" *Phronesis* 18 (1973): 135~136; Gregory Vlastos, *Plato's "Protagoras"* (Indianapolis: Bobbs-Merrill, 1956), xivn.

的——甚至是不一致的——描述。

毫无疑问，柏拉图和亚里士多德完全清楚自己的反驳在逻辑上也并非是完全令人满意的，他们也分别在《欧绪德谟》和《论智术式辩驳》中专门讨论和指责了那种为使某些陈述不一致和自相矛盾而省掉条件的情况。[①] 现代评述者对其动机不能苟同的是，两人在某些段落中应用的逻辑程序和论辩步骤，在别的著作中他们又承认其无效。我认为不管是柏拉图还是亚里士多德，他们都不可能完全相信普罗塔戈拉真的已被自己从逻辑上"驳倒"，就我的目的而言，指出这一点就已足够了。不过，他们确实降低了普罗塔戈拉学说的流行度。或许，他们真正剑锋所指的主要还是公元前4世纪的对手，也就是那些所谓的普罗塔戈拉的信徒，或许，他们提出的论证主要意在为其关于存在和知识的讨论奠定基础，当然也可能这两个目的兼而有之。[②]

拒斥还是吸收

虽然普罗塔戈拉的观点与柏拉图和亚里士多德两人在很多重要方面明显相左，但其思想中的某些因素似乎还是为两人在各自的哲学中所接受，甚至还远远超出他们所明确承认的地方。我已讨论过柏拉图有关普罗塔戈拉的认知理论，以及亚里士多德在逻各斯及判断问题上与普罗塔戈拉观点的呼应。加加林在细读《普罗塔戈拉》时指出，柏拉图在*aretê*的可教性问题上就极度认同

① Rosamond Kent Sprague, *Plato's Use of Fallacy* (New York: Barnes and Noble, 1962), and "Plato's Sophistry", *The Aristotelian Society*, supp. 51 (1977): 45~61.

② G. B. Kerferd, "Le sophiste vu par Platon: un philosophe imparfait", *Positions de la Sophistique*, ed. Barbara Cassin (Paris: Vrin, 1986), 13~25.

普罗塔戈拉的观点。[①] 其实，亚里士多德思想中有关公民需要培训的观点也与普罗塔戈拉并行不悖。亚里士多德认为，人之所以是"政治动物"，是因为人具有逻各斯的能力（《政治学》，1253a15~18）；普罗塔戈拉在"宏大讲辞"中宣称不具备公民美德（aretai）的人无法生存，亚里士多德同样也认为不能共享政治生活的人属于"野兽"（《政治学》，1253a27~29）。亚里士多德政治学和伦理学理论的基础是实践智慧或phronêsis的概念。在亚里士多德看来，phronêsis是"一种洞察实际事物的成熟能力，是最初的天资经过经验的培育和发展的结果"。[②] phronêsis是过上美好生活和成功领导国家所必须的一种智慧（sophia）。阿金斯更是宣称亚里士多德政治学的理论来源就包括了智术师在内，[③] 因为phronêsis与智术师的orthos logos（正确推理）概念也是一致的。这一说法或许也有其自身的合理之处，因为普罗塔戈拉在柏拉图对话中所倡导的培养公民美德的实践，可以在亚里士多德呼吁phronêsis教育的必要性中找到呼应："这些人必须'知道自己在做什么'：他们没有哲人王替他们思考。如同智术师教给学生的一样，亚里士多德也将这些同样的技能托付给了他的听众，并且其内涵还得到了更为充分的理解。"[④]

我认为，普罗塔戈拉在柏拉图和亚里士多德形而上学发展中的作用被低估了。按照莫拉维斯克的说法，形而上学理论发展的第二阶段是基于构建或构成的解释，第三阶段则是基于实体及

---

① Michael Gagarin, "The Purpose of Plato's Protagoras", *TAPA* 100（1969）: 133~164.

② Guthrie, *HGP VI*, 346.

③ A. W. H. Adkins, *Merit and responsibility: A Study in Greek Values*（Oxford: Clarendon Press, 1960）, 334~336.

④ 同上，336。关于这方面的讨论两篇颇有价值的文章是：Lois S. Self, "Rhetoric and *phronêsis*: The Aristotelian Ideal", *PR* 12（1979）: 130~145; Christopher Lyle Johnstone, "An Aristotelian Trilogy: Ethics, Rhetoric, Politics, and the Search for Moral Truth", *PR* 13（1980）: 1~24。

其属性的解释。[①] 作为过渡阶段的枢纽人物，特别是作为莫拉维斯克所说的第二阶段和第三阶段之间的关键人物，普罗塔戈拉对逻各斯和"事物"之间关系的讨论，无疑为柏拉图和亚里士多德有关事物及其属性的讨论提供了霍顿（Gerald Holton）所说的那种"论题上的准备"。[②] 普罗塔戈拉所说的相互对立的逻各斯——弱与强——正好对应了柏拉图有关物理变化的强弱因素交替转换，以及亚里士多德有关潜在转为现实的描述。我早前提供的依据已足以说明普罗塔戈拉的观点大大拓展了赫拉克利特式的解释，其方式在于，某种程度上可以说，从普罗塔戈拉的逻各斯到柏拉图和亚里士多德的"性质"，仅有一步之遥。[③] 因此，普罗塔戈拉的理论思考绝非仅仅是柏拉图和亚里士多德的靶子；相反，其观点为他们提供了概念工具——亦即霍顿说的"论题上的准备"——而这已成了他们哲学的一部分。在此意义上，普罗塔戈拉相对主义的某些方面并非全然为两人所拒斥，反倒是为两人所部分吸收了。

---

① Julius M. Moravcsik, Heraclitean Concepts and Explanations, *Language and Thought in Early Greek Philosophy*, ed. Kevin Robb（La Salle, IL: Hegeler Institute, 1983）, 134 ~ 152.

② Gerald Holton, *Thematic origins of Scientific Thought*（Cambridge, MA: Harvard U. Press, 1973）.

③ Kurt von Fritz, "Protagoras", *RE* 23（1957）: 914。有关普罗塔戈拉与亚里士多德的相对主义某些层面之间的关联，参J. D. G. Evans, Aristotle on Relativism, *Philosophy Quarterly* 24（1974）: 193 ~ 203。

第十三章

普罗塔戈拉的修辞遗产

　　本章拟总结前述各章的一些论点，以此概述普罗塔戈拉对修辞理论的贡献。① 我的目的是找到其理论与实践中那些具有范式功能的方面，例如那些可用来模仿和发展的典范或 "被共享的范本" 等。② 首先，普罗塔戈拉是最先将某种元语言概念

────────

　　① 在修辞理论之特点的界定方面很少能达成共识，参Richard L. Johannesen, *Contemporary Theories of Rhetoric*（New York：Harper，1971），2；Sonja K. Foss, Karen A. Foss, and Robert Trapp, *Contemporary Perspectives on Rhetoric*（Prospect Heights, IL：Waveland Press, 1985），13 ~ 14；Robert L. Scott, "On Not Defining Rhetoric"，*PR* 6（1973）：81 ~ 96。因此，在描述普罗塔戈拉对修辞史的贡献时难免会有些主观之嫌，因为 "修辞理论" 过去和现在都属于一个流动的构建。尽管如此，修辞理论的历史总还得需要一个有操作性的定义 [参Carole Blair and Mary L. Kahl, Revising the History of Rhetorical Theory，*WJSC* 54（1990）：148 ~ 159]。对我的目的来说，一般意义上的 "修辞理论" 指的是关于说服话语的理论思考行为和概念建构行为。从历史角度看，理论思考最为清晰的标志应当是发展出一套特别的、通常是专门的术语性语汇 [参Thomas S. Kuhn, *The Essential Tension*（Chicago：U. of Chicago Press, 1977），xx–xxii]。一个更具体的历史话题是将修辞学发展为一门具有自觉意识的学科。虽然智术师对逻各斯的理论思考明显是在为修辞作为一门独立学科的出现铺平道路，但仍值得按照其自身价值来研究。George A. Kennedy为此提出了自觉意识修辞和概念修辞的区别 [George A. Kennedy, *Classical Rhetoric and Its Christian and Secular Tradition from Ancient to Modern Times*（Chapel Hill：U. of North Carolina Press, 1980）]。

　　② 位于理论之成功的中心的，是典范或 "被共享的范本"：某些 "实际问题的解答由某一群体作为……的范式来接受"，并被广泛加以模仿（转下页）

（metalanguage）应用于实践的思想家之一，其贡献通常被誉为"发明"了语法。然而，正如福科所言，这样的描述有过分倚重"客体"（这里指语法）的倾向，进而忽略或低估了形塑话语的主体过程或历史过程，就像我们现为之贴上"语法研究"的标签一样。① 其实，普罗塔戈拉的做法是用话语来描述话语——将逻各斯转换成某种能用以考察的事物。通过引入用来分析话语的概念性语言，普罗塔戈拉的讲说（lectures）建构了一种被模仿和扩展的实践。因此，普罗塔戈拉最具历史意义的贡献并非在于"发明语法"，而在于他引入了一种全新的方法来思考和言说世界，特别是话语的世界。②

（接上页）（Kuhn, *Essential Tension*, 298）。人们做了大量的工作来演示库恩的典范和范式亦可应用于非自然科学理论［Gary Gutting, *Paradigms and Revolutions*: *Applications and Appraisals of Thomas Kuhn's Philosophy of Science*（Notre Dame: Notre Dame U. Press, 1980）］。Douglas Ehninger［On Systems of Rhetoric, *PR* 1（1068）: 131~144］和Henry W. Johnstone, Jr.［Some Trends in Rhetorical Theory, *The Prospect of Rhetoric*, ed. Lloyd F. Bitzer and Edwin Black（Englewood Cliffs, NJ: Prentice Hall, 1971）, 78~90］指出，修辞理论缘起于某些特定文化的可感知的需求［Maurice Bloch, *Political Language and oratory in Traditional Society*（London: Academic Press, 1975）］。他们的观点类似于科学家用来解决特定问题的那种库恩的范式（理论世界观）分析。在传播学研究中，Barry Brummett将修辞理论界定为解释人可能经历的某种修辞交换形式或模式，这正好也与范本为中心的理论描述方法相一致［"Rhetorical Theory as Heuristic and Modal: A Pedagogical Justification", *Communication Education* 33（1984）: 103］。虽然事实上库恩的术语"范式"一开始就因其含混而受人诟病，但我认为他其后的解释——范式最重要的方面是广为被人模仿来解决问题的范本（被共享的范本）——提供了足够的清晰性，我相信他的术语使用起来不会有太大的含混［参Margaret Masterman, The Nature of a Paradigm, *Criticism and the Growth of Knowledge*, ed. Imre Lakatos and Alan Musgrave（Cambridge: Cambridge U. Press, 1970）, 59~90, 及Kuhn在 *The Structure of Scientific Revolutions*一书的附言中对"范式"的澄清（Chicago: U. of Chicago Press, 1970）, esp. 187~191, and "Second Thoughts on Paradigms", in *Essential Tension*, 293~319）］。

　　① Michael Foucault, *The Archaeology of Knowledge*（New York: Pantheon, 1972）.

　　② 对普罗塔戈拉语言观的另一种完全不同的描述（我认为其更多与公元前4世纪的思想家而不是与普罗塔戈拉的观点吻合），参 Michel （转下页）

普罗塔戈拉的理论和实践中第二个具范式功能的方面是，他推广或许也规范了作为探询方法的特殊话语形式，特别是职业的散文讲说、非正式的对话，以及论辩等。当然，虽然讲说实践多少世纪以来早已成为教师传授知识的标准方式，但其观念和形式在公元前5世纪仍属创新的范畴，因为直到柏拉图时代对话才演绎为辩证法（辩论法），并由亚里士多德进一步形式化为一种探询的手段。在这一过程中，普罗塔戈拉的双重逻各斯概念被柏拉图转为了*antilogikê*，并以双面辩论（two-sided debate）的形式延续至今。当然，我的意思并不是说普罗塔戈拉独自"发明"了讲说、辩证法和论辩，① 其贡献最好理解为这样一个宏大努力中的一部分，即使逻各斯成为讨论的论题。② 另外，我们也有足够证据表明，普罗塔戈拉的教学方法早已成为他人模仿和采纳的典范或"被共享的范本"，因而也具有了范式功能。可以说，普罗塔戈拉的创新意义很大程度上应归功于公元前5世纪随分析思维和散文书写之兴起而到来的教育和哲学革命，但同样可以说的是，概念性思维和言说的革命在很大程度上也一样应归功于普罗塔戈拉的理论和实践。

普罗塔戈拉的理论和实践中第三个具范式功能的方面，是其逻各斯实践与医学技艺的直接类比（literal analogy）。早期智术

（接上页）Narcy, "A qui la parole? Platon et Aristote face à Protagoras", *Positions de la Sophistique*, ed. Barbara Cassin（Paris: Vrin, 1986）, 75~90。

① 普罗塔戈拉的双重逻各斯概念已被描述为"正义、司法审议（legislative deliberations）和学术论辩等对立系统的核心"［Harold Barrett, *The Sophists: Rhetoric, Democracy, and Plato's Idea of Sophistry*（Novata, CA: Chandler and Sharp, 1987）, 10~11］。

② 关于有自觉意识的演说辩论可追溯至荷马时代的这一看法，参Richard L. Enos, "Emerging Notions of Heuristic, Eristic, and Protreptic Rhetoric in Homeric Discourse: Proto-Literate Conniving, Wrangling, and reasoning", *Selected Papers from the 1981 Texas Writing Research Conference*, ed. Maxine C. Hairston and Cynthia L. Selfe（Austin: U. of Texas Press, 1981）, 44~64。

师的很多残篇和关于他们的很多论述都清楚表明，这样的类比［逻各斯之于灵魂（*psyche*）有如医药之于身体］到公元前5世纪后期已非常普遍，并且还出现在了柏拉图和亚里士多德的著作中。在希腊古典时期，这一类比已经成为关于话语技艺怎样被至少一些人理解的一个重要部分，而且，普罗塔戈拉可以被视为最早使用这一类比的思想家。

贡献概要

以下我将对早前讨论的观点进行总括和概述，以对普罗塔戈拉在随后很快所称的修辞技艺的发展进程中所具有的位置，做一总结：

1）普罗塔戈拉并未写过任何关于修辞技艺的著作，毋宁说，他对逻各斯的范围和功能进行了概念化的思考，回想起来，这可被视为一种修辞哲学的雏形。

2）虽然总体上，智术师们更青睐口头散文而非诗歌、更青睐人文主义的逻各斯而非秘索斯（*mythos*），但其观点和实践各不相同，故具体某个智术师关于修辞的确切观点，实不敢妄而言之。要充分发现智术师修辞理论的起源，需要一系列个案研究。

3）普罗塔戈拉是最先对史诗进行分析和批判的职业智术师，其元诗歌视角和术语有助于教育领域内对神话-诗歌传统所发起的挑战。虽然普罗塔戈拉总体上对人文主义的逻各斯的青睐甚于*mythos*，但其格言式的叙事风格也反映出他对口传文化的持续需求的响应。

4）普罗塔戈拉的教学方法可能包括阐发性的正式讲说、小范围的口头交流、非正式的群体讨论，以及公众立场的正反阐述等；这些方法结合在一起，代表了公元前5世纪意义重大的教育

199

变革。）

5）普罗塔戈拉的逻各斯理论与实践的目的是帮助人变得更好。这一目标完全可理解为同医学技艺的类比。人可被改造得更为卓越，这一论点标志着与美德出自财产或高贵出身的传统信念的决裂。

6）普罗塔戈拉的教诲既在意识形态上推进了对伯里克利民主制的认知，也抵制了埃利亚学派的一元论中所蕴含的贵族制思想。对普罗塔戈拉而言，逻各斯是一种公民可借以思考并达成集体判断的手段。普罗塔戈拉为共识性决断的理论辩护做出了贡献，因此，他应当是第一个提供法则来促进论辩和讨论的有序行为的人。

就普罗塔戈拉修辞理论遗产的梳理而言，其难度在于当时并不存在明显可以确认的修辞学科本身，而当时活跃于公共论坛上的是针锋相对的各种逻各斯概念，旨在助人取得说服和协商的成功。逻各斯理论与修辞理论的区别，可在普罗塔戈拉与亚里士多德的初步比较中窥见一斑。亚里士多德的《修辞学》关注法庭、公民大会和公共典礼这三个特定场合，分别对应于公元前4世纪人们对修辞之不同角色的期待。亚里士多德将修辞定义为"在任何给定的场合找到可行的说服方式的本领"（1355b25~26），虽然该定义可做较为宽泛的解读，但其着力点是将修辞的范围与其他认知性和实践性活动的范围区别开来。[1] 能够得到某种证明的事物属于科学的范畴，而那些偶然性的事物则由修辞或其对应技艺（*antistrophê*）、辩证法来处理。[2]

与亚里士多德相反，普罗塔戈拉的逻各斯概念属于无差别性

____

① William M. A. Grimaldi, *Aristotle, Rhetoric: A Commentary*, Vol. 1（New York: Fordham U. Press, 1980）.

② 晚近关于亚里士多德笔下修辞与辩证法关系之争论的综述，参Lawrence D. Green, "Aristotelian Rhetoric, Dialectic, and the Traditions of Ἀντίστροφος", *Rhetorica* 8（1990）: 5~27。

的和前范畴性的，也就是说，逻各斯是独立于那些语境的，并不基于不同法则或确定性程度来对话语类型做区分。柏拉图在描述普罗塔戈拉的教育时，也并未将其仅限于公元前5至前4世纪意义上的修辞家的演说训练。普罗塔戈拉或许会赞同伊索克拉底对 *logôn paideia*（逻各斯教育）的描述，即将之描述为对心智的训练，犹如体育是对身体的训练一样（《论交换》，181）。同样，普罗塔戈拉那通常被理解为"正确的描述或理解"的 *orthos logos* 概念，无疑会将他置于肯尼迪所谓的"哲学修辞学"的"混合"传统中。

结　语

综观全书，我的关注点一直放在普罗塔戈拉与逻各斯上。虽然我不认为对逻各斯的理论思考即对修辞的理论思考，但前者值得被包含进任何关于修辞理论发展的彻底的历史考察中。对于某些修辞学的特定术语和概念，就其对逻各斯理论的改换而言，研究起来肯定十分有趣，也非常重要，但是，由于这些研究对应的时代是公元前4世纪而非公元前5世纪，因而便未被放在本书中加以讨论。就大多数学科而言，共有的特点是均有一种不断增长的专门化倾向，从而使讨论的话题简约为某些特定的概念、规则和实践——能注意到这点也就足够了。因此，当看到随着修辞被学科化，诸如 kairos 这类公元前5世纪的整体性概念的重要性逐渐降低的时候，我们便不会大惊小怪了。正如肯尼迪所言："kairos 作为修辞术语主要限于古典时期……当然，其概念从本质上来说不能简约为规则，这也是它在那些手册中不太受重视的一个原因。"① 此

---

① Kennedy, *APG*, 67.

外，当柏拉图和亚里士多德在世界观上开始取代那些前苏格拉底
派的前人的时候，与其关系紧密的逻各斯概念也只有被（主要）

201 "翻译"为亚里士多德式的术语才能为人理解。这就解释了为什
么普罗塔戈拉的双重逻各斯（twofold *logoi*）的存在论，会被修
辞史挪用来作为"每个问题都有两面性"这一常识。

　　对于公元前5世纪思维的前学科特点，我希望我的研究和论
证给予了公允对待。很多传统上用来区分"哲学"和"修辞学"
的两分性概念，在描述普罗塔戈拉对逻各斯的描述时都显得无能
为力。如果学者们坚持要将修辞定义为寻求成功，将哲学定义为
寻求真理，如果坚持要用这样的两分法来区分早期智术师和他们
同时代的哲人及其后继者，那么，其结果将会是一种并不完备的
历史描述。相反，如果能从公元前5世纪逻各斯的多重含义中寻
找线索，我们就能找到一种更能经得住推敲和验证的历史描述。
在此意义上，普罗塔戈拉的教诲中的逻各斯方法和内容都堪称革
命和创新，为他在观念史上赢得了重要的一席之地——包括"哲
学"观念史和"修辞"观念史。

　　在本书中，我将普罗塔戈拉描绘为公元前5世纪一位主要的
思想家、教育家和演说家，在从*mythos*到*logos*的转型中他扮演
着重要的角色。*Mythos*与*logos*两者的"分野"常常被描述得非
常夸张。结果，对早期智术师的描述有时过于审美化或"感性
化"，有时又过于理性化。[①]

　　加拉特（Susan C. Jarratt）曾试图用*nomos*（习俗）这一术语
来连接*mythos*和*logos*。在公元前5世纪，*nomos*往往意指"被相
信、被践行或被认为正确"的事物。[②] 在智术师看来，"*nomos*

---

　　① Susan C. Jarratt, "The First Sophists and the Uses of History",
Rhetoric Review 6（1987）：67~77，及 "The Role of the Sophists in Histories of
Consciousness", *PR* 23（1990）：85~95。

　　② Jarratt, "Role of the Sophists", 89, 引用了Guthrie, *HGP III*, 55。

代表着一种自然现象解释模式的介入，这一模式由人来决定，与那些被认为是'自然地'存在或没有人的理智有意识介入的解释模式，形成鲜明对比"。① 加拉特的这种 "*mythos-nomos-logos*" 解释模式的好处在于，该模式既承认智术师对神话–诗歌传统的超越，也反对把智术师的逻各斯与一种形式化的理性等同起来的这种习惯做法，这种形式化理性可以在比如亚里士多德讨论逻辑的著作中找到："*nomos*一方面标志着一种来自神话传统下的社会秩序及法律的差异，另一方面，如果往后面的第4世纪看，它也标志着一种作为逻辑和永恒真理之基础的关于哲学的另一种知识论选择。"②

　　我完全赞同加拉特的想法，我们应当为早期智术师划出一块理论空间，以避免陷入*mythos / logos*这一"宏大二分法"的纷争中。本书的中心主题是：早期智术师是承前启后的转型角色，必须从他们自己的角度来看待他们。普罗塔戈拉的逻各斯决不能与柏拉图或亚里士多德的逻各斯混为一谈。普罗塔戈拉对话语的看法，借用加拉特在描述高尔吉亚的思想时说过的一句话，属于"一种整体性的逻各斯"。③ 即便如此，普罗塔戈拉的逻各斯概念又与高尔吉亚的有所不同。④ 关于*nomos*也可做类似描述：早期智术师对"*nomos / physis*（习俗／自然）"的争议各持己见，甚至针锋相对，有如公元前5世纪那些通常并未被称为智术师的思想家一样。⑤ 对早期智术师来说，虽然我们有可能找出他

202

---

　　① Jarratt，"Role of the Sophists"，90.

　　② 同上。

　　③ 同上，91，93。

　　④ 可比较我对普罗塔戈拉的逻各斯的分析与Charles P. Segal的分析［Charles P. Segal，Gorgias and the Psychology of the Logos，*HSCP* 66（1962）：99～155］。

　　⑤ Felix Heinimann，*Nomos und Physis*（Basel：F. Reinhardt，1945）；Martin Ostwald，*From Popular Sovereignty to the Sovereignty of Law：Law，Society，and Politics in Fifth-Century Athens*（Berkeley：U. of California Press，1986），esp. 199～333.

们的共同兴趣所在，如对"习俗"或"逻各斯"的关注，但他们之间的分歧则突显出我们对其分别做个体研究的必要。

　　正如关于智术师在逻各斯和修辞上的理论贡献需要对其做进一步的个体研究一样，我希望本书也突出了这样的观点，即尽管其"学说的"拓展性资料相应匮乏，我们仍有可能通过个体研究，梳理出某一理论家的主要贡献和局限。此外，严格梳理相对稍晚出现的*rhêtorikê*一词的初步结果也表明，对于那些将"修辞"视为一个既定概念而对公元前5至前4世纪诸多文本进行的解释，必须予以重新评价。同样，柏拉图和亚里士多德两人对系统构建修辞、辩证法、诡辩和反证法等语言技艺所做的努力，也值得我们重新反思，既不能忽略其创新性，也要注意其限度性。

　　就公元前5至前4世纪期间思想与语言上的推进而言，对其密切关注有重要的相关性和实用价值，我希望本书已经表明了这一点，因为这些推进和发展已经成为文学、哲学和修辞学研究中一项重要的考量因素。从20世纪30年代以来，诸如帕利（Milman Parry）和罗德（Albert B. Lord）等人一直在强调前书写时代的内容和形式特点在文学研究中的重要性；哈夫洛克、昂格、古迪（Jack Goody）及其他一些学者在有关更实用的传播研究中对相关问题的考量也做过同样强调。我非常感谢他们在研究中所付出的劳动，特别重要的是他们的批评。建立口传理论、发展用于区分前书写话语与书写话语的可靠检测手段——虽然这些努力受到了来自方方面面的置疑，但几乎没有人会置疑其最基本的一个论点，即生活在古希腊口传文化中的人，其表达自我的方式，迥然不同于那些正在迈向或已经生活在更为书写化的公元前4世纪的人。这也是本书的一个中心性理论预设。因此，当我们研究一位作家或演说者时，只要我们时时记住他所涉及的观念、表达方式、解读模式和语言词汇是在不断演进的，特别是在社会实践和问题处于变革阶段的时候，那么，我们自然就会找到新的和有价

值的东西。我希望我在本书中已将这一点表达清楚了。我也希望
我已经表明，如果注意到这些问题，同传统学术给予普罗塔戈拉
的描述比起来，我的描述肯定更为合理，更易理解，或许也更加
可信。

后　记

　　自从我与科尔（《古希腊修辞的起源》）在各自出版的著作中对"智术师修辞"的传统描述和修正描述提出置疑以来，时间已过去10年有余。传统描述主要基于柏拉图对公元前5和前4世纪智术师直言不讳的描述，将所谓早期智术师的历史角色限定在教授非道德、非理论的修辞上。修正描述则有学科上的区别：在哲学中，某些智术师文本在内容上被完全当成了哲学文本；在传播学研究和英语院系的研究中，智术师修辞又被放置到哲学的对立面上，其观点被判为一种与柏拉图和亚里士多德完全相左的实践和教育。虽然早期智术师的文本可能有多元的价值取向，但在人们的解读中往往又缺乏对其做多义的解读；换言之，传统描述和修正描述之间的基本区别不在于早期智术师所言说的内容，而在于其观念和实践被评价的方式，因为两者都认为"智术师修辞"的观念已经表达得十分清楚，而且也很有实用价值。因此，公正地说，这样的假设自然会有诸多值得商榷的地方。

　　我认为，近年的变化发生在我们应怎样来描述早期智术师究竟在干什么这一假设上。到目前为止，本书第一版所引发的最为活跃的讨论不是有关普罗塔戈拉的内容，而是来自我们在第三和第四章的智术师研究中所提出的相关历史假设。因此，我在后记中将再次重提这些假设。首先，我将描述古典历史撰述中理论预设的作用，描述我所称之为的"修辞突显（rhetoric salience）"。在这一过程中，我还将简要回顾第一版中有关历史重构与当代挪用之间的区别。其次，我将重提某些被一再追问的问题，涉及柏拉图和作为术语的*rhêtorikê*，以及"智术师修辞"在历史撰述中的状况。

修辞突显与理论的意义

　　我所说的"理论"仅仅限于一组相互关联并有助于我们理解和描述世界某个侧面的信念。某些古典学者一直拒绝认为其研究受制于理论，因为他们将理论看成是一种教条，看成是一组限定文本阅读的条款而不充分注意那些细微的历史差异和校勘差异。当然，有时确实存在此类情况，但当面对每一具体的文本和残篇时，每一位古典学者肯定都会用某些观念来指导自己的文本解读——我们难道还会有其他的"阅读方式"吗？这些观念包括有关怎样思考的心理学假设，包括有关人们怎样交流的语言学假设，还包括有关交流在可行媒介的技术层面上的假设等。我想不出有更好的理由来拒绝将这样一些观念看成是"理论"，因为，如果我们想用一个较为宽泛的术语来描述任何一组清晰合理，并且有助于理解和解释世界某个侧面的信念的话，"理论"一词就是再好不过的选择了。

　　人们对哈夫洛克关于他所谓的古希腊的"书写革命"的研究一直就褒贬不一，但在我和科尔看来，哈夫洛克的影响很具体，因为他引导我们以一种不曾有过的方式去进行文本追问和阅读。这里仅举一例。首先，也是最为重要的，哈夫洛克曾鼓励我要关注诸如高尔吉亚和普罗塔戈拉等人的行动，而并非仅仅是他们的言说。就古希腊不断演进的书写而言，虽然对其具体的认知内涵尚存颇多争议，但几乎无人置疑其应用在公元前5世纪所产生的深远影响和变化。从帕默尼德用六音步史诗形式描述存在，到亚里士多德用与众不同的散文形式来书写其《形而上学》，其间在写作实践与描述和解释模式上都经历了实质性的变化。以高尔吉亚的《海伦颂》为例，其文本让我颇感兴趣的地方是，他将一种相对较新的考察形式引入了独特的散文风格中。要理解高尔吉亚的历史意义，就需要我们能理解他的与众不同之处，这就是为什么当他被抽去时间范畴而归为诸如"反本质主义者（antiessentialist）"的时候，我往往都会持保留意见、退避三舍的原因。

　　虽然对于古典文本阅读的不同观点我有自己的看法，但这里我不打算就此做孰优孰劣的褒贬评价。相反，我想提出的是，当我们进入文本的阅读时，我们是在寻觅着某种东西，而指导我们寻觅——或关注的，则是我们可以称之为理论的观点，于是，这便产生了我称之为某一文本特点的修辞突显。例如，对19世纪的实用主义者来说，有关普罗塔戈拉的修辞突显在于他旗帜鲜明的人本主义、宗教的不可知论，以及我前面论述过的"客观相对主义"。就我而言，普罗塔戈拉突显的地方在于他采用赫拉克利特式的观点提出的新的描述模式，这也是莫拉维奇斯克所说的"第二阶段的构成解释"模式（参见本书第五和第六章）。虽然普罗塔戈拉的残篇寥寥无几，年代久远，但对其却不乏可供选择的解读，而每一解读的依据都是学者各自发现的修辞突显。

　　我们的阅读源自各自特殊的价值观和兴趣，虽然这早已不是什么鲜为人知的新闻，但我仍希望修辞突显的概念能有助于我们更好理解和梳理不同解读的意义，使我们能辨别出解读对某一文本中修辞突显依赖的多寡（例如，高尔吉亚的整个学术生涯有时被简化为他对术语*paignion*的应用），也使我们能够区别历史重构和当代挪用之间的不同价值取向和学术兴趣。我承认我的例证多少有些自圆其说，但却自认为其应当十分有用。

不管怎样，我早就学会了期待某种对我充满激情的批评。多年以来，我认为从对我最早的研究开始，对我的批评还无人能超然于个人偏见之外。从那以后，我也曾两度被比作那些为屠杀犹太人翻案的修正派学者，因生性冷漠和反犹倾向而备受世人嘲弄。抛开这些偏见带来的痛苦，我发现这两次批评的意义在于它也来自学术的对立面，其自身也有连续的意识形态传统。

批评之一来自维坦查（Victor Vitanza）。虽然他蔑视贴标签并且自己也拒绝贴标签，但为了行文方便，我们还是可称他为"维坦查和德勒兹式"（Vitanzian-Deleuzian）的后结构主义者。在《否定、主观和修辞史》（*Negation, Subjectivity, and the History of Rhetoric*）一书中，维坦查将我描述为一位"形而上"的形式主义者，称我集传统、现代和语言考证于一身，并且同时也部分兼有柏拉图主义和亚里士多德的影响（32~34）。援引利奥塔（Lyotard）的纷争（*differénd*）概念和他对构成诉讼之特征的证据法则的批判，维坦查将我置疑"智术师修辞"的有关历史论证，比作否认犹太人大屠杀存在可靠证据的修正派言论，其原因是，由于为置疑作为学派的"智术师"，我新造了 genocide（genus-cide）的构词形式来表示对作为类属（genus）的智术师存在的抹杀（sophist-cide）："夏帕正卷入一场充满暴力，而且也可能是危险和有害的纷争之中，其观点就像某些当代的历史学家，尽管有法庭上的证据规则，他们也会拒绝大屠杀幸存者的不那么确凿的证言。"（45）

其实，对于为什么我无法认同维坦查对我和我有关智术师观点的描述，也用不着大惊小怪。我在本书和《古希腊修辞理论的起源》（*The Beginnings of Rhetorical Theory in Classical Greece*）一书中确实对"智术师"形容词形的历史用法提出过置

208

疑，特别是当其与"修辞"的名词形式搭配时的用法，但我绝没有如维坦查所指控的那样否认过智术师的存在。相反，我的意图是要还原高尔吉亚和普罗塔戈拉等早期智术师的历史贡献。沿着柯费尔德的思路，我注意到很多有智慧的人都被笼统地称为了"智术师"，而维坦查指责的基本一点可简单概括为提醒"不要过于笼统"。当然，和维坦查的论辩还可能不会就此为止。

另一路批评则来自完全不同的方向。弗内德利希（Rainer Friedrich）——一位古典学者、荷马学者和喜欢对后现代横加指责的人——对一篇发表在《布来恩·摩尔古典评论》（*Bryn Mawr Classical Review*）上的书评反应强烈，该书评是有关我所讨论的事实应当怎样进行社会构建的评论。[①] 在维坦查抨击的同一篇文章（后来作为了《古希腊修辞理论的起源》中的一章）中，我用了"肯尼迪1963年被刺身亡"一句作为例子，来展示作为具体的事实仍可为社会所构建，并且在理论上还可随着时间、身份和死亡等观念的演进而在某天又得到修正。我注意到即使我对"肯尼迪死于1881年"这一陈述加以否定，也不可能使我就此而获得"传统主义者、实证主义者、客观主义者和基础主义者"等桂冠，被认为是"常常因接近和还原客观和未经解读的事实而苦恼"（《古希腊修辞理论的起源》，60）。弗内德利希喜好使用类似的标签，也大为不解我竟会对此避而远之："让我举一个不能算作是琐屑小事的例子。假如我凭借着拥有无可辩驳的证据的勇气，斗胆指出20世纪40年代初并未发生过纳粹针对欧洲犹太人种族灭绝的大屠杀，并因此而被归为了'常常因接近和还原客观和未经解读的事实而苦恼的传统主义者、实证主义者、客观主

---

① 参John Michael Crafton有关*The Beginnings of Rhetorical Theory in Classical Greece*一书的书评（*Bryn Mawr Classical Review* 2001.03.09）及Rainer Friedrich（2001.04.16）和我（2001.04.26）的回应，三篇均可在网上查阅：http://ccat.sas.upenn.edu/bmcr/。

义者和基础主义者'——这样的桂冠对我来说又意味着什么呢？　209
意味着我在用一种很微妙的形式否认对犹太人的大屠杀，也意味
着会将贬损我的人推向那群对我最为恨之入骨的人群中！"换言
之，我的社会构建主义承诺足以让弗内德利希将我归为危险的后
现代主义者。其实，弗内德利希并未读过我的书，仅仅凭《布来
恩·摩尔古典评论》上的一篇他喜欢的书评便将我的书打入另
册。然而，书评作者的原意却提倡和赞许一种"头脑冷静的方
式，一种后现代理论的健康成分与我们所说的理性解读相融合的
方式"。①

　　我觉得十分有趣但又不解的是，这两位学者的理论出发点如
此天壤之别，竟会不约而同地合力将我的论证框架描述为有鼓吹
否认犹太人大屠杀的言论之嫌，而且更为让人纳闷的是，他们的
结论竟然基于同一文本。但是，这又恰到好处地为修辞突显提
供了极好的佐证。如果冒昧地从心理学的角度来进行分析，我想
我们可以大致诊断出他们以下的阅读思路：维坦查阅读时关注的
是我有关亚里士多德世界观的大致表述。我承认我对证据翔实的
历史重构情有独钟，我也曾说过"智术师修辞"的构建没有必
要，但这两者还不足以复制为一系列形而上学和知识论的承诺，
可以被并且已经被应用于某些邪恶的目的来边缘化、来伤害和扼
杀人类的纯真。对维坦查和其他后结构主义批评家而言，我文本
中突显的部分在他们看来即是我负面观点的暴露。尽管我极力申
辩自己的立场，但一切都于事无补，要么被忽略，要么被斥为在
"诡诈狡辩"。②事情在弗内德利希一方则刚好相反。我提出要
为历史撰述中的社会构建主义辟出一定的空间，他认为我的想法
是真诚的，但在他看来，正是这种后现代的怀疑论观点导致了对

---

　　① 同上。

　　② Victor Vitanza, *Negation*, *Subjectivity*, *and the History of Rhetoric*（Albany：
State U. of New York Press，1997），46.

犹太人大屠杀的否定。维坦查想做的是不让情感为事实所暴虐（48），而弗内德利希却认为事实是我们必须具备的防御工具，可以使我们不为仇恨所驾驭。[①]

我能够尊重两位学者各自的出发点，但我也纳闷这与我又有什么关系？我想，对我来说抱怨一下也可以理解，因为他们两人关注的更多是在他们认为我的作品会引起什么，而不是作品本身的言说，而且也并未就我的任何观点与我正面交换过意见。让我纠结和耿耿于怀的是：在我看来自己文本最为突显的地方，在这些批评者的眼中似乎并非有何突显之处，我认为当作者抱怨自己被误读时，通常就意味着在抱怨作品中自己认为有价值的地方不能为他人理解，甚至贬低。在过去的十多年中，我一直力主应创造一个理论空间，能够将历史作为一种并不需要实证主义的有明显价值的社会实践来描述。我认为这是一件功德无量的事。像克拉夫顿（Crafton）一样，那些认同这一价值观和有着共同学术兴趣的人，他们在阅读文本时享受的肯定是一种完全不同的经验。

现在再回到智术师问题上。虽然我有机会对此一一做出回应，但他们似乎未能对此有所反应。尽管如此，对我来说，这其中好像存在着某种道德上的义务（《古希腊修辞理论的起源》，167~168），自当对诸如高尔吉亚或普罗塔戈拉等人在各自的历史时期有哪些观点最为突显等问题进行反思。答案虽然可能不会那么完美，但（众多研究项目中）有一个值得为之一辩的是，我们应当追问在他们各自的观点中，有哪些是他们自己和同时代的人感兴趣和认为有价值的东西。就我的理解而言，历史重构至少部分是出于理解历史的"他者"的某种冲动。因此，历史重构

---

① 事实和情感没有必要被看成是截然不同的两类东西，它们有如能量之于事物是密不可分的。在对任何"事实"进行解构之后，我们唯一能看到的只是情感——印象、感情、信念、兴趣和价值。当这类情感经由语言的方式进行结合并共享时，事实便可能是一社会性构建的结果。

中突显的可能很多不会是我们当代人所虔信的那些文本特征，而是那些远离我们的最为陌生的东西。所以，当我们承认我们所有的阅读都受制于我们的价值观和阅读兴趣（我们解释为理论的东西）时，不要遗漏了对我们与研究对象（包括相互）之间伦理关系的考量。

有些学者提出，历史重构和当代挪用之间的区别应当尽量淡化，因为两者的学术探索都涉及解读与翻译，两者的行为都遵循学者各自的价值观和学术兴趣。我不敢苟同如此的因果关系解释，我想，修辞突显的概念有助于说明其个中缘由。

我们在此不妨做一非学术的类比。我们可以拿一段中世纪的音乐来进行历史重构；换言之，我们可以使用中世纪的乐器，也可以尽可能按照当时的风格来进行演奏。抓住当年的演奏风格是否就等同于当年的"实际"演奏呢？两者之间当然不能画等号。但这中间有一个明显可见的目的——一个社会目的——它完全不同于当代的那种挪用，将音乐配上迪斯科节奏，并用电声乐器来演奏。后者或许更为有趣，但其所赋予的社会目的明显不同于音乐的历史重构。

这样的类比正好展示了两种行为之间在价值观和方法论上的区别和异同。演奏者（无论是演奏南北战争时期还是中世纪的音乐）常常担心的是"失真"和时代的错乱。当然，有人将中世纪音乐配上舞步节奏是出于其他目的的考虑。两者的行为都是人们企图将音乐置于历史的某个时刻——也都局限于某种现成的有关音乐和器乐演奏的社会构建知识——但我们从中也不难看出，两者均可以作为不同的行为予以学理上的讨论和解读，因为两者各自遵循的是不同的社会构建标准。

在此意义上，一段中世纪的音乐便是一个"文本"，可以植入各种不同的目的来予以解读（正如智术师的文本一样）。该文本的某次演绎或演奏可以由人们各自决定采用的标准来予以评

211

判；换言之，文本的突显之处取决于各自的好恶、价值观和兴趣所在。你可以钟情于迪斯科版本，因为你可以随之扭动舞步，也或许它更像你最喜欢的那种音乐风格；你也可以尽力追求那种中世纪才可能听到的音响（当然总是不可能完全尽如人意）。我尚能容忍的底线是，在后结构主义和社会建构主义所信奉的宗旨中，我还没有发现有任何东西阻碍在历史重构和当代挪用之间做社会性和修辞性的区分。只有当某人试图要用宏大的形而上术语［如罗蒂（Richard Rorty）在《哲学与自然之镜》中所批判的］来解释区分时，才可能关联上"实证主义"或其他漏洞百出的哲学上的"主义"。

就历史重构和当代挪用而言，还有最后一点应当指出：在过去十余年的多个场合，在有关智术师和历史撰述的争论中，有人提出了我们是否能避开自己的解读立场、"割裂连接当下的纽带"（按历史学家的观点这是可能的）的问题。① 我对这一问题的回答无疑与那些批评我的人是相左的。我思考的问题并非仅仅是时间的穿越，用一句话来概括，我思考的是"我们是否能发掘出某些不同于我们已知的新的东西"，持历史重构观点的学者的回答是肯定的。例如，为什么有人会青睐中世纪音乐的历史重构？其动机可能是当我们置身于某一完全不同的境遇时，我们从中或许能得到某种愉悦和领悟。我们在这样的经历中改变着自己，当我们与那些不同于我们自身的信仰观、价值观和审美观相遇时，我们便可以从中获取某种机遇，经历完全不同于五分钟前的那种人生体验。我们去博物馆时，不会因为过去的文化与我们当下的不同而讥笑和嘲讽其愚笨，而是希望尽可能理解那些过去

① 参Scott Consigny, *Gorgias*, *Sophist and Artist* (Columbia: U. of South Carolina Press, 2001), 11。我在早前发表的文章中对此类批评已做出过回应：Edward Schiappa, "Some of My Best Friends Are Neosophists: A Reply to Consigny", *Rhetoric Review* 14 (1996): 272~279; Shiappa, "Protagoras and the Language Game of History: A Response to Consigny", *Rhetoric Society Quarterly* 25 (1995): 220~223。

的文化，让自己敞开胸怀去接受其可能让你领略的东西。

　　差异的衡量离不开时间和空间。当我们在旅行中与某一完全迥异于我们熟悉的文化相遇时，我们可能排斥那种差异，也可能接受它，并看其在哪些方面也能接受自己。这就是为什么在《古希腊修辞理论的起源》有关伊索克拉底的那一章中，我提出了用类比的方法来讨论不同人际关系与我们应当怎样切入历史文本之间的关系问题。对我来说，假如我参与到书写历史的社会实践中去，我自会有一种道德上的责任感去对待诸如普罗塔戈拉和高尔吉亚这类"他者"文本，尽可能按照其自身的术语和语境来进行解读。"尽可能"和"可能程度"是重要的先决条件，因为即使将希腊文译为英文也需要某种解读。普罗塔戈拉和高尔吉亚的文本是否存在某种"纯粹"的意义？是否存有某种可以"完全达意"的完美解读？回答当然是不可能，就像我们不可能完全了解和读懂另一个人一样。但由于在拒斥和接受"差异"上往往会存在巨大的分歧，因此，对他者是介入你自己的描述还是提供机遇让其具备自身描述的语汇，两者之间仍存在巨大的差异。[①] 虽然这样的机遇不可能完美（因为即便我们所提的问题往往也会限制我们对答案的追问），但这并不意味着在学术研究中，可以将还原时空的尝试和去时空化的研究这两者混为一谈。

柏拉图、*Rhêtorikê*和智术师

　　我和科尔在各自的研究中都分别做出了*rhêtorikê*一词出自柏

---

　　① 当我们学习一门外语后，就会有同样的机遇来体验我们不曾拥有的东西。很多人都曾有过在一种全新的语言中进入梦境的有趣经历：哇！在那一刻，我们不再是仅仅用另一种语言来翻译我们熟悉的东西，我们通过接受原来只有"他者"语言才能体验的世界而改变了自己。

拉图的推测。我们两人的结论已见于各种希腊文术语词典。之
所以有这样的结论，部分是因为在公元前5世纪的任何文本中明
显看不到该术语的出现（在大多数公元前4世纪的文本中亦是如
此），包括那些人们认为理所当然会出现该术语的文本，例如阿
里斯托芬对某些新奇术语的模仿嘲讽，本书第八章中《双重论
证》对言语技艺的讨论，以及早期智术师任何的现存文本和残篇
等。如果该术语属于人们熟知的词汇的话，就应该出现在上术文
本中。我们将柏拉图列为重点推测的对象，也缘起于他有生造
以 "-ikê" 结尾的术语的嗜好——特别是那些指涉言语技艺的术
语。这些均有据可查。例如，几乎没有人对于"辩证法"一词出
自柏拉图的观点提出过异议，尽管在他之前早就存在辩证的互动
行为。同理，尽管说服性话语早就存在，我们也可以同样推测
rhêtorikê 一词很可能出自柏拉图，至少这是合乎情理的。

在对"对"与"否"的争论做了一番简单铺垫后，① 我们可
以找出其中两个被一再追问的问题：其一，rhêtorikê 一词的现存
用法是否最早出现在柏拉图的《高尔吉亚》中？其二，对该术语
出现时间的确认是否对早期智术师的理解至关重要？

213　　　仅仅就柏拉图的《高尔吉亚》而言，有可能阿基达马斯
（Alcidamas）的《反智术师》（*Against the Sophists*）与其相
比还要早。我个人对此持怀疑态度。尽管一般的参照依据明显
出自伊索克拉底中期的著作，但公正地说，这一问题在学术上
还尚未达成共识，② 对柏拉图是否在《高尔吉亚》中最先使用
rhêtorikê 也是莫衷一是，尚无定论。虽然短语 "*tên kaloumenên*

---

① 大多数这类的交锋我已在 *The Beginnings of Rhetorical Theory in Classical Greece* 一书中做了相应讨论（New Haven：Yale U. Press, 1999），ch.2。

② 参本书附录二的相关词条，相关文献综述参见 Neil O'Sullivan, *Alcidamas, Aristophanes, and the Beginnings of Greek Stylistic Theory*（Stuttgart：Steiner, 1992）及 J. V. Muir, *Alcidamas：The Works and Fragments*（London：Bristol Classical Press, 2001）。

rhêtorikên"可能标志着他在术语使用上的自觉意识或全新用法，但这也并非是完全必然。就我的判断而言，该论点最为薄弱的环节在于其宣称柏拉图忠实地代表了公元前5世纪后期的术语使用；这一论点的问题在于，它混淆了《高尔吉亚》的时间和新术语的使用问题。多弗尔爵士（Sir Kenneth Dover）注意到"柏拉图自始至终不是以一位学者的身份在著述"，[1] 而是 "在充当辩护者的身份"。多弗尔指出，认为"柏拉图必须像我们要求史学家那样随时注意到真实这一标准是一种错误的想法"。当然，对于柏拉图是否非常精准地代表了苏格拉底的历史立场，很多学者对此都持相当的怀疑态度——更不用说苏格拉底言说的词汇了。

对第一个问题我还想表达的最后一点是，该术语究竟出自谁的笔下其实并不十分重要。如果将柏拉图看作是第一个为其自己明显在攻讦谩骂的技艺命名的人，虽然这既可能取悦一些人也可能惹恼另一些人，但是，要是没有时间的参照，我们决不可能很肯定地说出谁是第一个使用该术语的人，以及为什么。我们能够创造性介入的问题是，是否该术语的使用能够或应当改变我们理解公元前5和前4世纪文本的方式。我们这里可以考虑以下对应于社会科学家的归无假设（null hypothesis）概念问题：如果认为 rhêtorikê 的引入与否无关紧要，其看法是否合理？换言之，对于公元前5世纪 rhêtorikê 一词出现与否的相关语文学数据，我们是否应当忽略不计？这一问题放在某一具体作家的语词使用统计中或许还会更加具体：例如，我们是否应当忽略这样的事实，即伊索克拉底是否从未用过 rhêtorikê，而是使用包括 philosophia 在内的其他术语来描述自己的教学？

彭德利克（Gerard Pendrick）曾煞费苦心地恳求我们，[2] 要

---

[1]　Kenneth Dover, *Plato: Symposium* (Cambridge: Cambridge U. Press, 1980), viii, 9.

[2]　Gerald J. Pendrick, *Plato and Rhêtorikê, Rheinisches Museum für Philologie*, 141 (1998): 10~23.

我们对所有这些都不予理睬，回到自己原有的研究中去，就好像我和科尔压根就没发表什么一样。尽管如此，就像语文学家对语言情有独钟一样，我们不能就这样匆忙地接受这种归无的假设。毕竟，如果真有一种在古典学、英语专业、传播学研究和哲学中大家都能共享的信条的话，那一定是语言重要，词汇重要，名称重要。

在此前的研究中，我曾提纲挈领地从心理学、符号学和修辞学等角度勾勒出原因，解释为什么我认为一个术语的引进可以标示着某个学科类别的诞生，为什么其文化意义有如"修辞技艺"一般，在以某种并非微不足道的方式改变着我们的语言和知识图景（例如对归无假设的拒斥原因）。但是，问题明显不可能先验地得以解决；它需要对公元前5和前4世纪文本的烦琐还原，还要不受哲学和修辞学双重传统的影响。只有如此，我们才可能对智术师和修辞理论的源流做出某种全新的历史描述。

这样的状况正呼之欲出，虽然一个人的学术出发点可能会在其讨论中起着十分重要的作用——换言之，其出发点将决定智术师文本哪方面的特征最为突显。就英语界而言，智术师文本最为突显的特征通常是那些与当下教育和理论关注相对应的特征。[①]迈洛克斯（Steve Mailloux）曾说服过我，认为在人文学科的某些方面，理所当然需要有某种"智术师修辞"的概念来与柏拉图和亚里士多德模式相抗衡。但是，只要有这种情况存在，智术师的当代挪用也就会理所当然地持续下去，因为古典学、哲学和传播学研究等方面的学者已经就此有完全不同的解读。[②] 因此，不

---

① Consigny, *Gorgias*; Susan C. Jarratt, *Rereading the Sophists*（Carbondale：Southern Illinois U. Press, 1991）; Bruce McComiskey, *Gorgias and the New Sophistic Rhetoric*（Carbondale：Southern Illinois U. Press, 2002）.

② Michael Gagarin, *Antiphon the Athenian*（Austin：U. of Texas Press, 2002; John Poulakos, *Sophistical Rhetoric in Classical Greece*（Columbia：U. of （转下页）

同领域的学者各自精心描述的智术师是如此的迥然不同，也就不足为怪；当然，回头想想，自己也不应该为众多学科的听众的那些需要、兴趣和反应之间的相互矛盾而感到惊诧了（英语系没人将我描述为后现代主义者，古典学界也没人称我为传统主义者）。

那么，就智术师研究而言，当前的学术同20世纪80年代相比有哪些不同呢？虽然任何简单的概括都不足够，但我们至少还是可以辨别出两种倾向：其一，对作为群体的智术师的一般性描述在减少，注意力更多是放在作为个体的贡献上，特别是普罗塔戈拉、高尔吉亚和伊索克拉底等人的贡献；其二，就公元前5世纪的智术师和修辞理论而言，人们加大了对各自提出的各种观点的反思。维坦查的"第三代智术师修辞"概念——以及我自己提出的标签"新智术师修辞"——在很大程度上已经取代了"智术师修辞"这一混淆时序且过于宽泛的标签。

最为显著的进展当数加加林的那篇文章。文章极富挑战性地题名为"智术师是否意在说服"（Did the Sophists Aim to Persuade?）。作者在文中指出，长久以来人们一直相信智术师的主要活动是教授意在说服的修辞，这一传统观点实属一大谬误。① 加加林对早期智术师的教育尝试的描述与本书对普罗塔戈拉的描述是一致的，在其最近所写的《雅典人安提丰》（Antiphon the Athenian）一书中他仍坚持着他的描述。

显然，自从所有智术师的教诲和著作都被简化为主要是柏拉 215

（接上页）South Carolina Press，1995）；Takis Poulakos，*Speaking for the Polis*：*Isocrates' Rhetorical Education*（Columbia：South Carolina U. Press，1997）；Yun Lee Too，*The Rhetoric of Identity in Isocrates*（Cambridge：Cambridge U. Press，1995）；Robert Wardy，*The Birth of Rhetoric*：*Gorgias*，*Plato and Their Successors*（London：Routledge，1996）。我这里所列的参考文献仅限于专著，如果对期刊杂志的相关文献再做一系统查阅，问题或许明显会有更进一步的展示。

① Michael Gagarin，"Did the Sophists Aim to Persuade？" *Rhetorica* 19 （2001）：275~291.

图式的"修辞"概念以来，我们已经走过了一条漫漫长路。我希望，本书能为继续努力理解早期智术师的贡献略尽绵薄之力，无论关于这些贡献的令人满意的标签，最终是哪一个。

附录一

普罗塔戈拉生平年表

有关普罗塔戈拉生平的资料相当匮乏，这里所列的仅为某 些基本细节，来自几种现存的材料。[①] 我的目的不是要分析证据，而是为那些尚不熟悉相关文献的读者提供一个简略的概要。[②] 本年表主要基于莫里森（J. S. Morrison）和戴维森（J. A. Davison）两人所做的年表。[③] 所有日期均为近似时间，所标年代仅为所列事件可能发生的大概参数。由于莫里森和戴维森的数据有差异，所以我在年表中分别将两人提供的数据一一列出。一般来说，我认为莫里森的数据更可靠些。[④]

---

① 参 Diels和Kranz（DK）一书的Section 80，英译见Rosamond Kent Sprague编的The Old Sophists（Columbia：U. of South Carolina Press，1972）；Mario Unresteiner主编的4卷本Sofisti：testimonianze e frammeni（Firenze：La Nuova Italia，1949—1962），普罗塔戈拉见该书第1卷；亦参Antonio Capizzi, Protagora（Firenze：G. C. Sansoni，1955）。

② 相关分析和评论见 Kurt von Fritz, "Protagoras", RE 23（1957）：908~911；J. A. Davison, "Protagoras, Democritus, and Anaxagoras", CQ 47（1953）：33~38；J. S. Morrison, "The Place Protagoras in Athenian Public", CQ 35（1941）：1~16；Guthrie, HGP III, 262~269；Capizzi, Protagora, 219~234。

③ Morrison, "Place of Protagoras", 7；Davison, "Protagoras", 38.

④ Kerferd, SM, 42~44和Guthrie, HGP III, 262~269均依Morrison的生平年表之说，认为普罗塔戈拉大致卒于公元前420年。

事件	莫里森（公元前）	戴维森（公元前）	年龄
生于阿布德拉城	490/484	492/1	0
波斯星相师门下学习	——	480/79	11～13
作为智术师在雅典定居	460/454	464/3	27～30
被雅典驱逐（？）	——	458/7	33～35
驱逐令废除（？）	——	445/4	39～48
由雅典去图利	444	444/3	40～49
回到雅典	433	433	51～59
（《普罗塔戈拉》的戏剧时间）			
离开雅典	430	——	54～63
（狄欧配特斯［Diopeithes］法令？）			
［伯里克利逝世］	［429］	［429］	［55～64］
回到雅典	422	422/1	62～71
渎神指控（？）与他的死	421/415	421/20	63～72

218　　　普罗塔戈拉之死有多种版本，多数人倾向于他因渎神（asebeia）而被处死或驱逐出雅典。按照柏拉图的说法，普罗塔戈拉死时已年近70，因此，大多数学者认为他大约死于公元前420年。翁特斯泰纳推测的死因是由于公元前411年雅典民主制的暂时中断，因为第欧根尼·拉尔修列出指控普罗塔戈拉的人是"波吕泽卢斯（Polyzelus）之子、四百人议事会成员皮托多鲁斯（Pythodorus）"（9.54）。① 然而，第欧根尼的描述中并未提到普罗塔戈拉在四百人议事会执政期间受到指控，其中仅仅提到了指控人最为重要的历史身份特征。正如莫里森指出，普罗塔戈

---

① Untersteiner, *Sophists*, 4.

拉与不同的反斯巴达人物交往甚密，包括伯里克利："在公元前418和前415年，主和派至少可能有两次机会利用阿尔喀比亚德（Alcibiades）的不受欢迎来除掉普罗塔戈拉。这两次在时间上都与柏拉图的见证相一致，而公元前411年则与其相左。"[①]

　　相反，如果普罗塔戈拉因渎神而受指控的整个事件纯属虚构，那么，除了柏拉图所说的他死时已"年近70"，我们还无法通过某一事件来清楚地推出他去世的确切时间。[②] 由于现有资料认为他的出生时间大约是公元前490年，由此推出他去世的时间便应该是大约公元前420年。[③]

---

① Morrison, "Place of Protagoras", 4.

② 有关虚构与否之争，参本书第九章。

③ 关于柏拉图在《普罗塔戈拉》中有意整合普罗塔戈拉的两次雅典之行（公元前433和前420年）这一看法，参John Walsh, "The Dramatic Dates of Plato's Protagoras and the Lesson of *Aretê*", *CQ* 34（1984）：101~106。

附录二

《古希腊文献总汇》（TLG）中ῥητορικ-的
检索数据

219　　《古希腊文献总汇》（*Thesauraus Linguae Graecae*，以下简
写为TLG）是基于由计算机处理的所有现存古希腊文献综合数据
库。① 因此，对于那些对诸如ῥητορικη等词源感兴趣的学者来说，
TLG应当是非常宝贵的资料来源。我在博士论文的相关研究中曾
推断柏拉图的《高尔吉亚》属于最早使用ῥητορικη一词的范例，
但当时的研究完全是基于纸质的词典和索引等印刷资料。② 论文
答辩后，我将"是柏拉图新造的rhêtorikê？"（本书第三章）作
为一篇独立文章寄给了《美国语文学杂志》（*American Journal
of Philology*）的编辑肯尼迪。在他的建议下，我请TLG主任布鲁
纳（Theodore F. Brunner）为我在TLG数据库中对词根ῥητορικη-
做了一次全面检索，包括所有校对和未经校对的文献。检索的时

---

① 有关TLG，参Luci Berkowitz and Karl A. Squitier, *Thesaurus Linguae
Graecae: Canon of Greek Authors and Works*, 3rd ed.（NY: Oxford U. of Press, 1990）.
Vii–xxviii。

② 特别是Henry George Liddell and Robert Scott, *A Greek-English Lexicon*,
9th ed.（Oxford: Clarendon Press, 1940）; J. E. Powell, *A Lexicon to Herodotus*, 2nd
ed.（Hildesheim: Georg Olms, 1977）; Henry Dunbar, *A Complete Concordance to the
Comedies and Fragments of Aristophanes*（Oxford: Clarendon Press, 1983）; 及Leonard
Brandwood, *A Word Index to Plato*（Leeds: W. S. Maney and Sons, 1976）。

间是1989年5月5日，检索结果更加印证了我的推断。在接下来的
1990年3月，我又就 ἐριστικ-、ἀντιλογικ- 和 διαλεκτικ- 等词在所有校
对和未经校对的文献中做了一次检索，检索结果均与我提出这些
术语最先出现在柏拉图著作中的论断相符。

任何领域的资料都有待于解读。最近在《哲学与修辞》杂志
上的一次交流使我更加坚定了"事实"很少"自己说话"的信
念：至少部分来说，TLG数据的说服力取决于检索者的解读框
架。① 因此，我下面列出了全部明显与 ρητορικη- 匹配的例证的检
索数据，所有均为TLG标注为先于或大致与柏拉图《高尔吉亚》
同时的文献；同时，对每一位作者我也提供了匹配的个数，并附
上了为什么我认为与我的推断相关的原因。我还在括号中提供了
最初的参考资料来源，以便读者可以自己查阅每一个匹配。解读 220
标记如下：

M表示阳性形式，例如 ρητορικός（意为"演说者的"）。指涉
"技艺"或"技能"自身时需要以 -ικη 结尾的阴性形式，要么修
饰 technê，要么独自作为实体名词。

SR表示二手文献出处，这不是说这个文献是早于公元前4世
纪的，而是说它是指有 ρητορικη- 出现的有关比如早期智术师的讨
论。例如，由于 ρητορικη- 出现在以吕西阿斯（Lysias）的名字检
索的同一句中，TLG的检索便标注吕西阿斯的残篇集中有一个匹
配。然而，经进一步验证，该匹配仅为公元10世纪流行于地中海
地区的拜占庭大型百科全书《苏达词典》（Suda）中的一个有关
吕西阿斯与修辞的较为随意的出处。有时这些出处属于这样的出
处，其作者在其中很清楚并没有在 rhêtorikê 与一个公元前4世纪

---

① 参Edward Schiappa，"Neo-Sophistic Rhetorical Criticism or the Historical
Reconstruction of Sophistic Doctrines？" *PR* 23（1990）：196~198；John Poulakos，
"Interpreting Sophistical Rhetoric：A Response to Schiappa"，*PR* 23（1990）：
221~223；及Edward Schiappa，"History and Neo-Sophistic Criticism：A Reply to
Poulakos"，*PR* 23（1990）：307~315。

的人物之间做直接联系，这个"匹配"是比较偶然的。

由于柏拉图始终将智术师和*rhêtorikê*紧紧捆绑在一起，后来的大多数作家也大致如法炮制。但是，后世对柏拉图术语的使用，并不意味着早在公元前5世纪这类术语就开始流行。我非常清楚在柏拉图的《高尔吉亚》之前很可能就有人使用过ἐητοϱιχη一词，但这毕竟没有留下只言片语的例证。然而，在公元前5至前4世纪的各类文本中，大量本来应当出现ἐητοϱιχη的地方却是一片空白，这一现象无疑可以作为当时可能还不存有这个词的推断依据。因此，我认为用二手文献来推断ἐητοϱιχη出现的时间是不可靠的。

UN表示尚无定论的文本或可疑的时间，包括作者存疑的残篇或其后无法证实的相关讨论（例如有关technê rhêtorikê的公元前5世纪某一智术师作品的一个出处）。

L表示来自公元前4世纪的匹配，但时间明显晚于柏拉图的《高尔吉亚》，不能作为依据来推翻是柏拉图的《高尔吉亚》首先使用了rhêtorikê这一假设。

Acesander 1 M，SR．［Felix Jacoby，*Die Fragmente der griechischen Historiker*（Leiden：Brill，1964）：III B，425。以下简引作FGrH］。

Aeschines（演说家）2 L．*Aeschines* 生于公元前390年；几个匹配来自其演讲：*rhêtorikôs*出自其*Against Timarchus* 71，（公元前345年）；*rhêtorikên*出自其*Against Ctesiphon*，163（公元前330年）［Charles Darwin Adams，*The Speeches of Aeschines*（Cambridge，MA：Harvard U. Press，1919），60，436］。

Aeschines（哲人）1 UN．见于某"尚未确定"的残篇。［H. Dittmar，*Aeschines von Sphettos：Philologische Untersuchungen*，Vol. 21（Berlin：Weidmann，1912）；

fragment 51〕。

Aeschylus 5 M，UN，SR. 所有匹配均晚于公元前5世纪的所谓埃斯库洛斯残篇的文本，其中有三处被认为是出自或有关其戏剧逸篇：#73=M，UN；#363=M，UN；有两处出自其"未知出处的残篇：#634=M，SR；#711=M，UN〔Hans Joachim Mette，*Die Fragmente der Tragödien des Aischylos*（Berlin：Akademie Verlag，1959），26，83，93，225，241〕。

Aesop 5 UN.《伊索寓言》中有一则明显有关修辞技艺的故事。然而，寓言集中只有为数甚少的能确认为伊索所写，其余皆为后人所补充。这些后来补充进去的寓言之所以为人所接受，也仅仅是因其蕴含的寓意和讲述风格与伊索寓言的传统相符。现存最早的伊索寓言集据历史记载离他本人所处的公元前6世纪也超过了800年。此处所说的那则故事，《水手和他的儿子》（*Sailor and Son*），并未包括在那本最早的伊索寓言集中，该则故事是很晚才添加到伊索寓言中的。佩利（Ben Edwin Perry）或许可算是世界最著名的伊索寓言权威，他提出了一种具有结论性的观点，认为这则寓言写于中世纪的某个时候。他说："从语言和写作风格看，写故事的人明显生活在中世纪的某个时间段上，就像同一手稿中的'伊索和他的寓言'一样，不可能出自某一本古代流传下来的书籍中"（"Two Fables Recovered"，10~11）。有关伊索寓言的早期历史，参B. E. Perry，*Aesopica*（Urbana：U. of Illinois Press，1952），viii–xii。｛〔B. E. Perry，"Two Fables Recovered"，*Byzantinische Zeitschrift* 54（1961）：5~6。参B. E. Perry，"Some Traces of Lost Medieval Storybooks"，*Humaniora*，ed. W. D. Hand and G. O. Arlt〔Locust Valley，NY：J. J. Augustin，（1960），151~160〕。伊索寓言中该故事较早的版本是基于某一残缺文本的重构，佩利在其"Two Fables Recovered"中提供了最近发现的完整文本｝。

221

　　Alcidamas 2 L. *Alcidamas*的匹配项均有可靠依据，唯一问题是他题为*On the Sophists*或*On the Writers of Written Discourse*的手册的成书时间。文本见Radermacher，B XXII 15（引证见后），其中两次使用了*rhêtorikê*（1.5，2.5）。英译和分析见LaRue Van Hook，"Alcidamas versus Isocrates"，*Classical Weekly* 12（1919）：89～94。

　　虽然按照 Hook的观点，该手册写于公元前391—前380年间，但通过更为仔细的文本分析，其成书时间应当在公元前380年之后，因而应当晚于《高尔吉亚》。Hook的论据是该手册是对伊索克拉底的《反智术师》（*Against the Sophists*）（公元前392年）一书的回应，而伊索克拉底的应答则是在《泛希腊集会演说词》（*Panegyricus*）（公元前380年）中。Hook推断时间的依据是《泛希腊集会演说词》（11）中的一个章节，其似乎是在回应Alcidamas的抨击（*On the Sophists* 6，12～13），但这样的联系最多只能算是一种牵强附会。Alcidamas抨击的是那些教授演说文稿写作，而非教授即席演说的人。在*On the Sophists* 6中，Alcidamas认为即席演说比有稿演说的难度大得多，学生要掌握他教授的技艺，就必须在说与写上双管齐下，因为写并不能训练一个人的说。因此，他的《泛希腊集会演说词》（11）不是在回应有关说与写的不同，而是在讨论简约风格与优雅风格之间的区别。伊索克拉底在大约写于公元前354/3年的《论交换》（*Antidosis*）（49）中的确对Alcidamas抨击的论点做了直接的回应。Alcidamas在12～13中说即席演说更多出于本能，因而听众会认为其更真诚。如果伊索克拉底在《泛希腊集会演说词》（11）中如Reinhardt所说是在对这一指责进行回应（Hook，92，n46），那么，其辩白应当是不那么直接，而其中似乎还有一处提到Alcidamas认为其《论交换》（46～47）中伊索克拉底的风格与诗歌近似（2，12）。因此，我认为如果就伊索克拉底的论辩技艺做一时间上的梳理，会发现他对Alcidamas的回应应当是在《论交换》，而不是在《泛希腊集会演说词》中。

但是，从Alcidamas文本自身来看，其中却不乏证据表明，他所回应的是《泛希腊集会演说词》而非其他（如Hook所言）。证据包括：1）Alcidamas提到了伊索克拉底的虚荣心。Hook的例证来自伊索克拉底的《泛雅典娜节演说词》（*Panathenaicus*）（4~14），甚至还包括后来的作品。2）Alcidamas明显是指其整个写作生涯，而非仅是其写作生涯的初始期（*On the Sophists* 1~2）。3）Alcidamas在（4）中指责他写的书是长期酝酿和修订的结果，这似乎直接指涉的是《泛雅典娜节演说词》，因为伊索克拉底为完成此书花了整整10年的时间（Quintilian 10. 4. 4）。4）Alcidamas在（4）中还说书写的文稿享用了众多来源的相同思想，这似乎也是在直接指责伊索克拉底的《泛希腊集会演说词》（参见4，7~10，74；　Hook，91 n41）。5）Alcidamas在（4）中指伊索克拉底对其文本的修订是基于他人的建议，这可能是由于Alcidamas对伊索克拉底写作生涯早期信息的掌握，但伊索克拉底直到大约公元前346年写《致菲利普》（*To Philip*）（17）时才提及此事（《泛雅典娜节演说词》200，233）。

因此，我建议的时间顺序应当修正为Alcidamas的*On the Sophists*写于《泛希腊集会演说词》（公元前380年）之后的某个时间，但先于《论交换》（公元前354/3年）。这样的时间排序可以使人更好理解两人的观点，同时也保留了Alcidamas在27~28中的批评是基于柏拉图《斐德若》275d的可能性。这一观点也得到了Hook的认可，但一旦我们接受*On the Sophists*先于公元前380年的说法，该观点就应当予以排除。最后应当注意的是，Alcidamas在（9）中顺便提及的公共演说的分类，似乎更加符合公元前4世纪中期而不是公元前385年左右的修辞理论（Kennedy，*APG*，86）。Alcidamas的年表也可参格思里的 *HGP* III，311~313，特别是第311页注5 [Ludwig Rademacher，
"Artium scriptores：Reste der voraristotelistche Rhetorik"，
Österreichische Akademie der Wissenschaften：Philosophische- historische Klasse，Sitzungsberichte，227. Band 3（1951） B XXII 15（135~141）] 。

    Anaxagoras 1 SR. [DK 59 A15=Plato，*Phaedrus* 269e.] 。

    Anaximenes 2 L；3 SR. 所谓《献给亚历山大的修辞学》的成书时间不会早于公元前341年。TLG的匹配要么指向书名和简介，要么指向后来有关文本的讨论，而书名和简介又通常被认为是后来添加的。有关成书时间和书名的讨论，参Kennedy，*APG*，114~124；H. Rackham，introduction，*Rhetorica ad Alexandrum*（Cambridge，MA：Harvard U. Press，1937），258~262. [*FGrH*，II A，112~116（*testimonia* 8，16.）] 。

    Antiphon 1 UN；2 SR；1 M，SR. 一些早期智术师据说均为有关修辞技艺书籍的作者。以安提丰为例，他所谓的*technê*或许
223 是其*Tetralogies*一本的另一个书名。有关早期智术师是否是题为 *Technê Rhêtorikê*等手册的作者的争论，参见本书第三章以及科尔的《古希腊修辞的起源》（*The Origins of Rhetoric in Ancient Greece*）（Baltimore：John Hopkins U. Press），71~112。有关近期英文版的安提丰集和残篇，参J. S. Morrison，*The Older Sophists*，ed. Rosamond Kent Sprague（Columbia：U. of South Carolina Press，1972），106~240 [DK 87 A6，B3，B93；L. Gernet，*Antiphon：Discours*（Paris：Les Belles Lettres，1923），167] 。

    Demades 2 L，M，SR. Demades大约生于公元前380年。此外，TLG中的两个匹配均为阳性。Demades的生平可参J. O. Burtt，*Minor Attic Orators*（Cambridge，MA：Harvard U.

Press，1954），2：329～332［V. de Falco，*Demade orator*：
Testimonianze e frammenti（Naples：Libreria Scientifica
Editrice，1955），fragment 52.4；and *FGrH*，II B，955］。

Demetrius 9 L. Demetrius of Phaleron大约生于公元前350年，
卒于公元前280年。参Kennedy，*APG*，284～290［F. Wehrli，
Demetrios von Phaleron，in *Die Schule des Aristoteles*（Basel：
Schwabe，1968），4：21～44］。

Democritus 1 M，SR. 该匹配出现在第欧根尼·拉尔修有关
Democritus的总结段落（9. 49），其中列出了与Democritus相关
的其他人的生平。由于匹配指涉的是后来一位名叫 Democritus的
修辞学家，因此，该项明显不会将*Rhêtorikê*联系于公元前5世纪
的同名哲人（DK 68 A1=DL 9.49）。

Dinarchus 1 L，UN. Dinarchus大约生于公元前361年。该匹
配也出自一尚未确证的残篇，生平可参J. O. Burtt，*Minor Attic
Orators* 2：161～162［N. C. Conomis，*Dinarchi orations cum
fragmentis*（Leipzig：Teubner，1975），145］。

Empedocles 5 SR. 大多数有关Empedocles和修辞的资料均
派生于亚里士多德认为Empedocles "发明" 了修辞这一观点；
没有任何直接出自Empedocles本人和残篇的只言片语。有关
Empedocles "发明" 神话的详细讨论，参本书第三章。（DL
8.57，58；and DK 31 A1，A5，A19）。

Epicurus 10 L. Epicurus大约生于公元前341年［Graziano
Arrighetti，*Epicurus*，*Opere*（Turin：G. Einaudi，1960），entry
19 of *Deperditorum librorum reliquiae*］。

Gorgias 11 SR. 有5条Gorgia的匹配来自柏拉图的《高尔吉
亚》，有3条来自后来一本所谓的*technê*（技艺手册），或许是
《海伦颂》（*Helen*）；还有两个是不相关的阳性形式，一个属于
后来对Gorgia演讲能力的讨论。可参前面安提丰的讨论和本书第

三章［DK 82 A2，A3，A4，A22，A27，A28，B5a，B14］。

Heraclides Ponticus 1 L，UN. 该条为后来重构的残篇［F. Wehrli，*Herakleides Pontikos*，in *Die Schule des Aristoteles*，Vol. 7（Basel：Schwabe，1969），fragment 22］。

Hippocrates 1 M，UN. 该条术语为*rhêtorikôtaton*，或许不是出自公元前5世纪［É. Littré，*Oeuvres completes d'Hippocrate*，Vol. 2（1984；Paris：Baillière，1961），"De diaeta acutorum" 23.4］。

Hyperides 1 L，UN. Hyperides大约出生于公元前390年，224 该匹配出自一尚无定论的残篇，生平可参J. O. Burtt，*Minor Attic Orators* 2：363～366［C. Jensen，*Hyperidis orations sex*（Leipzig：Teubner，1971），fragment 63］。

Idomeneus 1 M，SR（DL 2.19）。

Isocrates 2 M；3 SR. 在被认可的伊索克拉底（Isocrates）的文本中只检索到阳性形式，其余3条要么为二手文献要么为关于*technê*的"佚篇"。有关伊索克拉底是否写过*technê*（技艺手册），以及相关文献的完整综述，参Michael Cahn，"Reading Rhetoric Rhetorically：Isocrates and the Marketing of Insight"，*Rhetorica* 2（1989）：121～144。［Isocrates' *Nicocles* 8，*Antidosis* 256；and Georges Mathieu and Émile Brémond，*Isocrate*（Paris：Les Belles Lettres，1962），4：229，231，235］。

Lysias 1 SR. ［Theodorus Thalheim，*Lysiae Orationes*，edition maior，2nd ed.（Leipzig：Teubner，1913），368］。

Nausiphanes 3 L. 匹配或许真实可信，但Nausiphanes的生卒年月是公元前4世纪后期至3世纪初（DK75 A1，B1）。

Philistus（*Syracusanus*）2 SR，UN. 出自《苏达词典》（*Suda*）（*FHeH*，III B，551）。

Philistus（*Naucratites*）2 SR，UN. 大概晚于公元前4世纪

（*FHeH*，III C，122）。

　　Polycritus 1 M，SR（DL 2.63）。

　　Protagoras 1 SR（亚里士多德《修辞学》1402a27=DK 80 A21）。

　　Pythagoristae 1 SR. 出自Iamblichus'（3/4 CE），"Life of Pythagoras"（DK 58 D1：p.468，line 13）。

　　Speusippus 2 L. 柏拉图的侄子［L. Taran，*Speusippis of Athens：Philosophia Antiqua*，Vol. 39（Leiden：Brill，1981），fragments 5a and 68c］。

　　Theodectes 1 L，SR. 一位亚里士多德同时代的人，因而不属于有问题的匹配（FGrH，II B，525）。

　　Theophrastus 1 L. 亚里士多德的学生［F. Wimmer，*Theophrasti Eresii opera*，*quae supersunt*，omnia（1866；Frankfurt am Main：Minerva，1964），fragment 65.1］。

　　Theopompus 3 L. 公元前4世纪的历史学家，并非早前那位喜剧演员。两个匹配均出自二手文献，其中一个为阳性形式（FGrH，II B，testimonia 20a，45）。

　　Thrasymachus 6 SR，UN. 所有匹配或为二手文献或为某一*technê*（技艺手册）的相关参考文献（DK 85 A1，A13，B7a）。

　　Timaeus 1 M，SR.（FGrH，II B，581）。

　　Zeno 3 SR. 所有匹配均为随机匹配，均出自亚里士多德有关Zeno发明辩证法和Empedocles发明修辞的说法所在段落中（DK 29 A1，A2，A10）。

附录三

证伪三篇

古代尚有两处文献提及普罗塔戈拉，有一个文本的作者被归为普罗塔戈拉，前面的讨论均未涉及。如果要对普罗塔戈拉做任何全面考察，这三处归属问题都值得提到。

谷粒难题

亚里士多德在《物理学》（250a19～22）中提到我们现在通常所称作的芝诺谷粒论证，其完整版本载于辛普里丘（Simplicius）后来的注疏中：

（亚里士多德）用这种方法解决了埃利亚学派的芝诺为智术师普罗塔戈拉设置的问题。芝诺问道："普罗塔戈拉，请你告诉我，一颗谷粒，或者说谷粒的百分之一，掉落到地上时是否会发出声响？"普罗塔戈拉说不会。他又问："那么一普式尔（bushel）谷粒呢？一普式尔重量的谷粒掉落到地上时是否会发出声响？"普罗塔戈拉回答说当然会发出声响。芝诺又说："好，那么一普式尔和一粒谷粒，或者说一粒谷粒的百分之一之间，是否存在一种比例？"普罗塔戈拉回答说肯定存在比例。芝诺接着又说："那么，难道声响之间就不存有相同的比例？如果发出声响的东西之间存在比例，那么，声响之间的比例亦不在话下。如果真是如此，那么，一普式尔谷粒能发出声响，一粒单个的谷粒和一粒谷粒的百分之一也能发出声响。"①

这段对话最初的出处无从知晓。没人会认为这一段文字记录的是发生在芝诺和普罗塔戈拉之间的真实论辩，更不会认为芝诺会写出自己充当主角的对话。②虽然普罗塔戈拉在这则故事中似乎属于后来的虚构和添加，但亚里士多德在书中提及谷粒难题，表明这至少肯定和芝诺有关。一般认为这至少部分代表了芝诺支持帕默尼德关于感官虚妄的告诫。③由于柏拉图在《泰阿泰德》中将普罗塔戈拉描述为感官认知的捍卫者，他在后来的故事中为什么会作为芝诺的陪衬也就不难理解了。

227

---

① Simplicius, *Commentary on the Physics* 1108. 14 ~ 28, trans. by Jonathan Barnes in The Presocratic Philosophers（London：Routledge and Kegan Paul，1982），258 = Jonathan Barnes, *Early Greek Philosophy*（London：Penguin，1987），158。希腊文本见DK 29 A29或Mario Untersteiner, *Sofisti：testimonianze e frammeni*（Firenze：La Nuova Italia，1961），1：84。

② Guthrie, *HGP II*，81。

③ 同上，97。亦参Barnes, *Presocratic*，xix-xx，258 ~ 260。J. Moline认为芝诺的谷粒难题启发了欧布里得（Eubulides）的"三段推理"[Aristotle, Eubulides, and the Sorites, *Mind* 78（1969）：393 ~ 407]。虽然Barnes曾认为谷粒难题属于三段推理，但他现在的观点则是，尽管后来谷粒难题与三段论扯上了关系，但芝诺的"结论实则是由与三段论毫无关联的比例原则得出"的 ["Medicine, Experience and Logic", *Science and Speculation*, ed. Jonathan Barnes, Jacques Brunschwig, Myles Burnyeat, Malcolm Schofield（Cambridge：Cambridge U. Press，1982），36 ~ 39]。

对欧提勒士的诉讼

这则故事见于第欧根尼·拉尔修的讲述："故事讲的是（普罗塔戈拉）讨要学费的一段经历。当他向其学生欧提勒士（Euathlus）讨要学费时，欧提勒士拒绝支付，并说道：'我尚未（在法庭上）赢过一场官司。'普罗塔戈拉回答说：'如果这次我胜诉，你必须支付我的学费，因为我赢了这场官司；如果你胜诉，你也得按照约定支付学费，因为你赢了这场官司。'"①这则故事并无出处，或许其仅为科拉克斯（Corax）和提西阿斯（Tisias）故事的翻版，②或许两则故事都是纯属杜撰，但科拉克斯和提西阿斯的故事更早，因而更具原创性。③

两则故事不同的结尾颇为有趣。拉尔修的故事给人的印象是，普罗塔戈拉通过将欧提勒士置于一进退两难的境地而获胜，因而故事的意义在于展示普罗塔戈拉的睿智或告诫人们尽量不要与智术师较劲。④在科拉克斯的案例中，提西阿斯为自己辩护说，如果胜诉，自己便用不着支付学费；如果败诉，也用不着支付，因为其败诉正好证明科拉克斯的教学毫无用处。科拉克斯的反驳是，如果提西阿斯败诉，按照法律他必须支付学费；如

---

① DL 9. 56 = DK 80 A1 ¶56, trans. by Michael J. O'Brien, 见Rosamon Kent Sprague编, *The Old Sophists*（Columbia：U. of South Carolina Press, 1972）, 6。亦参 DL 9. 54 = DK 80 A1 ¶54；DK 80 A4, B6。

② 故事最早的版本可参Chistianus Walz, *Rhetores Graeci*（Stuttgart：J. G. Cottae, 1836）, 6：4~30, 或Hugo Rabe, *Prolegomenon Sylloge*（Leipzig：Teubner, 1931）, 18~43。

③ 按照Georgius（Jerzy）Kowalski的观点，科拉克斯和提西阿斯的诉讼案可追溯至公元前4世纪［Georgius（Jerzy）Kowalski, *De Arte Rhetorica*（Leopoli：Polonorum, 1937）, 84］, Stanley Wilcox的结论则是不可能"确定其细节起于何时"［"Corax and the 'Prolegomena'", *AJP* 64（1943）：20］。亦参A. W. Verrall, "Korax and Tisias", *JP* 9（1880）：208~209。

④ Friedrich Blass, *Die Attische Beredsamkeit von Gorgias bi zu Lysias*（Leipzig：Teubner, 1868）, 20, 27。

果胜诉，他也应当支付，因为这恰好证明了自己教学的成功。这
段诉讼也带出了一句双关的警语："坏乌鸦孵不出好鸟（科拉
克斯）。"① 这个版本的故事，其目的一般而言是在嘲讽修辞技
艺，具体而言，则是在嘲讽那些修辞的"发明者"。②

论技艺

贡贝尔茨认为希波克拉底的作品《论技艺》（*On the Art*）
实为普罗塔戈拉所写。③ 琼斯（W. H. S. Jones）在其编辑的希
波克拉底全集中也基本赞同贡贝尔茨的观点。④ 如果普罗塔戈拉
真是《论技艺》的作者，那么，该书肯定可以作为探讨普罗塔戈
拉的论辩观和论辩风格的极有价值的参考指南。但遗憾的是，正
如将其归为普罗塔戈拉所写有充分理由一样，我们也有同样充分
的理由反驳贡贝尔茨的观点。

贡贝尔茨以柏拉图《智术师》中"普罗塔戈拉写过关于摔跤
和其他技艺的书"（232d9~e1）为例，认为普罗塔戈拉写过各
种"专门技艺"的书籍。《论技艺》中有这样一句承诺："有关 228
其他技艺的范围将择时另文讨论（9.1-2）。"贡贝尔茨将这句
话看成是与柏拉图观点的互证。但是，这些只言片语的补证中存
在两个问题：第一，没有任何依据证明普罗塔戈拉就任何主题写
过一本"技艺手册"（*technê*）。其实，用"*technê*"来标示某

---

① 由Kennedy转述（Kennedy, *APG*, 59）。

② Georgius（Jerzy）Kowalski, *De Artis Rhetoricae Originibus*（Leopoli：
Sumptibus Societatis Litterarum, 1933）, 43.

③ Theodor Gomperz, *Greek Thinkers*（London：John Murray, 1901）, 1：
466~470.

④ W. H. S. Jones, *Hippocrates*（Cambridge, MA：Harvard U. Press, 1923）,
2：187.

一分门别类的技艺、技术或体系，也仅仅是从公元前4世纪才开始变得时兴（参LSJ）。第欧根尼·拉尔修（9.55）在提及普罗塔戈拉所写的一本书时也略去了"技艺"一词，而仅以《论摔跤》（*Peri Palês*）为题。第二，普罗塔戈拉是否真的特别写过一本书来讨论摔跤这项体育运动，也值得怀疑。其实，普遍意义上的体育竞技和特殊意义上的摔跤运动，均常常被用来描述论辩的过程。①

《论技艺》中有两段可以看到普罗塔戈拉影响的痕迹。一是有关怎样用技艺来判断"正确"（*orthon*）与"谬误"（*ouk orthon*）的讨论，二是有关逆向（opposites）治疗的讨论（5.32~5.34）。然而，后一论题在希波克拉底的著作中很普通，因而不能断言其为普罗塔戈拉所写。此外，"正确"问题是公元前5世纪后期和公元前4世纪早期智术师经常涉猎的主题，因此这也仅能表示普罗塔戈拉的影响，而不能由此确认其作者身份。

该书还有三处可以证明作者不是普罗塔戈拉。第一处提到名称（*onmata*）的形成是靠习俗（convention），而不是自然（2.16~2.18；cf.6.17~6.18）。这与普罗塔戈拉提出的观点相左，因为普罗塔戈拉认为逻各斯及名称与现实（reality）（*pragma*）是同一的，这直至公元前400年的《双重论证》（*Dissoi Logoi*）（1.11）中仍有回应。第二处是作者宣称："首先我要定义我所认为的医学是什么（3.5~3.6）。"该句所使用的逻辑表达方式和句型均为公元前4世纪的柏拉图首创，正好佐证了《论技艺》是写于普罗塔戈拉逝世之后。② 第三处提到人如果"只会用肉眼"来观察是一种"蒙昧和遮蔽"，

---

① Ernst Heitsch, Ein Buchtitel des Protagoras, *Hermes* 97（1969）：292~296（= Classen, *Sophistik*, 298~305）.

② Havelock, *The Greek Concept of Justice*（Cambridge, MA：Harvard U. Press, 1978）, 312~319.

而拒绝使用"心灵的眼睛"则是"蒙昧和遮蔽"的具体体现（11.1～11.13）。该处将*adêla*作"蒙昧和遮蔽"解，这与普罗塔戈拉在"关于诸神"残篇和所谓"新"残篇中的用法极为相悖（参本书第九章）。如果普罗塔戈拉真的要将感知和认知区别开来（事实上他不可能这样做），那么，他将有可能得出一种与《论技艺》的作者全然不同的结论。

　　总之，现有的证据均倾向于《论技艺》一书的写作时间为公元前4世纪，而非公元前5世纪。例如，柏拉图在对医学*technê*的态度上表现出一种矛盾的心理，《论技艺》似乎对公元前4世纪发生的这类哲学纷争也非常熟悉，其熟悉程度不亚于对公元前5世纪哲学纷争的了解。[①]此外，从琼斯对文本风格的分析来看，他也倾向于其写作时间为公元前4世纪。[②]因此，《论技艺》一书最多能证明的是该书在智术师式的和医学的思维上与智术师有某种亲缘关系。公元前5世纪的智术师对此文本有明显影响，但并非该书的作者。

[①]　Jones，*Hippocrates*，2：xxxvii–xl；Ludwig Edelstein，*Ancient Medicine：Selected Papers of Ludwig Edelstein*，ed. Owsei Temkin and C. Lilian Temkin（Baltimore：Johns Hopkins U. Press，1967），3～64.

[②]　Jones，*Hippocrates*，1：xxxii.

参考文献

第尔斯（Diels）和克兰茨（Kranz）合编的前苏格拉底残篇集（DK，Section 80）收录了有关普罗塔戈拉的古希腊文本，英译见斯普拉格（Rosamond Kent Spraque）所编译的《早期智术师》（*The Old Sophists*）一书。更为齐全的希腊和意大利对照本见翁特斯泰纳（Mario Untersteiner）的《智术师：证据和残篇》（*Sofisti*：*Testimonianze e frammenti*）一书第1卷，以及卡佩兹（Antonio Capizzi）的《普罗塔戈拉》（*Protagoras*）一书。

以下为多次出现在相关文本和专著中的参考文献，有志于普罗塔戈拉和早期修辞理论研究的人或许对此有兴趣。

Adkins, A. W. H. "Aretê, Technê, Democracy, and Sophists：Protagoras 316b–328d". Journal of Hellenic Studies 93（1973）：3 ~ 12.

——. *Merit and responsibility*：*A Study in Greek Values*. Oxford：Clarendon Press, 1960.

Allen, R. E. *The Dialogues of Plato*. Vol. 1. New Haven：Yale U. Press, 1984.

Arrowsmith, William. *Aristophanes*：*The Clouds*. Ann

Arbor: U. of Michigan Press, 1962.

Arthur, E. P. "Plato, Theaetetus 171A". *Mnemosyne* 35 (1982): 335~336.

Aulitzky, [ ]. "Korax 3". *Paulys Real-Encyclopädie der classischen Altertumswissenschaft* 11 (1922): 1379~1381.

Austin, Scott. *Parmenides: Being, Bounds, and Logic*. New Haven: Yale U. Press, 1986.

Barilli, Renato. *Rhetoric*. Minneapolis: U. of Minnesota Press, 1989. Originally published as *La Retorica*. Milan: Arnoldo Mondadori, 1983.

Barnes, Jonathan. "Aphorism and Argument". *Language and Thought in Early Greek Philosophy*, ed. Kevin Robb. La Salle, IL: Hegeler Institute, 1983. 91~109.

——. *The Complete Works of Aristotle*. 2 vols. Princeton: Princeton U. Press, 1984.

——. *Early Greek Philosophy*. London: Penguin, 1987.

——. "The Presocratics in Context". *Phronesis* 33 (1988): 327~344.

——. *The Presocratic Philosophers*, rev. ed. London: Routledge and Kegan Paul, 1982.

Barrett, Harold. *The Sophists: Rhetoric, Democracy, and Plato's Idea of Sophistry*. Novata, CA: Chandler and Sharp, 1987.

Bayonas, Auguste. "L'art politique d'après Protagoras". *Revue Philosophique* 157 (1967): 43~58.

Beattie, Paul. "Protagoras: The Maligned Philosopher". *Religious Humanism* 14 (1980): 108~115.

Beck, Frederick A. G. *Greek Education*: *450 ~ 350 B. C.* New York: Barnes and Nobles, 1964.

Bernal, Martin. *Black Athena*: *The Afroasiatic Roots of Classical Civilization* Vol. 1. New Brunswick: Rutgers U. Press, 1987.

Bernsen, N. O. "Protagoras' Homo-Mensura Thesis". *Classica et Mediaevalia* 30 (1974) : 109 ~ 144.

Bett, Richard. "The Sophists and Relativism". Phronesis 34 (1989) : 139 ~ 169.

Binder, Gerhard, and Leo Liesenborghs. "Eine Zuweisung der Sentenz οὐκ ἔστιν ἀντιλέγειν an Prodikos von Keos". *Museum Helveticum* 23 (1966) : 37 ~ 43. Rpt. in Classen, Sophistik, 452 ~ 462.

Blank, David L. "Socratics versus Sophists on Payment for Teaching". *Classical Antiquity* 4 (1985) : 1 ~ 49.

Blass, Friedrich. *Die Attische Beredsamkeit von Gorgias bis zu Lysias*. Leipzig: Teubner, 1868.

Bloch, Maurice. *Political Language and Oratory in Traditional Society*. London: Academic Press, 1975.

Bloom, Allan David. "The Political Philosophy of Isocrates". Ph.D. diss., University of Chicago, 1955.

Bodrero, Emilio. "Le opera di Protagora". *Rivista di Filologia* 31 (1903) : 558 ~ 595.

Brumbaugh, Robert S. *The Philosophers of Greece*. New York: Crowell, 1964.

Bryant, Donald C. *Ancient Greek and Roman Rhetoricians*. Columbia, MO: Artcraft Press, 1968.

Burnet, John. *Early Greek Philosophy*. 4th ed. London: Adam and Charles Black, 1930.

——. Greek Philosophy: Thales to Plato. London: Macmillan, 1964. Originally published in 1914.

Burns, Alfred. "Athenian Literacy in the Fifth Century B. C". *Journal of the History of Ideas* 42 (1981): 371~387.

Burnyeat, M. F. "Protagoras and Self-refutation in Later Greek Philosophy". *The Philosophical Review* 85 (1976): 44~69.

——. "Protagoras and Self-refutation in Plato's *Theaetetus*". The Philosophical Review 85 (1976): 172~195.

Burrell, P. S. "Man the Measure of All Things: Socrates versus Protagoras". *Philosophy* 7 (1932): 27~41, 168~184.

Bury, R. G. *Sextus Empiricus*. 4 vols. Cambridge, MA: Harvard U. Press, 1933.

Buxton, R. G. A. *Persuasion in Greek Tragedy: A Study of "Peithô"*. Cambridge: Cambridge U. Press, 1982.

Caizzi, Fernanda Decleva. "La tradizione Protagorea ed un Frammento di Diogene di Enoanda". *Rivista di Filologia* 104 (1976): 435~442.

Calogera, Guido. "Protagora". *Enciclopedia Italiana*. Roma: Fondata da Giovanni Treccani, 1949. 28: 368~370.

Capizzi, Antonio. *Protagora: le testimonianze e i frammenti, edizione riveduta e ampliata con uno studio su la vita, le opera, il pensiero e la fortuna*. Firenze: G. C.

Sansoni, 1955.

Cappeletti, Angel J. "El Agnosticismo de Protagoras".
Dianoia 28（1982）: 51~55.

Carpenter, Rhys. "The Antiquity of the Greek Alphabet".
American Journal of Archaeology 37（1933）: 8~29.

——. "The Greek Alphabet Again". *American Journal of Archaeology* 42（1938）: 58~69.

Cassin, Barbara, ed. *Positions de la Sophistique*. Paris:
Vrin, 1986.

Caujolle-Zaslawsky, Françoise. "Sophistique et scepticisme.
L'image de Protagoras dans l'uvre de Sextus Empiricus".
Positions de la Sophistique, ed. Barbara Cassin. Paris:
Vrin, 1986. 149~165.

Cherniss, Harold. *Aristotle's Criticism of Presocratic Philosophy*. New York: Octagon Books, 1935.

Chilton, C. W. "An Epicurean View of Protagoras".
Phronesis 7（1962）: 105~109.

Clark, Donald Lemen. *Rhetoric in Greco-Roman Education*.
New York: Columbia U. Press, 1957.

Classen, Carl Joachim. "Aristotle's Picture of the
Sophists". *The Sophists and Their Legacy*, ed. G. B.
Kerferd. Wiesbaden: Franz Steiner, 1981. 7~24.

——. "The Study of Language Amongst Socrates'
Contemporaries". *The Proceedings of the African Classical Association* 2（1959）: 33~49. Rpt. in
Sophistik, 215~247.

Classen, Carl Joachim, ed. *Sophistik*（Wege der Forschung
187）. Darmstadt: Wissenschaftliche Buchgesellschaft,

1976.

Cole, Thomas. "The Apology of Protagoras". *Yale Classical Studies* 19（1966）: 101～118.

——. *The Origins of Rhetoric in Ancient Greece.* Baltimore: Johns Hopkins U. Press, 1991.

——. "The Relativism of Protagoras". Yale Classical Studies 22（1972）: 19～45.

Conley, Thomas M. "Dating the So-called *Dissoi Logoi*: A Cautionary Note". *Ancient Philosophy* 5（1985）: 59～65.

Connors, Robert J. "Greek Rhetoric and the Transition from Orality". *Philosophy and Rhetoric* 19（1986）: 38～65.

Consigny, Scott. *Gorgias, Sophist and Artist.* Columbia: U. of South Carolina Press, 2001.

Cooper, Lane. *The Rhetoric of Aristotle.* Englewood Cliffs, NJ: Prentice-Hall, 1932.

Cope, Edward Meredith. "The Sophists". *Journal of Classical and Sacred Philology* 1（1854）: 145～188.

——. "On the Sophistical Rhetoric". *Journal of Classical and Sacred Philology* 2（1855）: 129～169; 3（1856）: 34～80, 252～288.

——. *The Rhetoric of Aristotle with a Commentary.* 3 vols. Cambridge: Cambridge U. Press, 1877.

Cornford, Francis Macdonald. *Plato's Theaetetus.* Indianapolis: Bobbs-Merrill, 1957.

——. *Plato's theory of Knowledge.* London: Routledge and Kegan Paul, 1935.

——. *Thucydides Mythistoricus.* New York: Greenwood

Press, 1969. Originally published London: Edward
Arnold, 1907.

Davison, J. A. "The Date of the Prometheia". *Transactions
and Proceedings of the American Philological Association*
80（1949）: 66~93.

——. "Protagoras, Democritus and Anaxagoras". *Classical
Quarterly* 47（1953）: 33~45.

Decharme, Paul. *Euripides and the Spirit of His Dramas*.
Trans. J. Loeb. New York: Macmillan, 1906.

Denniston, J. D. "Technical Terms in Aristophanes".
Classical Quarterly 21（1927）: 113~121.

Diels, Hermann, and Walther Kranz. *Die Fragmente der
Vorsokratiker*, 3 vols. 6th ed. Berlin: Weidmann,
1951.51.

Dodds, E. R. *The Greeks and the Irrational*. Berkeley: U. of
California Press, 1951.

——. *Plato: Gorgias*. Oxford: Clarendon Press, 1959.

Döring, Klaus. "Die politische Theorie des Protagoras".
The Sophists and Their Legacy, ed. G. B. Kerferd.
Wiesbaden: Franz Steiner, 1981. 109~115.

Dover, Kenneth J. *Aristophanes: Clouds*. Oxford: Clarendon
Press, 1968.

——. "The Freedom of the Intellectual in Greek Society".
Talanta 7（1976）: 24~54.

Dupréel, Eugène. *Les Sophistes: Protagoras, Gorgias,
Hippias, Prodicus*. Neuchâtel: Éditions du Griffon,
1948.

Eden, Kathy. "Hermeneutics and the Ancient Rhetorical

Tradition". *Rhetorica* 5（1988）: 59~86.

Ehninger, Douglas. "On systems of Rhetoric". Philosophy
and Rhetoric 1（1968）: 131~144.

Ehrenberg, Victor. "The Foundation of Thurii". *American
Journal of Philology* 69（1948）: 149~170.

Eisler, Riane. *The Chalice and the Blade*. New York:
Harper, 1987.

Eldredge, Laurence. "Sophocles, Protagoras, and the
Nature of Greek Culture". *Antioch Review* 25（1969）:
8~12.

Engnell, Richard A. "Implications for Communication of
the Rhetorical Epistemology of Gorgias of Leontini".
Western Journal of Speech Communication 37（1973）:
175~184.

Enos, Richard Leo. "Aristotle, Empedocles, and the
Notion of Rhetoric". *In Search of Justice: The Indiana
Tradition in Speech Communication*, ed. R. Jensen and J.
Hammerback. Amsterdam: Rodopi, 1987. 5~21.

——. "The Epistemology of Gorgias' Rhetoric: A Re-
examination". *Southern Speech Communication Journal*
42（1976）: 35~51.

——. "Emerging Notions of Argument and Advocacy in
Hellenic Litigation: Antiphon's 'On the Murder
of Herodes'". *Journal of the American Forensic
Association* 16（1980）: 182~191.

——. "Emerging Notions of Heuristic, Eristic, and
Protreptic Rhetoric in Homeric Discourse: Proto-
Literate Conniving, Wrangling, and Reasoning".

Selected Papers from the 1981 Texas Writing Research Conference, ed. Maxine C. Hairston and Cynthia L. Selfe. Austin: University of Texas, 1981. 44 ~ 64.

Epps, P. H. "Protagoras' Famous Statement". *Classical Journal* 59 (1964): 223 ~ 226.

Erickson, Keith V. *Aristotle: The Classical Heritage of Rhetoric.* Metuchen, NJ: Scarecrow Press, 1974.

——. *Aristotle's Rhetoric: Five Centuries of Philosophical Research.* Metuchen, NJ: Scarecrow Press, 1975.

——. *Plato: True and Sophistic Rhetoric.* Amsterdam: Rodopi, 1979.

Evans, J. D. G. "Aristotle on Relativism". *Philosophical Quarterly* 24 (1974): 193 ~ 203.

Farenga, Vincent. "Periphrasis on the Origin of Rhetoric". *Modern Language Notes* 94 (1979): 1033 ~ 1055.

Fehling, Detlev. "Protagoras und die ὀρθοέπεια". In Classen, *Sophistik*, 341 ~ 347.

Finnegan, Ruth. *Orality and Literacy: Studies in the Technology of Communication.* Oxford: Basil Blackwell, 1988.

Foucault, Michel. *The Archaeology of Knowledge.* Trans. A. M. Sheridan Smith. New York: Pantheon, 1972.

Frede, Michael. "Philosophy and Medicine in Antiquity". *Human Nature and Natural Knowledge*, ed. A. Donagan, A. N. Perovich, Jr., and M. V. Wedin. Dordrecht: D. Reidel, 1986. 211 ~ 232.

Freeman, Kathleen. *Ancilla to the Presocratic Philosophers.* Cambridge, MA: Harvard U. Press, 1978.

——. *Companion to the Presocratic Philosophers*. 2nd ed. Oxford: Basil Blackwell, 1949.

Freese, J. H. *Aristotle, "Art" of Rhetoric*. Cambridge, MA: Harvard U. Press, 1926.

Frings, Manfred S. "Protagoras Rediscovered: Heidegger' s Explication of Protagoras' Fragment". *Journal of Value Inquiry* 8 (1974): 112~123.

Fritz, Kurt von. "*Nous*, *Noein*, and Their Derivatives in Pre-Socratic Philosophy". *The Presocratics*, ed. A. P. D. Mourelatos. New York: Anchor Books, 1974. 23~85. First published *Classical Philology* 40 (1945): 223~242; 41 (1946): 12~34.

——. "Protagoras". *Paulys Real-Encyclopädie der classischen Altertumswissenschaft* 23 (1957): 908~21.

Fuller, Benjamin Apthorp Gould. *History of Greek Philosophy*. Vol. 2: *The Sophists, Socrates, Plato*. New York: Henry Holt, 1931.

——. *A History of Philosophy*. Rev. ed. New York: Henry Holt, 1945.

Gagarin, Michael. *Antiphon the Athenian*. Austin: U. of Texas Press, 2002.

——. "Did the Sophists Aim to Persuade? " Rhetorica 19 (2001): 275~291.

——. *Early Greek Law*. Berkeley: U. of California Press, 1986.

——. "The Nature of Proofs in Antiphon". *Classical Philology* 85 (1990): 22~32.

——. "Plato and *Protagoras*". Ph.D. diss., Yale

University, 1968.

——. "The Purpose of Plato's Protagoras". *Transactions of the American Philological Association* 100 (1969) 133 ~ 164.

Gaonkar, Dilip. "Plato's Critique of Protagoras' Man-Measure Doctrine". *Pre/Text* 10 (1989) : 71 ~ 80.

Garner, Richard. *Law and Society in Classical Athens*. New York: St. Martin's Press, 1987.

Gercke, A. "Die τέχνη ῥητορική und ihre Gegner". *Hermes* 32 (1897) : 348 ~ 358.

Giannantoni, Gabriele. "Il frammento 1 di Protagora in una nuova testimonianza platonica". *Rivista critica di storia della filosofia* 65 (1960) : 227 ~ 237.

Gillespie, C. M. "The *Truth* of Protagoras". *Mind* 19 (1910) : 470 ~ 492.

Glidden, David K. "Protagorean Obliquity". *History of Philosophy Quarterly* 5 (1988) : 321 ~ 340.

——. "Protagorean Relativism and the Cyrenaics". *American Philosophical Quarterly*, monograph 9 (1975) : 113 ~ 140.

——. "Protagorean Relativism and *Physis*". Phronesis 20 (1975) : 209 ~ 227.

Gomme, A. W. *A Historical Commentary on Thucydides*. Vol. 2. Oxford: Clarendon Press, 1956.

Gomperz, Heinrich. *Sophistik und Rhetorik*. Aalen: Scientia Verlag, 1985. First published Leipzig: Teubner, 1912.

Gomperz, Theodor. *Greek Thinkers: A History of Ancient Philosophy*, Trans. Laurie Magnus. 4 vols. London: John

Murray, 1901.

Gonda, Joseph P. *"Politikê Technê* in Protagoras 309 ~ 338". Ph.D. diss., Pennsylvania State University, 1975.

Goody, Jack, and Ian Watt. "The Consequences of Literacy." *Literacy in Traditional Societies*, ed. Jack Goody. Cambridge: Cambridge U. Press, 1968. 27 ~ 68.

Graeser, Andreas. "On Language, Thought, and Reality in Ancient Greek Philosophy". *Dialectica* 31 (1977) : 360 ~ 388.

Green, Lawrence D. "Aristotelian Rhetoric, Dialectic, and the Traditions of ' Αντίστροφος". *Rhetorica* 8 (1990) : 5 ~ 27.

Grimaldi, William M. A. *Aristotle, Rhetoric: A Commentary.* 2 vols. New York: Fordham U. Press, 1980, 1988.

——. "A Note on the ΠΙΣΤΕΙΣ in Aristotle's *Rhetoric,* 1354 ~ 1356". *American Journal of Philology* 78 (1957) : 188 ~ 192.

——. *Studies in the Philosophy of Aristotle's Rhetoric.* Wiesbaden: Franz Steiner, 1972.

Gronbeck, Bruce E. "Gorgias on Rhetoric and Poetic: A Rehabilitation". *Southern Speech Communication Journal* 38 (1972) : 27 ~ 38.

Gronewald, M. "Ein neues Protagoras–Fragment". *Zeitschrift für Papyrologie und Epigraphik* 2 (1968) : 1 ~ 2.

Grote, George. *A History of Greece.* 2nd ed. 10 vols. London: John Murray, 1851.

Guthrie, W. K. C. "Aristotle as Historian". *Journal of*

Hellenic Studies 77（1957）：35～41.

——. *A History of Greek Philosophy*. 6 vols. Cambridge：
Cambridge U. Press, 1962.81.

Haden, James. "Did Plato Refute Protagoras？" History of
Philosophy Quarterly 1（1984）：223～240.

Hamilton, Edith, and Huntington Cairns. *The Collected
Dialogues of Plato*. Princeton：Princeton U. Press, 1961.

Hansen, Mogens Herman. "The Athenian 'Politicians,'
403～322 B. C". *Greek, Roman, and Byzantine Studies*
24（1983）：33～55.

——. "Initiative and Decision：The Separation of Powers in
Fourth-Century Athens". *Greek, Roman, and Byzantine
Studies* 22（1981）：345～370.

——. "Rhêtores and Stratêgoi in Fourth-Century Athens".
Greek, Roman, and Byzantine Studies 24（1983）：
151～180.

Harris, William V. *Ancient Literacy*. Cambridge, MA：
Harvard U. Press, 1989.

Havelock, Eric A. *The Greek Concept of Justice*. Cambridge,
MA：Harvard U. Press, 1978.

——. *The Liberal Temper in Greek Politics*. New Haven：Yale
U. Press, 1957.

——. "The Linguistic Task of the Presocratics". *Language
and Thought in Early Greek Philosophy*, ed. Kevin Robb.
La Salle, IL：Hegeler Institute, 1983. 7～82.

——. *The Literate Revolution in Greece and Its Cultural
Consequences*. Princeton：Princeton U. Press, 1982.

——. *The Muse Learns to Write*. New Haven：Yale U. Press,

1986.

———. *Origins of Western Literacy*. Toronto: Ontario Institute of Studies in Education, 1976.

———. *Preface to Plato*. Cambridge, MA: Harvard U. Press, 1963.

Hegel, G. W. F. *Lectures on the Philosophy of History*. Trans. J. Sibree. London: G. Bell and Sons, 1914.

Heinimann, Felix. "Eine vorplatonische Theorie der τέχνη". *Museum Helveticum* 18 (1961) : 105 ~ 130. Rpt. in Classen, *Sophistik*. 127 ~ 169.

———. *Nomos und Physis*. Basel: F. Reinhardt, 1945.

Heitsch, Ernst. "Ein Buchtitel des Protagoras". *Hermes* 97 (1969) : 292 ~ 296. Rpt. in Classen, Sophistik. 298 ~ 305.

Hicks, R. D. *Diogenes Laertius*. 2 vols. Cambridge, MA: Harvard U. Press, 1925.

Hinks, D. A. G. "Tisias and Corax and the Invention of Rhetoric." *Classical Quarterly* 34 (1940) : 61 ~ 69.

Holland, R. F. "On Making Sense of a Philosophical Fragment". *Classical Quarterly*, new series, 6 (1956) : 215 ~ 220.

Hook, LaRue Van, "Alcidamas versus Isocrates". *Classical Weekly* 12 (1919) : 89 ~ 94.

Hubbard, B. A. F., and E. S. Karnofsky. *Plato's PROTAGORAS: A Socratic Commentary*. Chicago: U. of Chicago Press, 1982.

Hunter, Virginia J. *Thucydides: The Artful Reporter*. f*Mnemosyne: Bibliotheca classica Batava* Toronto:

Hakkert, 1973.

Jacoby, F. "The First Athenian Prose Writer". *Mnemosyne*: *Bibliotheca classica Batava* 13（1947）: 13 ~ 64.

Jaeger, Werner. *Paideia*: *The Ideals of Greek Culture*. Vol. 1. Rev. ed. Trans. Gilbert Higher. New York: Oxford U. Press, 1945.

——. *Theology of the Early Greek Philosophers*. Oxford: Clarendon Press, 1947.l.

Jarratt, Susan C. "The First Sophists and the Uses of History." Rhetoric Review 6（1987）: 66 ~ 77.

——. *The Return of the Sophists*: *Classical Rhetoric Refigured*. Carbondale: Southern Illinois U. Press, 1991.

——. "The Role of the Sophists in Histories of Consciousness". *Philosophy and Rhetoric* 23（1990）: 85 ~ 95.

——. "Toward a Sophistic Historiography". *Pre/Text* 8（1987）: 9 ~ 26.

Jarrett, James L. *The Educational Theory of the Sophists*. New York: Teachers College Press, 1969.

Jebb, Richard C. *The Attic Orators from Antiphon to Isaeos*. 2 vols. New York: Russell and Russell, 1962.

Johnstone, Christopher Lyle. "An Aristotelian Trilogy: Ethics, Rhetoric, Politics, and the Search for Moral Truth". *Philosophy and Rhetoric* 13（1980）: 1 ~ 24.

Jones, W. H. S. *Hippocrates*. 4 vols. Cambridge, MA: Harvard U. Press, 1923.31.

Jordan, James E. "Protagoras and Relativism: Criticisms Bad and Good." *Southwestern Journal of Philosophy* 2

（1971）：7～29.

Jowett, Benjamin. *The Dialogues of Plato*. London：Macmillan, 1892.

Kahn, Charles H. *Anaximander and the Origins of Greek Cosmology*. New York：Columbia U. Press, 1960.

——. *The Art and Thought of Heraclitus*. Cambridge：Cambridge U. Press, 1979.

——. "The Greek Verb 'to be' and the Concept of Being". *Foundations of Language* 2（1966）：245～265.

——. *The Verb "Be" in Ancient Greek*. Dordrecht：D. Riedel, 1973.

Kaster, Robert A. *Guardians of Language：The Grammarian and Society in Late Antiquity*. Berkeley：U. of California Press, 1988.

Kauffman, Charles. "The Axiological Foundations of Plato's Theory of Rhetoric". *Central States Speech Journal* 33（1982）：353～366.

Kennedy, George A. *The Art of Persuasion in Greece*. Princeton：Princeton U. Press, 1963.

——. *Classical Rhetoric and Its Christian and Secular Tradition from Ancient to Modern Times*. Chapel Hill：U. of North Carolina Press, 1980.

——. "The Earliest Rhetorical Handbooks". *American Journal of Philology* 80（1959）：169～178.

Kerferd, G. B. "The First Greek Sophists". *Classical Review* 64（1950）：8～10.

——. "The Future Direction of Sophistic Studies". *The Sophists and Their Legacy*, ed. Kerferd. 1～6.

——. "Plato' s Account of the Relativism of Protagoras" . *Durham University Journal* 42 (1949) : 20 ~ 26.

——. "Protagoras" . *The Encyclopedia of Philosophy*. Vol. 6. New York: Macmillan, 1967.

——. "Protagoras' Doctrine of Justice and Virtue in the *Protagoras* of Plato." *Journal of Hellenic Studies* 73 (1953) : 42 ~ 45.

——. "Le sophiste vu par Platon: un philosophe imparfait" . *Positions de la Sophistique*, ed. Barbara Cassin. Paris: Vrin, 1986.

——. ed. *The sophists and Their legacy*. Wiesbaden: Franz steiner, 1981.

——. *The Sophistic Movement*. Cambridge: Cambridge U. Press, 1981.

——. "Sophists" . *The Encyclopedia of Philosophy*. Vol. 7. New York: Macmillan, 1967.

Keuls, Eva C. *The Reign of the Phallus: Sexual Politics in Ancient Athens*. New York: Harper, 1985.

Kimball, Bruce A. *Orators and Philosophers: A History of the Ideal Liberal Education*. New York: Teachers College Press, 1986.

Kerby, John T. "Narrative Structure and Technique in Thucydides VI–VII" . *Classical Antiquity* 2 (1983) : 183 ~ 211.

Kirk, G. S., J. E. Raven, and Malcolm Schofield. *The Presocratic Philosophers: A Critical History with a Selection of Texts*, 2nd ed. Cambridge: Cambridge U. Press, 1983.

Kitto, H. D. F. *The Greeks*. Harmondsworth: Penguin, 1957.

Kowalski, Georgius (Jerzy) . *De Artis Rhetoricae Originibus*. Leopoli: Sumptibus Societatis Litterarum, 1933.

———. *De Arte Rhetorica*. Leopoli: Polonorum, 1937.

Kraus, Manfred. *Name und Sache: ein Problem im frühgriechischen Denken*. Amsterdam: Grüner, 1987.

Kretzmann, Norman. "History of Semantics" . *The Encyclopedia of Philosophy*. Vol. 7. New York: Macmillan, 1967.

Kroll, Wilhelm. "Rhetorik" . *Paulys Real-Encyclopädie der classischen Altertumswissenschaft* supp. 7 (1940) : 1039 ~ 1138.

Kuhn, Thomas S. *The Structure of Scientific Revolutions*. Rev. ed. Chicago: U. of Chicago Press, 1970.

Lambridis, Helle. *Empedocles*. University, AL: U. of Alabama Press, 1976.

Lana, Italo. *Protagora*. Torino: Università di Torino Pubblicazione, 1950.

Ledger, Gerard R. *Re-counting Plato: A Computer Analysis of Plato's Style*. Oxford: Clarendon Press, 1989.

Lee, Edward N. "' Hoist with His Own Petard' : Ironic and Comic Elements in Plato' s Critique of Protagoras" . *Exegesis and Argument: Studies in Greek Philosophy Presented to Gregory Vlastos*, ed. E. N. Lee, A. P. D. Mourelatos, and R. M. Rorty. Assen: Van Gorcum, 1973. 225 ~ 261.

Lentz, Tony M. *Orality and Literacy in Hellenic Greece*.

Carbondale: Southern Illinois U. Press, 1989.

Levi, Adolfo. "The Ethical and Social Thought of Protagoras". *Mind* 49（1940）: 284~302.

——. "Studies on Protagoras. The Man-Measure Principle: Its Meaning and Applications". *Philosophy* 40（1940）: 147~167.

Levin, Saul. "The origin of Grammar in Sophistry". *General Linguistics* 23（1983）: 41~47.

Liddell, Henry George, and Robert Scott. *A Greek-English Lexicon*. 9th ed. Rev. and augmented by Henry Stuart Jones. Oxford: Clarendon Press, 1940.

Lloyd, G. E. R. "Hot and Cold, Dry and Wet in Early Greek Thought". *Studies in Presocratic Philosophy*. Vol. 1. Ed. David J. Furley and R. E. Allen. New York: Humanities Press, 1970. 255~280. Originally published in *Journal of Hellenic Studies* 84（1964）: 92~106.

——. *Magic, Reason and Experience*. Cambridge: Cambridge U. Press, 1979.

——. *Polarity and Analogy*. Cambridge: Cambridge U. Press, 1966.

Loenen, Dirk. *Protagoras and the Greek Community*. Amsterdam: Noord-Hollandsche Uitgevers Maatschappij, 1940.

Loraux, Nicole. *The Invention of Athens: The Funeral Oration in the Classical City*. Trans. Alan Sheridan. Cambridge, MA: Harvard U. Press, 1986.

Lukasiewica, J. "Aristotle on the Law of Contradiction". *Articles on Aristotle*. Vol. 3: Metaphysics. Ed. Jonathan

Barnes, Malcolm Schofield, and Richard Sorabji. New York: St. Martin's Press, 1979. 50~62.

McDiarmid, J. B. "Theophrastus on the Presocratic Causes". *Harvard Studies in Classical Philology* 61 (1953): 85~156.

McDowell, John. *Plato: Theaetetus*. Oxford: Clarendon Press, 1973.

MacIntyre, Alasdair. *After Virtue: A Study in Moral Theory*. Notre Dame: Notre Dame U. Press, 1981.

——. *Whose Justice? Which Rationality?* Notre Dame: Notre Dame U. Press, 1988.

McNeal, Richard A. "Protagoras the Historian". *History and Theory* 25 (1986): 299~318.

Maguire, Joseph P. "Protagoras — or Plato?" *Phronesis* 18 (1973): 115~138.

——. "*Protagoras*... or Plato? II. The Protagoras". *Phronesis* 22 (1977): 103~122.

Mailloux, Steven, ed. *Rhetoric, Sophistry, Pragmatism*. Cambridge: Cambridge U. Press, 1995.

Makin, Stephen. "How Can We Find Out What Ancient Philosophers Said?" *Phronesis* 33 (1988): 121~132.

Mansfeld, Jaap. "Protagoras on Epistemological Obstacles and Persons". *The Sophists and Their Legacy*, ed. G. B. Kerferd. Wiesbaden: Franz Steiner, 1981. 38~53.

Mark, Ira S. "The Gods on the East Frieze of the Parthenon". *Hesperia: Journal of the American School of Classical Studies at Athens* 53 (1984): 289~342.

Martin, Josef. *Antike Rhetorik: Technik und Methode*.

München: Beck, 1974.

Mason, Richard. "Parmenides and Language". *Ancient Philosophy* 8 (1988): 149~166.

McComiskey, Bruce. *Gorgias and the New Sophistic Rhetoric.* Carbondale: Southern Illinois U. Press, 2002.

Meiland, Jack W. "Is Protagorean Relativism Self-refuting?" *Grazer Philosophische Studien* 9 (1979): 51~68.

Mejer, Jørgen. "The Alleged New Fragment of Protagoras". *Hermes* 100 (1972): 175~178. Rpt. in Classen, Sophistik. 306~311.

——. "Protagoras and the Heracliteans: Some Suggestions Concerning *Theaetetus* 151d~186e". *Classica et Mediaevalia* 29 (1972): 40~60.

Menzel, Adolf. "Protagoras, der älteste Theoretiker der Demokratie". *Zeitschrift für Politik* 3 (1910): 205~238.

——. "Protagoras als Gesetzgeber von Thurioi" and "Die Sozialphilosophischen Lehren des Protagoras". *Hellenika: Gesammelte kleine Schriften.* Baden bei Wien: R. M. Rohrer, 1938. 66~82, 83~107.

Michalaros, Demetrios A. *Protagoras: A Poem of Man.* Chicago: Syndicate Press, 1937.

Michelini, Ann Norris. *Euripides and the Tragic Tradition.* Madison: U. of Wisconsin Press, 1987.

Minar, E. L. "Parmenides and the World of Seeming". *American Journal of Philology* (1949): 41~53.

Moore, Stanley. "Democracy and Commodity Exchange: Protagoras versus Plato". *History of Philosophy Quarterly*

5（1988）：357~368.

Moravcsik, Julius M. "Heraclitean Concepts and explanations". *Language and Thought in Early Greek Philosophy*, ed. Kevin Robb, La Salle, IL: Hegeler Institute, 1983. 134~152.

Morrison, J. S. "The Place of Protagoras in Athenian Public Life". *Classical Quarterly* 35（1941）：1~16.

Mortley, R. J. "Plato and the Sophistic Heritage of Protagoras". *Eranos: Acta Philologica Suecana* 67（1969）：24~32.

Moser, S., and G. L. Kustas. "A Comment on the 'Relativism' of Protagoras". *Phoenix* 20（1966）：111~115.

Mourelatos, A. P. D. *The Route of Parmenides.* New Haven: Yale U. Press, 1970.

Muir, J. V. "Protagoras and Education at Thourioi". *Greece and Rome* 29（1982）：17~24.

Müller, Carl Werner. "Protagoras über die Götter." *Hermes* 95（1965）：140~159. Rpt. in Classen, *Sophistik.* 312~340.

Müller, Reimar. "Sophistique et démocratie". *Positions de la Sophistique*, ed. Barbara Cassin. Paris: Vrin, 1986. 179~193.

Murphy, C. T. "Aristophanes and the Art of Rhetoric". *Harvard Studies in Classical Philology* 49（1938）：69~113.

Murphy, James J. *A Synoptic History of Classical Rhetoric.* New York: Random House, 1972.

Mutschmann, Hermann. "Die Älteste Definition der Rhetoric". *Hermes* 53（1918）：440~443.

Nahm, Milton C. *Selections from Early Greek Philosophy*. 4th ed. Englewood Cliffs, NJ: Prentice-Hall, 1864.

Narcy, Michel. "A qui la parole? Platon et Aristote face à Protagoras". *Positions de la Sophistique*, ed. Barbara Cassin. Paris: Vrin, 1986. 75~90.

Naveh, Joseph. *Early History of the Alphabet*. Jerusalem: Magnes Press, 1982.

Nehamas, Alexander. "Eristic, Antilogic, Sophistic, Dialectic: Plato's Demarcation of Philosophy from Sophistry". *History of Philosophy Quarterly* 7（1990）：3~16.

Neumann, Alfred. "Die Problematik des Homo-mensura Satzes". *Classical Philology* 33（1938）：368~379. Rpt. in Classen , *Sophistik*. 257~270.

Nill, Michael. *Morality and self-interest in Protagoras, Antiphon and Democritus*. Leiden: Brill, 1985.

Norlin, George. *Isocrates*. 2 vols. Cambridge, MA: Harvard U. Press, 1928-29.

Ober, Josiah. *Mass and Elite in Democratic Athens: Rhetoric, Ideology, and the Power of the People*. Princeton: Princeton U. Press, 1989.

O' Brien, D. *Empedocles' Cosmic Cycle: A Reconstruction from the Fragments and Secondary Sources*. Cambridge: Cambridge U. Press, 1969.

Ong, Walter S. J. *Orality and Literacy: The Technologizing of the Word*. London: Methuen, 1982.

Osborne, Catherine. *Rethinking Early Greek Philosophy*. London: Duckworth, 1987.

Ostwald, Martin. *From Popular Sovereignty to the Sovereignty of Law: Law, Society, and Politics in Fifth-Century Athens*. Berkeley: U. of California Press, 1986.

——. *Plato: Protagoras*. Indianapolis: Bobbs-Merrill, 1956.

Parry, Milman. "Studies in the Epic Technique of Oral Verse-Making. I: Homer and Homeric Style". *Harvard Studies in Classical Philology* 41 (1930): 73 ~ 147.

——. "Studies in the Epic Technique of Oral Verse-Making. II: The Homeric Language as the Language of an Oral Poetry". *Harvard Studies in Classical Philology* 43 (1932): 1 ~ 50.

Pattison, Robert. *On Literacy: The Politics of the Word from Homer to the Age of Rock*. New York: Oxford U. Press, 1982.

Payne, David. "Rhetoric, Reality, and Knowledge: A Re-examination of Protagoras' Concept of Rhetoric". *Rhetoric Society Quarterly* 16 (1986): 187 ~ 197.

Peppler, Charles W. "The Termination - *kos*, as Used by Aristophanes for Comic Effect". *AJP* 31 (1910): 428 ~ 432.

Perelman, Chaim, and L. Olbrechts-Tyteca. *The New Rhetoric: A Treatise on Argumentation*. Trans. John Wilkinson and Purcell Weaver. Notre Dame: U. of Notre Dame Press, 1969. Originally published as *La Nouvelle Rhétorique: Traité de l'Argumentation*. Presses Universitaires de France, 1958.

Perlman, S. "The Politicians in the Athenian Democracy of the Fourth Century B. C" . *Atheneum* 41 (1963) : 327 ~ 355.

Pfeiffer, Rudolf. *History of Classical Scholarship from the Beginnings to the End of the Hellenic Age*. Oxford : Clarendon Press, 1968.

Pilz, Werner. *Der Rhetor im attischen Staat*. Weida : Thomas and Hubert, 1934.

Placido, D. "El pensamiento de Protágoras y las Atenas de Pericles" . *Hispania Antiqua* 3 (1973) : 29 ~ 68.

——. "Protágoras y Pericles" . *Hispania Antiqua* 2 (1972) : 7 ~ 19.

Popper, Karl R. *The Open Society and Its Enemies*. 5th ed. London : Routledge and Kegan Paul, 1966.

Poulakos, John. "Aristotle' s Indebtedness to the Sophists" . *Argument in Transition : Proceedings of the Third Summer Conference on Argumentation*, ed. David Zarefsky, Malcolm O. Sillars, and Jack Rhodes. Annandale, VA : Speech Communication Association, 1983. 27 ~ 42.

——. "Gorgias' *Encomium to Helen* and the Defense of Rhetoric" . *Rhetorica* 1 (1983) : 1 ~ 16.

——. "Hegel' s Reception of the Sophists" . *Western Journal of Speech Communication* 54 (1990) : 160 ~ 171.

——. "Interpreting Sophistical Rhetoric : A Response to Schiappa" . *Philosophy and Rhetoric* 23 (1990 : 218 ~ 228.

——. "Rhetoric, the Sophists, and the Possible" . *Communication Monographs* 51 (1984) : 215~226.

———. "Sophistical Rhetoric as a Critique of Culture". *Argument and Critical Practices: Proceedings of the Fifth SCA/AFA Conference on Argumentation*, ed. Joseph W. Wenzel. Annandale, VA: Speech communication Association, 1987. 98 ~ 101.

———. *Sophistical Rhetoric in Classical Greece.* Columbia: U. of South Carolina Press, 1995.

———. "Toward a Sophistic Definition of Rhetoric". *Philosophy and Rhetoric* 16 (1983) : 35 ~ 48.

Poulakos, Takis. "Intellectuals and the Public Sphere: The Case of the Older Sophists". *Spheres of Argument: Proceedings of the Sixth SCA/AFA Conference on Argumentation*, ed. Bruce E. Gronbeck. Annandale, VA: Speech communication Association, 1989. 9 ~ 15.

Rabe, Hugo. *Prolegomenon Sylloge.* Leipzig: Teubner, 1931.

Race, William H. "The Word *Καιρός* in Greek Drama". *Transactions of the American Philological Association* 111 (1981) : 197 ~ 213.

Rackham, H. *Rhetorica ad Alexandrum.* Cambridge, MA: Harvard U. Press, 1937.

Radermacher, Ludwig. "Artium scriptores: Reste der voraristotelischen Rhetorik". *Öesterreiches Akademie der Wissenschaften, Philosophisch-historische Klasse, Sitzungsberichte* 227, Band 3, 1951.

Rankin, H. D. *"Ouk estin antilegein".* *The Sophists and Their Legacy*, ed. G. B. Kerferd. Wiesbaden: Franz Steiner, 1981. 25 ~ 37.

Reale, Giovanni. *A History of Ancient Philosophy*: *From the Origins to Socrates*. Ed. And trans. John R. Catan. Albany: SUNY Press, 1987.

Reimer, Milton K. "The Subjectivism of the Sophists: A Problem of Identity". *Journal of Thought* 13 (1978): 50~54.

Rensi, Giuseppe. *Introduzione alla scepsi etica*. Firenze: F. Perrella, 1921.

Ritter, Michelle R. "In search of the Real Protagoras". *Dialogue* 23 (1981): 58~65.

Roberts, W. Rhys. "The New Rhetorical Fragment (OXYRHYNCHUS PAPYRI, Part III., 27~30) in Relation to the Sicilian Rhetoric of Corax and Tisias." *The Classical Review* 18 (1904): 18~21.

Robinson, John Mansley. *An Introduction to Early Greek Philosophy*. Boston: Houghton Mifflin, 1968.

Robinson, Richard. *Plato's Earlier Dialectic*. 2nd ed. Oxford: Clarendon Press, 1953.

Robinson, Thomas M. *Contrasting Arguments*: *An Edition of the Dissoi Logoi*. Salem, NH: Ayer, 1979.

Rogers, Benjamin Bickley. *Aristophanes*. 3 vols. Cambridge, MA: Harvard U. Press, 1924.

Romilly, Jacqueline de. *Les Grands Sophistes dans L'Athène de Périclès*. Paris: Éditions de Fallois, 1988.

Rorty, Richard. "The Historiography of Philosophy: Four Genres". *Philosophy in History*: *Essays on the Historiography of Philosophy*, ed. Richard Rorty, J. B. Schneewind, and Quentin Skinner. Cambridge:

Cambrige U. Press, 1984. 49 ~ 75.

Roseman, N. "Protagoras and the Foundations of His Educational Thought". *Paedagogica Historica* 11 (1971): 75 ~ 89.

Saunders, Trevor J. "Protagoras and Plato on Punishment". *The Sophists and Their Legacy*, ed. G. B. Kerferd. Wiesbaden: Franz Steiner, 1981. 129 ~ 141.

Schiappa, Edward. *The Beginnings of Rhetorical Theory in Classical Greece*. New Haven: Yale U. Press, 1999.

——. "Did Plato Coin *Rhêtorikê*? " *American Journal of Philology* 111 (1990): 460 ~ 473.

——. "History and Neo-Sophistic Criticism: A Reply to Poulakos". *Philosophy and Rhetoric* 23 (1990): 307 ~ 315.

——. "Neo-Sophistic Rhetorical Criticism or the Historical Reconstruction of Sophistic Doctrines? " *Philosophy and Rhetoric* 23 (1990): 192 ~ 217.

Schiller, F. C. S. *Plato or Protagoras?* Oxford: Basil Blackwell, 1908.

Scinto, Leonard F. M. *Written Language and Psychological Development*. Orlando, FL: Academic Press, 1986.

Scodel, Ruth. "Literary Interpretation in Plato's Protagoras." *Ancient Philosophy* 6 (1986): 25 ~ 37.

Segal, Charles P. "Gorgias and the Psychology of the Logos". Harvard Studies in Classical Philology 66 (1962): 99 ~ 155.

——. "Literature and Interpretation: Conventions, History, and Universals". *Classical and Modern*

320 of 360 普罗塔戈拉与逻各斯

Literature 5（1984/5）: 71~85.

——. "Protagoras' Orthoepeia in Aristophanes' 'Battle of the Prologues'（Frogs 1119-97）". *Rheinisches Museum für Philologie* 113（1970）: 158~162.

Self, Lois S. "Rhetoric and *Phronêsis*: The Aristotelian Ideal". *Philosophy and Rhetoric* 12（1979）: 130~145.

Sesonske, Alexander. "To Make the Weaker Argument Defeat the Stronger". *Journal of the History of Philosophy* 6（1968）: 217~231.

Sidgwick, Henry. "The Sophists". *Journal of Philology* 4（1872）: 288~307; 5（1873）: 66~80.

Simmons, George C. "The Humanism of the Sophists with Emphasis on Protagoras of Abdera". *Educational Theory* 19（1969）: 29~39.

——. "Protagoras on Education and Society". *Paedagogica Historica* 12（1972）: 518~537.

Sinclair, R. K. *Democracy and Participation in Athens*. Cambridge: Cambridge U. Press, 1988.

Sinclair, Thomas Alan. *A History of Greek Political Thought*. London: Routledge and Kegan Paul, 1951.

Smith, Bromley. "Corax and Probability." *Quarterly Journal of Speech* 7（1921）: 13~42.

——. "The Father of Debate: Protagoras of Abdera". *Quarterly Journal of Speech* 4（1918）: 196~215.

Snell, Bruno. *The Discovery of Mind*. Trans. T. G. Rosenmeyer. Oxford: Basil Blackwell, 1953.

——. "Die Nachrichten über die Lehren des Thales". *Philologus* 96（1944）: 119~128. Rpt. Classen,

Sophistik. 465 ~ 477.

Solmsen, Friedrich. *Intellectual Experiments of the Greek Enlightenment*. Princeton: Princeton U. Press, 1975.

——. "Review of *Preface to Plato* by Eric A. Havelock". *American Journal of Philology* 87 (1966) : 99 ~ 105.

Sommerstein, Alan H. *Aristophanes: Clouds*. Warminster: Aris and Philips, 1982.

Sprague, Rosamond Kent. "Plato's Sophistry". *The Aristotelian Society* supp. 51 (1977) : 45 ~ 61.

——. Plato's Use of Fallacy. New York: Barnes and Noble, 1962.

Sprague, Rosamond Kent, ed. *The older sophists*. Columbia: U. of South Carolina Press, 1972. Reissued 1990.

Stallknecht, Newton P. "Protagoras and the Critics". *Journal of Philosophy* 35 (1938) : 39 ~ 45.

Starkie, W. J. M. *The Clouds of Aristophanes*. London: Macmillan, 1911.

Stegemann, Willy. "Teisias 6". *Paulys Real-Encyclopädie der classischen Altertumswissenschaft* 5A (1934) : 139 ~ 150.

Stevenson, Charles L. *Ethics and Language*. New Haven: Yale U. Press, 1944.

Stone, I. F. *The Trial of Socrates*. New York: Anchor Books, 1989.

Street, Brian V. *Literacy in theory and Practice*. Cambridge: Cambridge U. Press, 1984.

Taylor, A. E. *Plato: The Man and His Work*. 6th ed. London:

Methuen, 1949.

Taylor, C. C. W. *Plato: Protagoras*. Oxford: Clarendon Press, 1976.

Thomas, Rosalind. *Oral Tradition and Written Record in Classical Athens*. Cambridge: Cambridge U. Press, 1989.

Turner, E. G. *Athenian Books in the Fifth and Fourth Centuries B. C.* 2nd ed. London: H. K. Lewis, 1977.

Untersteiner, Mario. *Sofisti: testimonianze e frammenti*. 4 vols. Firenze: La Nuova Italia, 1949–62.

——. *The Sophists*. Trans. Kathleen Freeman. Oxford: Basil Blackwell, 1954. Originally published as *I sophisti*. Torino: Einaudi, 1949. A second Italian edition was published in 2 volumes in Milan: Lampugnani Nigri, 1967.

Verrall, A. W. "Korax and Tisias". *The Journal of Philology* 9 (1880): 197~210.

Versényi, Lazlo. "Protagoras' Man–Measure Fragment". *American Journal of Philology* 83 (1962): 178~184. Rpt. in Classen, *Sophistik*, 290~297.

——. *Socratic Humanism*. New Haven: Yale U. Press, 1963.

Vlastos, Gregory. *Plato's "Protagoras"*. Indianapolis: Bobbs–merrill, 1956.

Wallace, Robert W. *The Areopagus Council, to 307 B. C.* Baltimore: Johns Hopkins U. Press, 1989.

Walsh, John. "The Dramatic Dates of Plato's Protagoras and the Lesson of *Aretê*". *Classical Quarterly* 34 (1984): 101~106.

Walz, Christianus. *Rhetores Graeci*. 9 vols. Stuttgart: J. G.

Cottae, 1832.36.

Webster, T. B. L. *The Tragedies of Euripides*. London: Methuen, 1967.

West, Elintor Jane Maddock. "The Promethean Ethic in the *Protagoras*". Ph.D. diss., Columbia University, 1967.

Wheelwright, Philip. *Heraclitus*. New York: Atheneum, 1974.

——. *The Presocratics*. New York: Odyssey Press, 1966.

White, F. C. "Protagoras Unbound". *Canadian Journal of Philosophy* supp. 1 (1974): 1 ~ 9.

——. "The Theory of Flux in the *Theaetetus*". *Apeiron* 10 (1976): 1 ~ 10.

Wilcox, Stanley. "Corax and the *Prolegomena*". *American Journal of Philology* 64 (1943): 1 ~ 23.

——. "The Scope of Early Rhetorical Instruction". *Harvard Studies in Classical Philology* 46 (1942): 121 ~ 155.

Windelband, Wilhelm. *History of Ancient Philosophy*. 3rd ed. Trans. Herbert Ernest Cushman. New York: Scribner's, 1924.

Withington, E. T. *Hippocrates*. Vol. 3. Cambridge, MA: Harvard U. Press, 1928.

Woodbury, Leonard. "Aristophanes' *Frogs* and Athenian Literacy: *Ran.* 52 ~ 52, 1114." *Transactions of the American Philological Association* 106 (1976): 349 ~ 357.

Woodruff, Paul. "Didymus on Protagoras and the Protagoreans". *Journal of the History of Philosophy* 23 (1985): 483 ~ 497.

Wright, M. R. *Empedocles*: *The Extant Fragments*. New Haven: Yale U. Press, 1981.

Zaslavsky, Robert. "The Platonic Godfather: A Note on the 'Protagoras' Myth." *Journal of Value Inquiry* 16 (1982): 79~82.

Zeller, Eduard. *A History of Greek Philosophy*. 2 vols. Trans. S. F. Alleyne. London: Longmans, Green, 1881.

Zeppi, Stelio. *Protagora e la filosofia del suo tempo*. Firenze: La Nuova Italia, 1961.

图书在版编目（CIP）数据

普罗塔戈拉与逻各斯：希腊哲学与修辞研究 / (美)
夏帕著；卓新贤译. — 长春：吉林出版集团有限责任
公司，2014.9
书名原文: Protagoras and logos:a study in
greek philosophy and rhetoric
ISBN 978-7-5534-5340-8

Ⅰ.①普… Ⅱ.①夏… ②卓… Ⅲ.①古希腊罗马哲
学 – 研究 Ⅳ.①B502

中国版本图书馆CIP数据核字(2014)第187555号

普罗塔戈拉与逻各斯

著　　者	[美]爱德华·夏帕	
译　　者	卓新贤	
出 品 人	刘丛星	
出　　品	吉林出版集团·北京汉阅传播	
总 策 划	崔文辉	
责任编辑	崔文辉　张春峰	
装帧设计	未　氓	
开　　本	650mm×950mm　1/16	
印　　张	22.5	
版　　次	2014年10月第1版	
印　　次	2017年7月第2次印刷	

出　　版	吉林出版集团有限责任公司
发　　行	北京吉版图书有限责任公司
地　　址	北京市西城区椿树园15–18号底商A222
	邮编：100052
电　　话	总编办：010–63109269
	发行部：010–63104979
网　　址	http://www.beijinghanyue.com/
邮　　箱	jlpg-bj@vip.sina.com
印　　刷	三河市京兰印务有限公司

ISBN 978-7-5534-5340-8　　　　定价：54.80元